吴敬琏集

通向市场经济
之路

吴敬琏 著

中国出版集团 东方出版中心

图书在版编目（CIP）数据

通向市场经济之路 / 吴敬琏著. -- 上海 ： 东方出版中心，2024. 8. --（吴敬琏集）. -- ISBN 978-7-5473-2503-2

Ⅰ. F123.9

中国国家版本馆CIP数据核字第2024E5Y178号

吴敬琏集·通向市场经济之路

著　　者　吴敬琏
丛书策划　陈义望
项目统筹　郭银星
责任编辑　周心怡
特约编辑　刘亚萍
装帧设计　钟　颖

出 版 人　陈义望
出版发行　东方出版中心
地　　址　上海市仙霞路 345 号
邮政编码　200336
电　　话　021-62417400
印 刷 者　上海盛通时代印刷有限公司

开　　本　710 mm×1000 mm　1/16
印　　张　20
字　　数　220 千字
版　　次　2025 年 7 月第 1 版
印　　次　2025 年 7 月第 1 次印刷
定　　价　108.00 元

《吴敬琏集》总序

　　1930 年，我在一个青年知识分子家庭里出生。不幸的是，我刚满一岁，父亲就因肺结核去世。在出身于有几代民族资产阶级传统的家庭的母亲的哺育下，我从少年时代就开始接触"怎样才能振兴中国"这个好几代中国人魂牵梦萦的问题。那时，我的理想是科学救国和实业救国，以为依靠现代科学与技术就能够发展起现代工业，抵御洋人的坚船利炮和货物倾销，建设富强的中国。至于要依靠什么样的社会制度来实现这种理想，我却几乎完全没有思考过，以为沿着先人们的足迹，在当时的制度下发展现代产业，似乎是顺理成章的。特别是在 1945 年下半年国共两党在谈判中达成和平建国的"双十协定"和 1946 年 1 月政治协商会议根据中国共产党提出的《和平建国纲领草案》通过了《和平建国纲领》之后，我更加相信这条道路走得通。

　　在我即将跨进成年人门槛的时候，这一切却急剧地改变了。

　　1946 年 2 月，我在重庆目睹了国民党顽固派破坏政协成果的暴行，这使我强烈感到，在国民党一党专政的统治下，想要通过和平手段实现中国的振兴，是不可能做到的。这样，我逐渐由一个只关心"数、理、化、生"的中学生，变成了积极参与爱国民主运动的"前进分子"。

经过疗养肺结核病期间几年的阅读和思索，我对毛泽东在《新民主主义论》《论联合政府》等著作中阐明的革命道理完全心悦诚服，认为只有在共产党的领导下，打倒旧政权，建立新中国，中国才有振兴的希望。经过三年准备和十年建设，等工业化发展到一定程度后再进一步过渡到社会主义理想社会，成为我坚信不疑的道路。

虽然当时自以为已经成为一个追随共产党的革命青年了，其实我对于社会主义和它的理论基础马克思主义知之甚少，不仅缺乏对资本主义经济规律的认识，更谈不上对马克思社会主义纲领的真正领会。尽管我读过一些阐释马克思主义经济学的著作，西方文学作品揭露的"维多利亚时代"劳动阶级的悲惨生活也曾在我心中引起震撼，但总觉得那毕竟是在遥远的西方国度发生的事情，对我们具有现实意义的还是实现共产党的最低纲领，夺取政权和建设新民主主义经济。那时的我，就像我在1957年以后的多次政治运动中检讨过的，充其量只是一个"民主革命派"，或者叫作共产党在民主革命中的"同路人"。

由于既缺乏良好的理论素养，又没有经受过实际斗争的锻炼，我的思想在往后的历史风浪的冲击下就显得忽左忽右，缺少定力。

我就是在这种思想状态下迎来了中华人民共和国的诞生。怀着参加新民主主义经济建设的巨大热情，我在1950年春季进入金陵大学学习经济学。不过正规的经济学学习只进行了不到一年，我就投入到从抗美援朝开始的一连串政治运动，成了运动积极分子，并在1952年9月加入中国共产党。

1952年院系调整，金陵大学经济系并入复旦大学经济系。开学不久，就按照1951—1954年整党中提出的"共产党员标准的八项条件"关于"现在为巩固新民主主义制度而斗争，在将来要为转变到社会主义而斗争"的规定，开展了为巩固新民主主义和准备向社会主义过渡的学习运动。在四年（1950—1954年）大学期间，我主要学习的是当时刚刚由中国人民大学的苏联专家传授给中国教员的"社会主义政治经济学"和它在各个部门的应用——财政学、货币与银行、工业经济学等等。按照当时大学中占主导地位的观点，马克思对资本主义经济的分析，已经穷尽了有关市场经济的真理；而西方经济学在20世纪中叶以后，就再没有科学性可言了。列宁，特别是斯大林"在空地上"建立起来的社会主义政治经济学，囊括了社会主义经济的一切主要规律。因此，"苏联的今天，就是我们的明天"。只要遵循这一系列"社会主义经济规律"，也就掌握了政治经济学社会主义部分的真谛，它将指引中国迅速走向繁荣富强。

现在回想起来自己也感到相当奇特的是：使我对这些理论观点深信不疑的，并不是有关苏联社会主义经济的各种事实材料（对这类材料，我和我的老师们都掌握得不多），而是对"走俄国人的路"这一历史结论的信念。这种信念又因我国20世纪50年代上半期在"三年准备、十年建设"所取得的成就而得到加强。既然共产党的最低纲领的实施已使我们百孔千疮、灾祸纵横的祖国起死回生，当我们实现了党的最高纲领——建立社会主义社会和共产主义社会的时候，还有什么人间奇迹不能被我们创造出来呢？

1954年，我从复旦大学毕业进入中国科学院哲学社会科学部（即中国社会科学院的前身）经济研究所从事研究工作。刚参加工作不久，就赶上了学习和贯彻过渡时期总路线以及实现农业、手工业和资本主义工商业改造的"社会主义高潮"。在敲锣打鼓进入社会主义社会欣欣鼓舞之后，迎来的却不是苏联政治经济学教科书描画的光昌流丽的图景，而是经济增长疲软、服务质量普遍下降的乱象。

加之 1956 年 2 月的苏共二十大揭露的事实，打破了我们对斯大林神话般的迷信。在经济研究所担任高级顾问的苏联财政专家毕尔曼（Aleksandr M. Birman）也向我们证实，苏联的经济管理体制存在严重缺失。当听到毛泽东《论十大关系》讲话集中批评苏联体制下权力和利益过分集中的弊病的党内传达时，我衷心地认为，他以自己敏锐的眼光洞察了事情的底蕴，也指出了改正的方向。根据《论十大关系》讲话精神，国务院在 1956 年 5—8 月召开"全国体制会议"并制定了《国务院关于改进国家行政体制的决议（草案）》，这个决议（草案）在 10 月获得中共中央政治局的批准，由此开始了中国的第一次经济体制改革。

1956 年，我满怀热情地参加了经济管理体制改革的调研工作。我奉派参加对机械工业、轻工业、纺织工业和冶金工业企业的调查和对财税体制改革方案的研讨，从此开始了对中国社会主义经济体制问题的研究。

从 1956 年到 1976 年"文化大革命"结束，我国的经济体制是在两种对立的指导思想的支配下演进的：一种是在保持苏联式的计划经济的基本框架和国有经济的主体地位的前提下，扩大地方政府和生产单位的自主权，加强"对价值规律的自觉运用"，以便为命令经济注入某些活力；另一种是不断进行"经济战线、政治战线和思想战线上的社会主义革命"，加强政府对国民经济的管控，以便动员群众去实现国家的目标。这两种思路交替使用，而我自己则在两种思路之间摇摆。

在 1956 年从苏联模式"解冻"和重新思考中国国家工业化道路的浪潮中，我曾经热衷于按照第一种思路设想一种能够让价值规律发挥更大作用的社会主义经济管理体制。

20 世纪 50 年代中后期，反右派运动和批判修正主义的浪潮使经济研究所的研究工作不能继续下去了。加上我父母双双被打成右派，我自己被定成"中右"，我只有怀着力求涤除"资产阶级知识分子"和"民主革命派""原罪"的心情，努力去跟上愈来愈"左"的时代潮流。在这样的背景下，我在 1960—1964 年期间写了好几篇所谓"符合社会主义政治方向"的论文，其实只不过是用寻章摘句、注经解经的方法来为"最高指示"作多少带有"理论色彩"的说明。

1966—1976 年的"文化大革命"彻底中断了经济研究所的工作。然而，我在晦暗时期的干校"牛棚"中，竟与顾准这位比我有更长的"革命"经历，也比我更早地对"左"的路线的实质有深刻认识的思想家结成了忘年之交，这使我获得了一个特别的思考的机会。我们冷眼观察当时的疯狂表演，以世界历史的发展为背景，对近代中国人走过的道路，特别是新中国成立 20 年的经历进行了认真的思索。通过这种反思，我对"四人帮"宣扬的"无产阶级专政下继续革命"理论的社会实质和政治经济后果有了更深一层的认识：若沿着他们鼓吹的路子走下去，势必走上"封建社会主义"之类的邪路。

在 1977—1978 年间我参加了经济学界批判"四人帮"的活动，在于光远等师长的教导和帮助下，我开始在批判极左路线的基础上对所有制关系、商品生产与商品交换、企业经营机制、知识分子的地位与作用等问题上做进一步的探索，寻求改善我国经济体制的道路。

1978 年年底召开的十一届三中全会做出了把全党工作重点转移到社会主义现代化建设上来、实行改革开放的历史性决策。但是，由于多年闭关锁国和文化禁锢，1978—1980 年间关于经济体制和经济政策的讨论，以今日的眼光看，无异是在黑暗中摸索，这就使得这些研究缺乏系统性，也没有形成整体性的分析框架。直到 1980 年年初和 1981 年春波兰市场社会主义学派的传人布鲁斯（Wlodzimierz Brus）和捷克斯洛伐克 1968 年经济改革的主要领导人锡克（Ota Sik）先后来华讲学，我才意识到，我们从苏联人那里习得的"社会主义政治经济学"，从理论范式到具体结论都存在很大的毛病，需要按照马克思主义"实事求是"的根本原则进行更新。

布鲁斯和锡克的讲学不但大大增进了我对波兰和捷克斯洛伐克这两个东欧改革先行国家理论创新和改革进程的了解，而且获得了更具普遍意义的两个重要启发：

第一，他们两位的讲学阐明了这样一个道理，即任何一种经济体制都是由一系列互相联系的经济关系组成的整体，每种体制都有自己逻辑一贯的运行规则。既然经济体制改革是由一种经济系统到另一种经济系统的跃迁，那么零敲碎打的改革不但不利于实现这种变革，还会引起经济运行的混乱。这也促使我把研究重点转向不同经济体制的比较和不同发展战略的比较。除了对苏联、东欧社会主义国家经济发展史的研究，我在这个时期还深入研究过日本、联邦德国和"亚洲四小龙"二战后的体制变迁和经济发展历程。

第二，他们两位在讲学中不但娴熟地运用马克思主义的理论工具，而且运用了不少现代经济学的新的分析手段，使长期闭塞的国内经济学家耳目一新。这也使我产生了出国访学的愿望。

对于我来说，更加具有基础性质的学术思想提升发生在 20 世纪 80 年代中期，1983—1984 年我到美国耶鲁大学做了三个学期的客座研究员。在耶鲁，我一边在社会政策研究所（ISPS）做"比较经济体制"研究，一边从"经济学 101"的经济学原理课程学起，对现代经济学进行系统性的补课。通过重新学习经济学，我品尝到了运用现代经济学的分析工具解答经济问题的愉悦。尤其重要的是，通过这一学习，我对市场经济的运作规律有了较之前清晰得多的认识。在这以前，我虽然和大多数赞同市场取向改革的同行一样，认同亚当·斯密（Adam Smith）用隐喻方式表达的一个观念，即在市场经济中有一只"看不见的手"能够引导只考虑自身利益的商品生产者去追求并不是出自本心的增进社会财富的目标，但是我们对于这只手的实际内容和运行机制却又不甚了了。这就使我们很容易接受所谓"市场社会主义"的改革主张，也就是在保持计划经济基本框架的前提下，扩大企业自主权，同时有条件地发挥政府管控下的市场（regulated market）对企业决策的影响。而由于这种认知缺失在当时的经济学界具有相当的普遍性，这对我国经济科学的发展和社会经济改革的实际进程都造成了很大的消极影响。就我个人而言，通过微观经济学的学习，我认识到市场决定价格是市场在资源配置中起主导作用的关键。在自由竞争的市场经济中，由供求关系决定的价格反映了各种资源的相对稀缺程度，因而基于市场价格的交换活动能够引导资源流向效益最高的地方，从而实现资源的有效配置，趋向于新古典经济学所说的"帕累托最优"状态。在理论认识提高之后，我对现实问题提出的意见也就有了更扎实一些的基础。

1984 年年底，在参加中共十二届三中全会前期理论准备工作和中央财经小组为上海制定发展战略的调研工作所取得的成绩的鼓舞下，我加入国务院经济研究中心（现国务院发展研究中心的前身之一），从此开始了令人兴奋而紧张的政府咨询工作。在 20 世纪 80 年代到 90 年代初，我的工作主要集中在分析经济和社会发展形势，研究经济改革的目标模式、战略选择和方案设计等方面。其间，我参加了 1986 年国务院领导提出的"价、税、财配套改革"的方案设计工作，并担任"方案办"的领导成员。在"方案办"的领导班子中，我与思路相近的周小川、楼继伟等成为与"企业改革主线论"主张不同的"整体改革论"的主要代表。

90 年代初期，我和一批有志于继续推进市场化改革的经济学家一起，系统总结了前期改革的经验，深入地研究了与进一步改革有关的理论和实际问题。我们课题组的研究成果为 1992 年中共十四大确定市场经济的改革目标和 1993 年中共十四届三中全会通过《中共中央关于建立社会主义市场经济体制若干问题的决定》制定全面改革的方案提供了经济学的支持。我在 80 年代中期比较明确地提出了中国的经济体制改革必须走出"一放就乱、一收就死"的怪圈，走市场经济的改革之路的思想。这些思想充分体现在这一时期的研究工作和改革方案设计之中。

与此同时，我的思想主张时常受到来自两方面的反对：一方面是反对市场经济的人们，他们坚持认为，计划经济才是中国走向富强的必经之路；另一方面是改革阵营的某些朋友，他们对我的责难是"理想主义""急于求成"等。在"文化大革命"后期对过去的经历进行反思的时候，我就下定决心吸取自己以前由于"唯上""唯书"竟至违背科学良知的教训。如果发现自己的认识是错误的，自然要从善如流，知错即改；如果还没有证明自己的认识是错误的，也不因"上"面讲过或"书"上讲过或者某种流行观点的压力而轻易改变。

1992 年邓小平南方谈话之后，中国进入了一个新的改革时期。当时大部分生产资料价格已经在宏观经济紧缩的条件下自然而然地放开的情况下，营造市场经济的微观基础、增强市场微观主体就成为改革工作的重点，需要研究的新问题层出不穷。我开始更加深入地研究国有企业的公司化改革、现代金融体系和资本市场的建设、新型社会保障体系的建立、中小企业及高新技术产业的发展等问题。

1997 年爆发的亚洲金融危机也波及中国。如何为国企解困，特别是如何保障数千万国企下岗职工的基本生活，成为亟待解决的问题。当时一种占主导地位的意见是，采取扩张性的宏观经济政策，"用急药、用猛药"，靠财政金融当局大量"放水"拉动经济增长。我认为这种凯恩斯主义式的政策只是一种短期有效的救急措施，发挥民间创业的积极性才是长久之计。事实上，我从 90 年代初期起，就注意到了东南沿海地区的浙江等地兴起的民营中小企业的发展对地方经济繁荣起到了非常重要的作用。问题在于：一方面，这些地区民营经济在国民经济中发挥着越来越大的作用，有望成为经济增长的引擎、国有企业下岗职工再就业的主要途径乃至解决"三农"问题的钥匙；另一方面，民营经济的成长环境和自身的经营又亟待改善。政府大力为民营经济的发展创造有利的环境，才是解决问题的正途。我为制定和实施"扶持民营企业发展的大战略"奔走鼓呼并在 90 年代后期取得一定的成效，为克服经济困难添加了一份不小的助力。[①]

由于市场化改革一度推进缓慢和法治不兴，某些有权力背景的人得以利用物资分配和价格决定的"双轨制"，用市场价格倒卖他

---

① 吴敬琏（1998）：《对经济形势的估量和放手发展中小企业的对策建议》，载《吴敬琏改革文选：探索与反思（上卷）》，香港：香港城市大学出版社，2021 年，第 488—494 页。

们用低价获得的商品，攫取骇人听闻的巨额财富。面对愈演愈烈的"官倒"横行的腐败现象，由我和赵人伟、荣敬本两位研究员主持的《社会经济体制比较》杂志引进了"寻租"这个新的政治经济学概念，发动了一场以剖析腐败现象的制度根源、动员社会力量剔除腐败行为体制基础的大讨论。对于"寻租"问题的深入研究使我的思想超出了经济问题的范围。在 1998 年 10 月与经济学家汪丁丁的对话中，我提出要避免权贵资本主义的发展，"从经济的角度讲，就是要发展独立的民间经济和民间力量；从政治方面讲，就是要确立游戏规则，实行法治"。接着，受到钱颖一教授 2000 年 1 月《市场与法治》讲演的启发，我们正式提出"建设法治的市场经济"的纲领性口号。2001 年我受邀参加中共中央组织的知名学者北戴河休假，与同样受邀参加这次活动的法学泰斗江平教授一见如故，由于都怀着经济学家和法学家联手共同推进现代国家建设的愿景，我们作为联席主席成立了上海法律与经济研究所（后来迁到北京并改名为洪范法律与经济研究所），与众多学者共同努力为建设法治中国作出自己的贡献。

我除了在国务院发展研究中心从事咨询研究工作，也涉足其他的领域。比如，我在国家信息化专家委员会担任副主任，并积极参加了上海市委为半导体攻关战役做准备的调研工作。还在中国社会科学院研究生院、北京大学经济学院担任博士研究生导师，在中欧国际工商学院（CEIBS）担任终身荣誉教授。21 世纪初国有企业公司化改革时期，我还兼任过几家境内外上市公司的独立非执行董事。这些经历给了我更深入地感知资本市场运作和大公司运营的机会，磨炼了我对于经济现象的敏感，使我能够把自己在各个领域的研究连贯打通。

回首改革开放以来的 40 余年，可以聊以自慰的是，我努力恪守经济学人的职责，坚持我认为利国利民的主张。然而，我还是有许多的遗憾。我这一代人由于被卷入各种各样的政治运动，有一大半的时间都是在各种政治运动中被批来斗去，从而耽误了太多读书做学问的时间。虽然我从事经济学工作有 70 余年，但是真正的学术生涯却是从 1976 年"文化大革命"结束以后才开始的。因此，不敢稍有懈怠。

大约在 3 年前，资深出版人郭银星女士最先提出了将这些学术成果整理出版的动议并做了很多前期准备工作。经过各方努力，特别是在以陈义望先生为首的东方出版中心编辑团队的积极推动下，这项工作得以在今年年初正式启动。这套文集主要收录了本人的著作和文章，著作独立成卷，文章按照写作时间顺序编排并分卷。为了保存历史原貌，本次出版除对原稿的文字错讹做了修正，对注释、索引、参考文献等按照规范化的格式进行完善外，基本论点和行文均未做改动。

需要说明的是，中国的改革开放成绩斐然，但也并非一路凯歌行进，有时遭遇风霜雨雪，有时曲折迂回。哪怕在今天，基本的方向应该是明确的，但我们仍然会碰到许多疑难的问题，这些疑难问题的解决，一方面要学习新的东西，用新的技术、武器去解答这些问题；另一方面，就是总结过去的经验和教训，从中找到力量往前走。我作为一名在这一特定历史时期工作的学者，便不可避免地要在激烈的理论争论和各种利益冲突中艰难前行。我的思想在这 40 多年中有许多发展变化，在从旧时形成的种种观念出发逐步趋近符合于实际的认识的过程中，旧思想的影响是逐步消除的，前后的提法和论述也常常有所不同。有些时候确实是走了弯路，但也引发了我的重新思考。我们这一代人经历过的历史正在逐渐远去，但是那些历史波动和曲折所提供的经验教训还是可能为勠力同心建设美好中国和世界的人们提供参考的。

吴敬琏

2024 年 7 月

吴敬琏集

通向市场经济之路

出版说明

　　《通向市场经济之路》于 1992 年 8 月由北京工业大学出版社出版发行，同年获得孙冶方经济科学奖。1995 年由日本サイマル出版社出版日文版《中国の市場経済：社会主義理論の再建》（凌星光、陈宽、中屋信彦译）。

　　《通向市场经济之路》是一本汇集了在 20 世纪 80 年代后期到 90 年代初期关于中国应当向何处去和改革应该选择什么样的改革战略和策略的大讨论中被称为"整体改革论者"观点和论据的著作。该书是在这一争论趋于白热化和中共十四大即将做出历史性决断的关键时刻出版的。它运用现代经济学的基本理论和分析手段，结合苏联等社会主义国家的实例，论证了市场—价格机制较之行政—计划手段在资源配置上具有无可比拟的优势，并在此基础上讨论了改革目标、改革战略和策略，以及改革初战阶段的宏观经济政策等重大理论和政策问题。

2025 年 5 月

内容提要[*]

中国经济体制应当选择市场经济（早期按照俄语习惯称为商品经济）还是选择计划经济（或称命令经济、统治经济），或者说，在稀缺资源的配置中应当由市场起主导作用还是应当由政府起主导作用，是一个始终伴随中国数十年改革历程的命题。只不过在改革的不同阶段，争论主题的具体表现形式不时变化。这里再版的，是一本汇集了在 20 世纪 80 年代后半期到 90 年代初期的改革问题争论中被称为"整体改革论者"论点和论据的著作。

在这以前，市场经济和计划经济之争已经进行过好几轮。

20 世纪 70 年代以前，对绝大多数国人来说，把国民经济置于国家计划的监控之下乃是社会主义的天经地义，只有极个别像顾准那样眼界开阔并且把捍卫真理视同生命的人，才会提出了尝试实行市场经济的问题。

可是到了 20 世纪 70 年代末期，情况发生了巨大变化。随着"四人帮"的覆灭，闭关自守的禁锢严令被解除，大批领导干部有机会出国考察，他们目睹了由于经济体制和发展道路的差异在短短

---

* 这是本书作者 2019 年 11 月为当时拟议再版（后搁置）的《通向市场经济之路》一书就写作背景和主要内容所写的说明。

一二十年中所造成的我国与实行市场经济的西方国家和亚洲"新兴工业经济体"（NIEs）之间的巨大反差。经济发展状况鲜明对比所产生的强烈震撼效应，使一些长期对苏联式或本国式意识形态教条存在盲目自信的领导干部也认识到，只有向市场经济国家和地区学习，适度开放市场和发挥价值规律的作用，才能解放和发展我国生产力，并进而自立于世界民族之林。中国的主要党政领导人也随即提出了"计划经济与市场调节相结合"的口号，开始了对市场取向改革的探索。

然而，这种允许市场在社会主义经济中发挥更大作用的共识，在很大程度上是来自对市场经济国家和地区意料之外优异表现的感受，而不是基于对历史和现实全面系统的理性思考：一方面，没有按照马克思主义实事求是的根本原则对传统社会主义政治经济学理论进行认真的反思，因而难以完全摆脱社会主义必须实行计划经济旧教条的窠臼；另一方面，对19世纪末期以来经济学的进展，特别是现代经济学关于市场经济怎样通过市场价格机制实现稀缺资源有效配置的运作原理知之甚少甚至一无所知。因此，即使同意部分引入市场的作用来激励人们的积极性，也生怕会因此而落入市场经济"必然产生"的"社会生产无政府状态"陷阱，因此总想依靠无产阶级专政国家的政令和计划来进行防范和加以纠正。

这种思想缺陷造成的后果，是使必须坚持计划经济主导地位的旧思维很容易以这种或那种方式重新回到统治地位。

仅仅在中共十一届三中全会后的两年，一度成为主流的"计划经济与市场调节相结合"的口号就被更加符合"原教旨"的"计划经济为主、市场调节为辅"所代替。

后来，经过各方有识之士的共同努力，市场取向的改革才在1984年的中共十二届三中全会上重新成为主流。全会通过的《中共中央关于经济体制改革的决定》采取迂回的路径对计划经济做了一种能够包容"商品经济"的解释。《决定》在肯定"实行计划经济是社会主义经济优越于资本主义经济的根本标志"和"中国实行计划经济已经取得巨大成就"的基础上，提出："社会主义的计划体制，应该是统一性同灵活性相结合的体制"，而不应"忽视经济杠杆和市场调节的重要作用"，然后要求"突破把计划经济同商品经济对立起来的传统观念，明确认识社会主义计划经济必须自觉依据和运用价值规律，是在公有制基础上的有计划的商品经济"。

从《决定》的上述论断可以看到，虽然它把改革扭回到了包容商品货币关系、发挥价值规律作用的正确方向上，但它并没有对计划经济、商品经济以及价值规律等作出达到现代经济科学已有水平的界定，因而不论是在理论上还是政策上都还有不少模糊不清的地方。特别是采取"商品经济"这种 19 世纪俄罗斯人的模糊叫法来指代市场经济，就使市场经济的实质在于通过市场—价格机制实现稀缺资源的有效配置被遮蔽起来。于是，基于对"商品经济"和"价值规律"的不同解读，随即在党政领导机关内部发生了关于中长期改革的基本路径应当选择市场在资源配置中起主导作用的"有宏观经济管理的市场协调模式"〔科尔奈（János Kornai）在 1985 年"巴山轮会议"上所说的 IIB 模式〕还是政府仍然处于主导地位的"间接行政协调模式"（科尔奈所说的 IB 模式）的争论。

一方面，根据现代经济学对于市场经济的理解，许多经济学家把市场经济制度看作以价格机制为核心配置稀缺资源、决定生产什么、生产多少、为谁生产的一整套机制，因而提出我国的经济体制改革不应在扩大国有企业经营自主权方面单项突进，而应在发展独立自主、自负盈亏的企业，建设竞争性的市场体系和宏观经济调控体系等三个相互联系的方面配套进行。1985 年的中共全国代表会议在通过的《中共中央关于制定国民经济和社会发展第七个五年计划的建议》中采纳了这种意见，并且要求在"七五（1986—1990）"期间或者更长一些时间内奠定新体制的基础。上述"七五三条"的确立，意味着党政领导接受了市场经济是一套通过市场—价格机制配置资源的体制的观点，决定用一两个五年计划的时间通过三方面配套改革把这一套体制建立起来。国务院也随即建立了以田纪云副总理为首的经济改革方案设计领导小组，为执行党代表会议决定进行"七五"前期的方案设计。

另一方面，把商品经济的实质归结为通过买卖进行交换的人们认为，改革的核心是通过商品买卖搞活企业、使企业能够拥有自主权和积极性。他们不赞成以"七五三条"为基本内容的大步配套改革的决策，认为应当改弦更张，"摆脱加快过渡的气氛和压力"，转而采取以计划和市场双轨制长期共存为特征的"渐进转轨方式"，实行增加货币供给、提高增长速度、企业承包先行、价格改革靠后的方针，经过"几代人的努力"，去实现向新体制的过渡。

1987 年，"双轨制渐进转轨"论者的"反决策论证"取得了成功，并实现了"决策思想历史性转折"。体制改革的中长期目标，由建立有宏观经济管理的市场经济改变为政府通过政策的、法律的和行政的手段对企业进行直接和间接控制的统制经济，即科尔奈所说的 IB 模式。

这一决策思想的逆向转变造成的严重后果，是通货膨胀和"官倒"腐败接踵而至。这两者在相当程度上引发了 1988 年的经济风波和 1989 年的政治风波。

在 1988 年和 1989 年的经济和政治风波之后，否定市场经济、重申计划经济为主的主张重振旗鼓。他们不顾邓小平关于十三大政治报告"一个字都不能动"的严肃告诫，力图用"计划经济与市场调节相结合"的口号取代"社会主义商品经济"的提法，重新强调中国经济的计划经济性质不可动摇。

这种逆历史潮流而动的开倒车行为，理所当然地遭到亲身感受了市场化改革对民族复兴和人民幸福意义的干部和群众的反对和抵制，由此引发了又一场"计划经济还是市场经济"的大争论。

《通向市场经济之路》这本书，就是在争论进入"决战"时刻出版的。

争论的焦点，说到底，仍然和20世纪80年代初期的争论一样，是市场和政府哪个应当在资源配置中起主导作用的问题。不同的是，由于进入80年代中期以后我国经济界和学界的理论水准有了很大提高，对各国经济发展和改革的实际过程有了更多了解，思想解放运动也更加深入人心，此时的争论已经不像过去那样着重于具体问题的讨论而不太愿意涉及有关社会主义和市场经济的基础理论和基本制度构建问题，讨论的理论高度和政策深度都有了显著的提升。

以《通向市场经济之路》这本书为例，它一开篇，就秉承马克思主义实事求是的基本要求和从20世纪70年代思想解放运动承袭下来的任何一种理论观点和政治主张都要接受历史检验的批判精神，对长期被认为是马克思主义基本原理的社会主义商品生产消亡论进行再考察。

在考察中我们注意到，商品生产消亡论的基本论据，在于认为"生产的社会化"即社会分工的深化和协作的普遍化必然导致生产单位的大型化。随着生产社会化的发展，企业的规模会不断扩大，直至呈现出整个社会演化为一个巨型工厂的趋势。于是，只存在单一经营主体的"鲁滨逊经济"就将在整个社会范围内再现。在高度社会化的生产结构基础上建立的社会主义经济，自然就将是一个集中经营、统负盈亏、只有技术分工而没有社会分工的"社会大工厂"（马克思）或者"国家辛迪加"（列宁）。在这种情况下，商品生产和商品交换自然就会自动消亡。

这样，我们就需要从廓清"生产社会化"的概念入手来分析商品生产的历史命运问题。根据20世纪以来各国产业发展的历史事实，我们指出，马克思主义古典作家按照19世纪工业化浪潮或者未来学家托夫勒（Alvin Toffler）所说的"第二次浪潮"中企业通过资本的聚集和集中发展为大型企业的现象做出的预言，即企业规模将随着社会化程度的提高而一往无前地扩大直到形成若干个甚至唯一的巨型企业，并没有得到历史的证实。特别是在新一轮的技术革命浪潮（即所谓"第三次浪潮"）中，孕育了大批具有虎虎生气的初创企业。"第二次浪潮"中流行的"大就是好"的教条，也被"小有小的好处"的考量所取代，以致在发达的工业化经济的企业结构中以小企业为主的情况与一二百年前并无二致。对于社会主义经济来说，情况也是如此。没有独立经营的企业和与之相适应的商品交换与市场，也就不可能有经济发展的生机和活力。

理论的推导和苏东社会主义国家的实践都为否定商品生产消亡论做出了有力的论证。

《通向市场经济之路》重点论述的另一个问题，是市场为什么能够较之计划更有效地配置经济资源。

自从一个多世纪以前的新古典经济学把稀缺资源的有效配置提高到经济学的中心位置，经济学家就总是把能否有效配置资源作为评价不同经济体制的最重要的标准。传统的政治经济学虽然不做这样的明示，却也是认同与此相通的"生产力标准"的。

市场经济能不能有效地配置资源和增进社会福利，是一个在历史上长期存在争议的问题。早在 1776 年，古典经济学的鼻祖斯密（Adam Smith）就已指出，在自由竞争的市场体系下，众多经济参与者各自追求自己的目标，并未造成混乱，而是在市场这只"看不见的手"的引导下，不由自主地走向实现社会福利最大化的共同目标。然而，斯密用隐喻形式表达的洞见并没有说服马克思主义古典作家。在后者看来，任何一个以商品生产为基础的社会都会有一个共同的特点，就是每个生产者都用自己拥有的生产资料和按照自己的特殊交换需要各自进行产品的生产，谁也不知道那种产品会有多少出现在市场上，也不知道他的产品是否卖得出去。所以，市场制度被断定为一种"无政府状态的竞争制度"，"由竞争关系所造成的价格永远摇摆不定的状况，使商业丧失了道德的最后一点痕迹"，"商业危机像过去的大瘟疫一样按期来临，而且它所造成的悲惨现象和不道德的后果比瘟疫所造成的更大"[①]。

问题在于，20 世纪初期形成的现代经济学已经运用严谨的科学方法和数学分析手段确凿地证明，在反映资源稀缺程度的价格向量的引导下市场—价格机制能够实现具有帕累托效率，即达到资源有效配置的一般均衡，把斯密关于"看不见的手"的隐喻发展为严谨的正式表述，为经济分析提供了重要的基准点和参照系。正是运用这样的分析框架，现代经济学为市场在资源配置方面的优势做出了科学的论证；与此同时，也根据计划经济在信息机制和激励机制方面的致命缺陷说明它无法具有效率。在这种情况下继续坚持过时的

① 恩格斯（1844）：《政治经济学批判大纲》，见《马克思恩格斯全集》第 1 卷，北京：人民出版社，1956 年，第 614 页。

判断，显然与马克思主义实事求是的科学态度背道而驰。

在《通向市场经济之路》一书中，我们不但用现代经济学的理论说明了市场机制较之计划手段在资源配置上的有效性，还用苏联等社会主义国家的实例说明了这一点。

理论和实践考察使我们得出的一个重要结论：经济体制改革的核心和实质在于用以市场—价格机制为主导的资源配置方式取代行政—计划为主导的资源配置方式。

在这些基本问题得到了澄清以后，有关改革战略和策略的许多具体问题就比较容易找到解决的途径了。因此，《通向市场经济之路》接着就在讨论基本理论问题的基础上，用了全书一半以上篇幅讨论市场化改革的基本内容、各项改革的时序安排，以及与企业改革、价格改革、政府职能转变和改革初战阶段的宏观经济政策等相关的争议的问题。

正因为这场争论是将具体问题的讨论和基本理论问题的讨论紧密联系在一起辨明是非，争论的成果就为 1992 年 10 月中共十四大确定市场经济的改革目标和 1993 年 11 月中共十四届三中全会制定推进市场化改革的整体规划奠定了坚实的基础，为我国的经济体制改革开辟了新的局面。

迄今为止，《通向市场经济之路》记述的争论已经过去了二三十年，当年激烈争论的若干问题也早已有了定论或者在实践中获得解决，那么，再版这本书除了作为历史文献留存，是不是还有它的现实意义呢？

我的回答是肯定的。原因在于，具体问题的解决并不意味着市场经济与计划经济（命令经济）之争已经一劳永逸地获得终结。中共十四大以来的历史进程表明，这一争论会不时以不同形式重现。

由于现象层面的问题往往只是基本问题的新的表现形式，或者是旧问题的新变种，所以往往可以从过去对改革基本问题的讨论中获得启发和解答线索。市场经济在壮大的同时，也会不断遇到新的问题和挑战，而且现代经济学本身也在发展。因此我们应当在对改革历史文献的深入研究中温故而知新，坚持市场化改革的正确方向，为全面实现我国的改革目标提供助力。

吴敬琏

2019 年 11 月 9 日

前　言

本书是一本讨论我国经济改革要义和它的实际措施的著作。

中共十一届三中全会以来，我国人民沿着建设有中国特色的社会主义的道路，力行改革开放，取得了举世瞩目的成就。正因为如此，中国才能在近几年的国际风云变幻中一枝独秀，保持了经济的繁荣和政治稳定。

十几年来的改革，风风雨雨，潮起潮落。作为一个深深介入改革实际工作的经济学家，十多年来我一直在思考我国的经济改革的实质是什么，它为什么能够取得巨大的成功，又在哪些方面走了弯路。探索的结果，在 20 世纪 80 年代中期得出了这样的结论：我国的经济改革最重要的特征，在于它是一场明确地以市场为取向的真正的体制革命。这就是说，它和某些东欧国家的改革不同，不是在传统集中计划经济体制的框架内进行某些修修补补、小改小革，而是对这种经济体制进行具有根本性的改造。与此同时，通过改革建立起来的有中国特色的社会主义经济，也将完全突破传统社会主义政治经济学的陈旧观念的束缚，建立在市场经济体制的基础之上。显然，我国人民所做的这一切，是对社会主义理论和实践的巨大革新。

为了阐明上述观点，我一直想写一本如何在改革中建立市场经济体制的专著。但是由于冗事缠身，精力不能专注，几年来只是写了一系列从各个侧面论述这一主题的论文，而未能完成预定的所有章节。

最近中共中央政治局作出决定，要求根据邓小平同志关于建设有中国特色的社会主义的一系列重要论述，抓住当前有利时机，加快改革开放的步伐，把经济建设搞上去。这个决定顺应历史潮流，合乎人民心愿，得到广大干部和群众的热烈拥护。现在全国上下热气腾腾，各地、各单位正在积极部署实际落实。历史的经验说明，要真正把加快改革的决定落到实处，首要的问题是在理论和实际的结合上把握改革的实质和与此相适应的战略方针与战术安排。只有这样，才能提高广大干部特别是领导干部执行政策的自觉性。为了适应这种迫切的需要，现将已写成的书稿付梓，呈献给读者。全书共分四篇十三章。其中，第一篇《社会主义走向复兴的必由之路》，从社会主义学说历史发展的角度讨论了市场取向的改革对于社会主义复兴的意义；第二篇《市场取向改革的战略》，讨论了改革的战略方针和策略安排；第三篇《深化市场取向改革的主要任务》，分别从自主企业的建立、竞争性市场的培育和政府职能的转变三个相互联系的方面论述了改革的主要任务；第四篇《改革时期的国民经济和社会发展方针》，讨论了如何保持改革所需要的稳定的经济和政治环境，如何用经济改革促进经济和社会的发展，以及政治体制的进一步改革。

由于各章节写作的时间不一，现在又不可能有充分的时间从头到尾进行仔细推敲，因而它们的体例和繁简程度有某些差别，也影响了理论体系的严密程度，这是需要请读者见谅的。

感谢李剑阁君和北工大出版社同志们在编辑上的帮助，使它能同读者见面。

吴敬琏

1992 年 4 月 25 日

目　录

第一篇　社会主义走向复兴的必由之路

第一章　对马克思主义的新思考 ·················· 3

第二章　计划与市场

　　　　——一个历史已作结论的命题 ·········· 38

第三章　战后资本主义的体制调整的启示 ·········· 68

第四章　传统社会主义经济模式的终结 ············ 76

第五章　复兴，路在何方 ···················· 84

第二篇　市场取向改革的战略选择

第六章　改革时序安排的难点和选择 ············· 111

第七章　我国国有部门改革战略的回顾和展望 ······· 130

第三篇　深化市场取向改革的主要任务

第八章　企业体制和产权制度 ················· 168

第九章　放开价格，建立和培育市场 ············· 210

第十章　政府职能的转变 ··················· 231

第十一章　其他方面的配套改革 ··············· 245

第四篇 改革时期的国民经济和社会发展方针

第十二章 努力保持改革所需要的良好经济环境 …………254

第十三章 改革是为了经济和社会的全面发展 …………276

索引………………………………………………………282

第一篇 社会主义走向复兴的必由之路

社会主义在 20 世纪后期所遇到的挫折，并不意味着社会主义价值——公众的基本福利保障、分配公正性的保持、大规模失业的防止等已经过时，而只是由于这种价值观的实现，缺乏必要的物质生产基础，社会生产并没有像原来预期的那样得到迅速的发展，作为社会主人的劳动群众的主动性和创造性也不可能得到充分发挥。这样，社会主义各国经济在 20 世纪 50 年代初期经历较好的发展以后，很快进入了停滞和慢性衰退。针对这种情况，一系列社会主义国家先后进行了对于改善经济运行状况的探索，改革和发展逐渐成为社会主义各国社会经济生活中的最强音。

社会主义经济生活中出现的各种麻烦与困难的根源，从根本上说，来自它原来的体制选择。这种经济体制抑制了人民大众的创造精神，也不能保持国民经济稳定、持续、协调的发展。

所有这一切，都是对我们原有的社会主义观念的巨大挑战。根据传统的观念，当实现社会主义改造、公有制成为唯一的经济基础以后，整个社会将成为一个大工厂。在这样的社会经济组织中，没有商品货币关系和市场力量活动的余地，一切经济活动都由集中制订的统一经济计划预先规定。社会主义公有制排斥商品货币关系，实行集中计划经济，被人们看作马克思主义的社会主义学说的一条"基本原理"。任何违背这一"基本原理"的理论、观念和政策，都被看作异端邪说。

其实，这种"基本原理"的说法，本身是违背马克思主义的。恩格斯曾经正确地指出：**"马克思的整个世界观不是教义，而是方法。它提供的不是现成的教条，而是进一步研究的出发点和提供这种研究而使用的方法。"**[①]马克思主义的根本方法是实事求是。社会主义要能得到复兴，其前提是用实践检验现有的理论，根据事实加以补充、修正和完善。

---

① 恩格斯（1895）：《致威纳尔·桑巴特》，见《马克思恩格斯全集》第 39 卷，北京：人民出版社，1974 年中文第 1 版（以下除特别注明者外，都是第 1 版），第 406 页。

第一章　对马克思主义的新思考

　　说到 20 世纪以来科学社会主义在理论和实践上的发展变化，最令人感兴趣和最具有重要意义的问题，也许莫过于它对商品货币关系和市场机制的看法和做法了。从苏联建国初期迅速废除货币关系的政策，到斯大林时代的分阶段取消市场的设想，再到迄今为止越来越多的人接受社会主义与市场经济并不截然对立的观点，传统的社会主义的经济体制观念已经改变得面目全非。

　　如何估量这种变化？这是一个受到马克思主义的理论界和非马克思主义的理论界普遍关注的问题。某些激进派人士谨守旧的教条，认为市场经济与社会主义不相容，"那些在行动上是加强市场，而不是与市场进行斗争的人，不管他们的动机如何，都是在发展资本主义而不是在发展社会主义"①。在另一个极端上，一些承认社会主义国家市场取向（market oriented）的改革具有合理性的自由派人士，却企图利用这种变化来否定马克思主义，说什么改革意味着社会主义的失败。以上两派人士虽然对社会主义的态度截然相反，却有一个共同的理论前提，这就是：社会主义制度下商品货币关系必然消亡

---

① 　P. M. 斯威齐：《捷克斯洛伐克、资本主义和社会主义》，见 P. M. 斯威齐和 C. 贝特兰（1972）：《论向社会主义过渡》，北京：商务印书馆，1975 年，第 10—11 页。

的学说，是科学社会主义不可缺少的组成部分；部分与整体之间不可分割，一荣俱荣，一损俱损。

马克思主义关于社会主义制度下商品消亡的观点同它关于社会主义的基本理论之间，在什么情况下是联系在一起的，在什么情况下可以区分开来？要弄清这一点，关键在于对"生产社会化"这一在科学社会主义的形成上起了决定性作用的范畴作系统的考察，并对它作出适合于现代生产和现代技术发展特点的科学规定。

社会主义商品消亡论的由来

在当代社会主义的发展中，市场关系的继续存在，首先是作为现实经济发展的必要，而不是作为理论分析的结论被人们所接受的。而如何对这种存在作出理论说明，特别是如何把这种说明同马克思主义的基本思想衔接起来，从来就是一个难点，即使否定社会主义制度下商品生产和价值规律必然消亡的"非消亡论"者，似乎也没有就此作出充分的说明。其中一部分人否认马克思和恩格斯作出过这种论断，认为事实恰好相反，他们明确谈到或含蓄地暗示过社会主义制度下商品生产和价值规律的存在。另一部分"非消亡论"者则表示，科学社会主义的古典作家论及社会主义条件下商品生产的命运的篇章，都不过是他们在"从反面"观察资本主义经济时的即兴感想而不是严密的理论推断。

看来，这两种论断，都缺乏足够的根据。

第一种论断是不正确的，这有马克思和恩格斯本人的许多明确指示[1]

----

① 如马克思在《资本论》第 1 卷和《哥达纲领批判》中的著 （转下页）

可资佐证。关于这一点，近数十年已有许多作者进行了详细的考据和分析。[①]笔者以为，原籍波兰的英国经济学家布鲁斯（Wlodzimierz Brus）在考察了马克思和恩格斯对社会主义制度下商品货币关系的论述后得出的结论，很好地反映了这种考察和分析的成果。布鲁斯在《社会主义经济的运行问题》中指出：如果撇开马克思和恩格斯对于科学地确定未来社会主义经济形式的可能性所作的某些保留不论，而从他们谈到有关问题的论述中引申出结论，我们就应当肯定，他们认为适合于社会主义经济的实际的，是社会直接管理和分配生产要素和全部生产的制度，而不是商品生产和价值规律调节。无论如何，我们要在科学社会主义的创始人的论著中找到能够证实上述说明的确切论述是比较容易的。然而，却不可能从中找到任何相反的论断，比如说，展示运用市场机制的前景的论断等。所以，**"想在马克思的理论中发现关于价值规律在社会主义经济中的作用的指示，就是科学上的无望行为"**[②]。

至于把马克思和恩格斯关于商品货币关系存废问题发表的意见，看作只是在讨论资本主义经济现象时的顺便发挥，属于同他们关于未来社会基本特征的理论截然不同的层次，这种说法看来也是同事实不相符的。

第一，科学社会主义的创始人关于公有制条件下商品生产消亡

（接上页）名论断与恩格斯在《反杜林论》第三编《社会主义》中的著名论断。

① 在我国经济学界，骆耕漠在其多卷本著作《社会主义商品货币问题的争论和分析》第一分册（北京：中国财政经济出版社，1980 年）中对此作了最详细的分析。

② W. 布鲁斯（1961）：《社会主义经济的运行问题》，北京：中国社会科学出版社，1984 年，第 19—20 页。文中黑体是引者加的。

的论断，不是随随便便地作出的。例如，《资本论》关于公有制条件下不存在商品货币关系的论断，首见于第一章《商品》的第四节《商品的拜物教性质及其秘密》。这一节可以说是马克思著作中论述商品货币关系的最重要的篇章。在那里，马克思对商品所体现的社会关系作了深刻的剖析，令人信服地说明，只有在产品是由独立的生产者生产出来，必须经过交换才能证明它的社会有用性的情况下，产品才转换为商品。接着，马克思指出，对于孤岛上的鲁滨逊来说，他用自己的劳动创造满足自己需要的产品，一切关系都极其简单明了，当然没有商品关系存在的余地；就是在中世纪的封建庄园和农村的家长制经济中，由于劳动具有直接社会性，劳动产品也不转化为商品。然后，马克思才讲到了公有制的"自由人联合体"中同样不存在商品货币关系。他说：让我们"设想有一个自由人联合体，他们用公共的生产资料进行劳动，并且自觉地把他们许多个人劳动力当作一个社会劳动力来使用。在那里，**鲁滨逊的劳动的一切规定又重演了，不过不是在个人身上，而是在社会范围内重演**"①。

显然，以上这一切，都不是即兴的感想，而是与他的整个经济理论体系相联系，经过慎重思考、严密论证得出的结论。

第二，在科学社会主义的创始人看来，"产品经济"（马克思的原话是"自由交换"）取代商品经济（马克思的原话是"私人交换"②），是同公有制取代私有制共生的现象。他们从公有制条件下的生产关系的分析中，得出了商品生产和商品交换将不再存在的结论。

现在我们就来看看，他们是怎样论证这两个命题的。

---

① 马克思（1867）：《资本论》第1卷，见《马克思恩格斯全集》第23卷，北京：人民出版社，1972年，第95页。文中黑体是引者加的。

② 马克思（1857—1858）：《政治经济学批判》，见《马克思恩格斯全集》第46卷上册，北京：人民出版社，1979年，第105页。

如所周知，科学社会主义的一项基本观点——社会主义公有制必将代替私有制这个结论，是马克思和恩格斯在深入研究了他们生活于其中的资本主义社会形态以后作出的。正如恩格斯所说，在资本主义条件下，生产力日益社会化，它同生产关系方面的资本主义私人占有制度发生尖锐的冲突。"现代社会主义不过是这种实际冲突在思想上的反映。"① 资本主义上述基本矛盾，只有通过下述途径才能得到解决，这就是**"在事实上承认现代生产力的社会本性，因而也就是使生产、占有和交换的方式同生产资料的社会性相适应"**②。换句话说，适应于现代生产力的本性。实现公有制关系的社会化，乃是马克思主义学说的基石。

然而也正是根据生产的社会性这个前提，从"生产、占有和交换的方式同生产资料的社会性相适应"的原则出发，马克思和恩格斯得出了这样的结论：在公有制的条件下，社会生产将是鲁滨逊的劳动在社会范围的重演，商品生产和商品交换将不可避免地消亡。值得注意的是，在这个论证中有一个起决定作用的中介环节，这就是整个社会生产变成社会范围的鲁滨逊劳动，或由一个单一的生产单位进行的生产。

马克思在《资本论》里反复指出，**社会生产力的发展以大规模的协作为前提**，"只有在这个前提下，才能组织劳动的分工和结合，才能使生产资料由大规模积聚而得到节约，才能产生那些按其物质属性来说只适于共同使用的劳动资料，如机器体系等，才能使巨大的自然力为生产服务，才能使生产过程变为科学在工艺上的应用"③。由于大规模生产对于小

---

① 恩格斯（1879）：《反杜林论》，见《马克思恩格斯选集》第3卷，北京：人民出版社，1972年，第308页。

② 恩格斯（1879）：《反杜林论》，《马克思恩格斯选集》第3卷，北京：人民出版社，1972年，第318—319页。文中黑体是引者加的。

③ 马克思（1867）：《资本论》第1卷，见《马克思恩格斯全集》第23卷，北京：人民出版社，1972年，第684页。

规模生产有着绝对的优越性，在生产力发展、资本积累的过程中，资本就不断向少数的大资本家手里集中。马克思在《资本论》第23章《资本主义积累的一般规律》和第24章最后一节《资本主义积累的历史趋势》中都强调指出了这种趋势。① 马克思指出：

"在一个生产部门中，如果投入的全部资本已融合为一个单个资本时，集中便达到了极限。在一个社会里，只有当社会总资本或者合并在唯一的资本家手中，或者合并在唯一的资本家公司手中的时候，集中才算达到极限。"②

这就是说，整个资本主义生产趋向于集中合并成一个唯一的企业。当资本被剥夺，在公有制基础上组织生产时，社会自然就成为一个社会范围的鲁滨逊或者社会规模的大工厂了。难怪马克思在他的著作中多次表达了未来社会类乎由一个企业主经营的大企业的思想。在他的第一部科学社会主义著作《哲学的贫困》中就写道：

"社会作为一个整体和工厂的内部结构有共同的特点，这就是社会也有它的分工。如果我们以现代工厂中的分工为典型，以便随后把它运用于整个社会，那么我们就会看到，为了生产财富而组织得最完善的社会，毫无疑问只应当有一个主要的企业主按照预先制定的条规将工作分配给社会集体的各个成员。"③

在《资本论》里，马克思在分析社会分工同手工工场的内部分工

---

① 马克思（1867）：《资本论》第1卷，见《马克思恩格斯全集》第23卷，北京：人民出版社，1972年，第685—687、831—832页。

② 马克思（1867）：《资本论》第1卷，见《马克思恩格斯全集》第23卷，北京：人民出版社，1972年，第688页。

③ 马克思（1847）：《政治经济学的形而上学（〈哲学的贫困〉第二章）》，见《马克思恩格斯选集》第1卷，北京：人民出版社，1972年，第129页。

之间的本质差别时，指出前者以社会个别成员生产商品为前提，而后者却以生产共同产品为前提的同时，把公有制条件下的生产比之为工场内部有计划的分工，认为资本主义"工厂制度的热心的辩护士们在斥责社会劳动的任何一种普遍组织时，只会说这种组织**将把整个社会变成一座工厂**，这一点是很能说明问题的"①。

恩格斯对商品消亡的论证同马克思的论证十分相似。他在《反杜林论》里论述资本主义的基本矛盾的发展时指出：把"分散的小的生产资料加以集中和扩大，把它们变成现代的强有力的生产杠杆，这正是资本主义生产方式及其体现者即资产阶级的历史作用"。对资本家来说，不断改进自己的机器、不断提高机器的生产能力和不断"扩大自己的生产规模"都是"强制性的法令"。这样，"大工业的巨大的扩张力——气体的膨胀力和它相比简直是儿戏——现在在我们面前表现为不顾任何阻力的、在质量上和数量上进行扩张的需要"②。为了说明资本的积聚和集中造成使整个行业成为一个企业的趋势，他还在前面已经引述的马克思论集中的极限的地方加了一个注，说"英美两国最新的托拉斯已经在为这一目标而奋斗"③。所以，"**一旦社会占有了生产资料，商品生产就将被消除**"④。

---

① 马克思（1867）：《资本论》第 1 卷，见《马克思恩格斯全集》第 23 卷，北京：人民出版社，1972 年，第 395 页。文中黑体是引者加的。

② 恩格斯（1877—1878）：《反杜林论》，见《马克思恩格斯选集》第 3 卷，北京：人民出版社，1972 年，第 309、315 页。

③ 马克思（1867）：《资本论》第 1 卷，见《马克思恩格斯全集》第 23 卷，北京：人民出版社，1972 年，第 688 页。

④ 恩格斯（1877—1878）：《反杜林论》，见《马克思恩格斯选集》第 3 卷，北京：人民出版社，1972 年，第 323 页。

把以上所说的一切归纳起来，可以看到，科学社会主义的创始人关于公有制条件下商品生产消亡的理论，是以生产社会化过程中资本主义生产存在着向整个社会规模的大企业发展的趋势这一判断为前提的。这个判断是后来社会主义者坚持"商品消亡论"的依据。不过，如果在马克思和恩格斯那里这个判断是蕴含在他们的议论之中的，那么，他们的后继者则鲜明地提出了"一个国家——一个工厂"的模式，主张无产阶级在取得政权以后立即实行对全部经济生活的直接控制和对资源的实物分配，从而使商品货币关系归于消亡。

德国社会民主党 1891 年爱尔福特代表大会通过的党纲对社会主义者取得政权以后在经济方面应当采取的行动作了如下的原则规定，这些规定一直是往后几十年马克思主义者的指导方针："只有把生产资料……的资本主义私有制转变为公有制，使商品生产变为为社会并由社会自己执行的社会主义生产，才能使大生产和日益提高的社会劳动生产率，由一向被剥削的阶级的贫困和受压迫的源泉，变为最高福祉和全面而和谐的改善的源泉。"[①]

《爱尔福特纲领》的权威阐释者考茨基（Karl Kautsky）在说明以上两项互相联系的任务时说：社会主义生产方式所要求的，一方面是使各个资本主义企业转变为公有企业；另一方面，是把"一切企业联合起来，组成一个**单一的大共同体**"，从事"**自给自足的**""**为自己消费而进行的共同生产**"。而根据考茨基的分析，建立这个大共同体的条件，是由资本主义垄断的发展所准备好了的。他说，资本主义"企业规模的扩大，大财产的迅速增长，企业数目的不断减少，小企业日

[①] 转引自考茨基（1891）：《爱尔福特纲领解说》，陈冬野译，北京：生活·读书·新知三联书店，1963 年，第 83 页。

益集中到少数几个人手里"，"这种发展的最终结果，**必然是一个国家或甚至整个世界经济的全部生产资料，都成为个别人的或股份公司的**私有财产，任凭他们支配，**使整个经济机构变成一个统一的巨大企业**"。适应着这种情况，社会主义的大共同体应当具有现代国家的规模。所以他说，"社会主义社会""**不外是单一的大生产企业**"①。

应当说，这种社会主义经济是"一个国家——一个工厂"的"单一的巨型的生产企业"，从而商品货币关系将没有存在的余地的设想，不只属于考茨基。从倍倍尔（August Bebel）、卢森堡（Rosa Luxemburg）到列宁，都具有同样的想法。

列宁在十月革命前夕提出社会主义经济将是一个"国家辛迪加"的著名论断。他说：在共产主义社会的第一阶段即社会主义社会里，"全体公民都成了国家（武装工人）的雇员。全体公民都成了一个**全民的、国家的'辛迪加'**的职员和工人。全部问题在于要他们在正确遵守工作标准的条件上同等地工作，并同等地领取报酬"。于是，"**整个社会将成为一个管理处，成为一个劳动平等、报酬平等的工厂**"②。

症结在于"生产社会化"的两重含义

经过以上的分析，我们应当进一步提出问题：早期科学社会主义者这种实现"一个国家——一个工厂"，从而消除商品货币关系的

① 转引自考茨基（1891）：《爱尔福特纲领解说》，陈冬野译，北京：生活·读书·新知三联书店，1963 年，第 62—67、91—95、123页。文中黑体是引者加的。
② 列宁（1917）：《国家与革命》，见《列宁选集》第 3 卷，北京：人民出版社，1960 年，第 258 页。文中黑体是引者加的。

设想，同他们关于社会主义必然代替资本主义的理论之间，是否存在内在的联系？

有些"非消亡论"者认为，公有制下社会是否会变成一座巨型的工厂，或者"社会辛迪加"，从而商品货币关系是否会消亡，只涉及社会主义生产在组织形式方面的内容，而与古典作家关于社会主义制度的基本特征的预想无关，因而不属于"基本原理"[①]。

看来，这种说法也有些过于简单。事实上，正如前文所指出，作为早期社会主义者论证商品生产必然消亡的前提的"一个国家——一个工厂"的理论，和社会主义必然代替资本主义这一科学社会主义的基本理论，是由同一前提，即生产的社会化导出的。

这种情况向我们提出了一个科学上必须加以解答的问题：为什么从资本主义条件下"生产社会化"的发展这个共同的前提出发得出的两个理论结论，却有着如此不同的历史命运呢？马克思和恩格斯创建科学社会主义以来资本主义和社会主义的发展表明，他们关于社会化生产同资本主义私人占有的矛盾必然导致**产权社会化**（虽然社会化的形式要比马克思设想的要复杂得多）的论断是被历史所证实了的。可是，从同一前提得出的另外一个结论，即**商品货币关系不适合高度社会化的生产力**的论断，却没有被证实。

看来，问题并不是发生在理论推导过程之中，而是在于"**生产社会化**"这个作为前提的概念本身。仔细推敲马克思和恩格斯关于

---

① 例如，笔者就曾说过，社会主义条件下商品关系是否消亡，是一个只与"新社会的细节"有关的"实践"问题［见周叔莲、吴敬琏（1983）：《论社会主义经济的计划经济属性和商品经济属性》，载于《工业经济管理丛刊》，1983 年第 9 期］。现在看来，这一论断有一定的片面性。

资本主义基本矛盾的论述，就可以发现，在他们的心目中，"生产社会化"的概念有双重的含义：一个是社会生产的一体化，另一个是生产单位的大型化。前者已为现代经济的发展所证实，它引起了社会生产关系的革命性变革；后者却被证明，它并不会一往直前地发展，直到囊括整个社会生产。

马克思在论述资本主义积累的历史趋势时，把"**生产资料的集中和劳动的社会化**"①看作同一个过程。

恩格斯对这一过程说得更加明白。他在《反杜林论》里概述科学社会主义的由来时，对资本主义条件下"生产社会化"的概念有一段十分重要的说明。他说：在资本主义生产出现之前，劳动资料都是个人的劳动资料，"只供个人使用，因而必然是小的、简陋的、有限的"。但是，正如马克思在《资本论》第四篇所证明的，"资产阶级要是不把这些有限的生产资料从个人的生产资料变为**社会化**的，即只能由**大批人共同使用**的生产资料，就不能把它们变成强大的生产力。纺纱机、机动织布机和蒸汽锤代替了纺车、手工织布机和手工锻锤；需要成百上千的人进行协作的工厂替代了小作坊。和生产资料一样，生产本身也从一系列的个人行动变成了一系列的社会行动，而产品也从个人的产品变成了社会的产品"②。

十分明显，在这段论述中，恩格斯把"生产社会化"首先定义为生产资料（包括生产工具和工厂）的**大型化**；然后，才定义为在前者基础上的**一体化**（分工协作的发展，使生产过程融合为一个社会生

---

① 马克思（1867）：《资本的积累过程》，见《马克思恩格斯全集》第23卷，北京：人民出版社，1972年，第831页。

② 恩格斯（1877—1878）：《反杜林论》，见《马克思恩格斯选集》第3卷，北京：人民出版社，1972年，第309页。黑体字是原有的。

产过程）。对于"社会化"概念的双重理解，在往后数十年的社会主义文献中始终占有支配地位。十月革命后，在被列宁誉为对俄共"八大"党纲"作了极好解释"的"极有价值的著作"《共产主义 ABC》中和被列宁誉为"出色的""辉煌的作品"的《过渡时期经济学》中，它们的作者布哈林和普列奥布拉任斯基都用对"生产社会化"的第一种理解来论证社会主义制度下商品生产和商品交换消亡的必然性。

布哈林和普列奥布拉任斯基在《共产主义 ABC》中，详细描述了共产主义社会（包括它的第一阶段）的情景，说明商品货币关系，以及与之相联系的银行等机构将会消亡。他们写道，在公有制的条件下，"社会变为巨大的劳动协作组合"，"**一切工厂、矿山和其他设施在这里好像是一个包括全部国民经济的全民大工厂下面设的分厂**"。领导国民经济的"统计（计算）局每天都将对整个生产及其需要进行计算：将指示哪里需要增加劳动力，哪里需要减少劳动力"，"大家也就会按照这些统计局的指示去工作"。"人们将看着计算表，并根据它进行工作，就像在乐队里大家都看着指挥棒进行演奏一样。"他们指出，实现这一前景的基础，是在生产社会化的过程中准备起来的，因为"随着资本主义的发展，中小生产灭亡了"，"生产变得巨大了"，"往往会发生这样的情况，十来个大工厂就能满足全国的商品需要。实质上这里工人在为整个社会生产，**就是说，劳动已经社会化了**"。[1]

---

[1]　布哈林、普列奥布拉任斯基（1919）：《共产主义 ABC》，北京：生活·读书·新知三联书店，1982 年，第 59—64、55—56 页。文中黑体是引者加的。笔者在《经济理论的演变与改革战略的选择——对中国实例的分析》（《学习与实践》，1989 年第 6 期）一文中曾经指出：由于这本书是中国共产主义老战士的启蒙教材，它对社会主义经济体制的描述是影响深远的。

布哈林的《过渡时期经济学》，作为一本俄罗斯科学院院士的理论著作，对"生产社会化"和它对于商品生产兴衰的影响，作了更多的理论说明。布哈林认为，在资本主义生产方式内部出现的新生产方式的基础包含"**两个基本因素：生产资料的集中和劳动的社会化**"。资本集中"**倾向的数学界限是整个'国民经济'转变为一个绝对统一的联合托拉斯，在这里所有单独'企业'都不再成为企业，只变成了单独的工场，成为这个托拉斯的分号，因而在这里社会分工变成了技术分工**，整个经济变成了世界资产阶级的相应集团的绝对统一的企业"。"于是，资本主义生产关系也就这样转变为国家资本主义的生产关系"，变成"**一个统一的资本主义集体企业，一个统一的股份公司，一个托拉斯，其体现者便是帝国主义国家**"。他认为，甚至在资本主义条件下，这也导致了商品和市场的消亡。"金融资本主义的改组走向包罗一切的国家资本主义组织，同时消灭商品市场，使货币变为计算单位，实行国家范围内的有组织的生产。"至于说社会主义，那无非是"**翻过来的国家资本主义**"。在那里，"当生产过程的不合理性消失的时候，也就是当自觉的社会调节者出来代替自发势力的时候，商品就变成产品而失去自己的商品性质"。由此，布哈林得出结论，**经济学面临过渡到自然经济思维的必要性**。他说："一般说来，过渡时期的基本趋势之一是冲破商品拜物教的外壳。相应的意识形态范畴随着社会自然经济关系的发展而消灭。既然如此，经济过程的理论就有必要转向自然经济思维，也就是说把社会及其各个部分当作自然形态中的各种因素的体系来观察。"①

① 布哈林（1920）：《过渡时期经济学》，北京：生活·读书·新知三联书店，1982年，第43、22—23、25—26、52、115、117页。

现在看来，"生产社会化"或"劳动社会化"同生产大型化之间虽有联系，但把两者等同起来是不正确的。

首先，从理论上说，大型化和社会化是不同的概念，前者是指一个生产单位的规模扩张，而后者是指生产单位之间关系趋于紧密和互相依赖。事实上，既可能在生产集中和生产大型化的基础上实现社会化，也可能在生产单位小型分散的基础上实现社会化。

其次，就现实生活看，社会化也并不必然伴随大型化。20世纪初以来，不少作者根据某一阶段的统计数字得出结论：在生产社会化的过程中，中小企业将逐渐消失，最终整个社会将变成一个巨大的工厂。然而，他们的预言并未实现。例如，20世纪30年代苏联流行的教科书，列昂节夫的《政治经济学》就引用列宁1912年的一篇文章中的统计材料，说明"一切资本主义国家……小工厂的数字逐渐减少"，"最大的工厂把小工厂挤掉，把生产越来越集中到自己手里"的趋势。列宁所用的材料表明，俄国雇用100名以下工人的中小企业占企业总数的比重，由1901年的83.8%，下降到1910年的80.3%；它们雇用的工人占雇用工人总数的比重，也由24.4%下降到19.9%；而同期雇用1000名以上工人的大企业占企业总数的比重却由1.3%提高到2.2%；它们雇用的工人占雇用工人总数的比重，也由30.9%提高到37.5%。[①]如果照这样的速度减少下去，当然不要多久中小企业就会消失。然而后来的事态并没有照当时的预想发展。事实证明，大企业虽然在取得规模效益上有它的优势，中小企业也有本身的长处。时至今日，在资本主义各国，中小企业在数量上仍然占优势。据统计，1981年日本全

---

① 列昂节夫（1935）：《政治经济学》，北京：生活·读书·新知三联书店，1974年，第167—168页。

国有中小企业 623 万个，在全国 627 万个事业所中占 99.4%；它们的从业人数为 3721 万人，占全国非第一产业从业人员总数的 88.4%。[①]看来，这种态势在近期内不会发生重大的变化。

既然事实否定了生产社会化的发展会导致企业合并成少数几个甚至一个大企业的设想，我们是否可以认为，马克思和恩格斯在说明生产社会化时，首先讲到生产设施和生产单位规模的扩大，是判断上的错误呢？回答是否定的。虽然近期的发展，特别是第二次世界大战以来的发展说明，生产社会化完全有可能在生产单位分散化、企业小型化的条件下进行，但是在早期，在马克思和恩格斯生活的时代，生产社会化却必须以生产资料的大型化为基础，并与后者相伴而行。马克思和恩格斯的论断如实地反映了 1770—1830 年那一次产业革命后经济发展的历史事实。

美国未来学家托夫勒把建立在第一次产业革命的技术基础上的工业化浪潮称为"第二次浪潮"。他在《第三次浪潮》一书中总结了"第二次浪潮"的技术特征。它包括三个方面的内容：① 大量使用非再生性的矿物能源；② 大规模的集体生产；③ 与大规模生产相适应的销售系统。托夫勒认为，其中"大规模的生产体系"是工业化生产

---

① 中国社会科学院工业经济研究所、日本综合研究所：《现代日本经济事典》，北京：中国社会科学出版社，1982 年，第 572—573 页。引自日本《1981 年事业所统计》材料。根据日本《中小企业基本法》，所谓"中小企业"的大体范围是：① 资本总额在 1 亿日元以下的公司或固定职工在 300 人以下的公司或个人，以经营工矿、运输业为主者；② 资本总额在 1000 万日元以下的公司或职工在 50 人以下的公司或个人，以经营零售业或服务业为主者；③ 资本总额在 3000 万日元以下的公司或固定职工在 100 人以下的公司或个人，以经营批发业为主者。

方式的核心；"非再生的能源直接投入大规模生产"；"大规模生产反过来又吐出大量货物，投入高速度发展的大规模销售体系中去"。按照托夫勒的说法，"第二次浪潮"有六条主要的原则，这就是：① 标准化；② 专业化；③ 同步化；④ 集中化；⑤ 好大狂；⑥ 集权化。其中的标准化和专业化是为了扩大产品批量，从而取得大规模生产的效益；同步化、集中化和集权化是企业大型化的表现或结果；至于好大狂，则是由于"'大'成了'有效率'的同义语"而产生的。所有这一切的核心，仍然是大型化。

读过《第三次浪潮》的人大概还会记得，托夫勒对"大型化"原则如何渗入其他社会组织所作的生动描绘。例如，适应着工厂制度，青少年从童年时代就开始进入"工厂式的学校受集体教育"。老的社会联系方式被公共邮政、电报、电话以及报纸、广播等大规模的传播工具所代替。甚至在艺术领域也可以发现大工厂的组织原则的应用：在产业革命的历程中，18世纪的小沙龙被越来越大的音乐厅所代替，音乐厅要求更大的音量，结果产生了现代的交响乐队，室内乐发展为交响乐，贝多芬、门德尔松、舒伯特和布拉姆斯写出了他们辉煌灿烂的乐章。

适应着生产大型化的趋势，大公司不断扩大它们的地盘。托夫勒引用日本松下电器公司的"社歌"来说明大公司的这种扩张狂热。歌中唱道："扩大生产呀，我们干得最优！""松下的同仁呀，团结起来为厂分忧！誓把公司扩大再扩大呀，永不罢休！"他说，在1800年前后，美国只有335家公司，其中大多数热衷于搞公用事业，如修建运河或经营收费的公路。1901年，世界上出现了第一个拥有10亿美元的公司——美国钢铁公司。在1960年，美国50家最大的公司平均各拥有8万名职工。仅美国电报电话公司一家就雇用了

73.6万名职工，到1970年，这家公司雇员已达95.6万人，另外还有13.6万名临时雇员。[①]

虽然我们并不同意托夫勒对社会发展前景所作的结论，但他在以下一点上无疑是正确的：在第一次产业革命创造的技术基础上，规模经济在经济效益的取得上处于优先的地位。正因为如此，无论是马克思主义的经济著作还是非马克思主义的经济著作，都把它作为最最重要的经济范畴来论述。正因为大规模生产优越于小规模生产，大型企业同小型企业相比处于优势，所以不仅大型企业在竞争中经常处于优势，能够挤垮和吞并小型企业，而且"大型化"的组织原则在社会生活的其他许多领域也取得了胜利。

当然，即使在工业化浪潮全盛的时代，也不是在任何情况下扩大规模都是绝对有利的。例如，在20世纪上半叶，电力越来越广泛的运用已给规模经济问题注入了一个新的重要因素。它使蒸汽机时代集中提供动力的大型动力机的优越性今非昔比，而动力机的小型分散化往往更为有效。但是在那时，作为一般的规律，大生产仍然优越于小生产。真正的转折发生在工业化浪潮正处于顶峰、新技术革命浪潮的前锋也开始到来的20世纪50年代。在50年代，发达国家经济发展的一个重要趋势是第三产业以远远高于第一、二产业的速度急速扩张，而第三产业的最小合理规模一般地大大小于在前一时期发展势头最强的工矿业。例如，正是在50年代以后，制作汉堡包的麦当劳快餐公司赶上并超过曾经是一世之雄的美国钢铁公司，成为提供就业岗位最多的一家公司。[②]然而如同我们知道的，麦当劳

---

① A.托夫勒（1980）：《第三次浪潮》，北京：生活·读书·新知三联书店，1983年，第69—72、92—108、75—77、100—102页。

② 《经济参考》，1985年10月22日。

并不是一家统一经营的企业，而是采取联号经营形式的连锁商店。

20世纪50年代以后更重要的发展是，电子计算机和其他许多高效能的新设备越来越广泛地得到应用，技术飞速变化，新工艺、新材料、新产品不断涌现。由于新技术革命要求从业人员有更大的创造性，要求企业有更高的应变能力，也由于新技术革命提供了由小企业提供有效服务的可能性，于是小企业的优越性在许多方面表现出来。1973年，英国经济学家舒马赫（E. F. Schumacher）写了一本探讨发展问题的书，题目叫《小的是美好的》①。他在书中批评一味追求大型生产的倾向，指出过分大型化导致生产效率降低、环境污染、资源浪费，妨碍人们使用双手与脑进行创造性劳动。这本书出版后立即受到热烈的响应，从1973—1979年再版了12次，"小就是好"成为发展经济学中的习语。

在这以前，甚至在19世纪末20世纪初，已经有人觉察到了把生产规模的大型化同生产社会化等同起来是不妥当的。例如，列宁1894年在同民粹派辩论时就已指出："资本主义生产使劳动社会化，这并不是说人们在一个场所内工作（这只是过程的一小部分），而是说随资本集中而来的是劳动专业化。"然而，限于当时生产社会化继续以个别企业规模的扩大为基础的总的情况，列宁没有能够完全突破旧的观念，认识到生产的社会化有可能在生产分散地进行的情况下发生。因此，他一方面正确指出生产社会化只不过意味着"许多分散的生产过程融合成一个社会生产过程"，"生产者之间的社会联系日益巩固，生产者在结成一个整体"；另一方面，又把"每个现在

① E. 舒马赫（1973）：《小的是美好的》，北京：商务印书馆，1984年。

已更加专业化的工业部门里，资本家的人数日益减少”①，以及“生产集中化过程”看作生产社会化的基础和重要内容。

19世纪末，在社会主义运动中还发生了一场关于农业中大生产是否比小生产更优越的争论。当时，E.大卫和E.伯恩斯坦等对马克思关于农业中大生产优于小生产，因而“全国规模地经营农业会给生产以更大的推动”的论断提出疑问，认为以家庭为单位的农民经济还有进一步发展的潜力。考茨基在《土地问题》一书中，一方面维护马克思的论点，另一方面又作了某些补充，指出只有其他条件相同，农业中的大生产才必然比小生产优越。列宁在《农业中的资本主义》一文中表示赞成考茨基的观点，并且进一步指出：**“就是在工业中，关于大生产具有优越性的规律，也并不像人们有时所想象的那样绝对，那样简单。”**②可是所有这些正确观点的萌芽，都没有发

---

① 列宁（1894）：《什么是“人民之友”以及他们如何攻击社会主义民主主义者？（摘录）》，见《列宁选集》第1卷，北京：人民出版社，1960年，第41—42页。

② 以上考茨基和列宁的论断，均见列宁（1899）：《农业中的资本主义》，见《列宁全集》第4卷，北京：人民出版社，1984年，第97页。考茨基在1922年才进一步发展了他在1902年的一篇演说中提出的社会主义经济中也必须存在货币和价格的观点，否定了社会将成为单一的工厂的说法。他在《无产阶级革命及其纲领》一书中写道：“只有在两种经济中才有可能没有货币：首先是前已提到过的一切原始经济。按照现代的口径，这就意味着一国的全部生产活动形成为一个单一的工厂，它由中央控制，这个中央给每一个企业分配任务。收集全部人口的所有产品，并在实物形态上将生产资料分配给各个企业，将消费资料分配给各个消费者。合乎这种条件的理想处所是监狱或者兵营。在社会主义‘自然经济’观念的背后，事实上正隐藏着这种野蛮的单调状态。”“货币体系是保证一个具有广泛繁衍的社会能够运转所不可或缺的机器。……如果为了采用自然经济的原始方法而破坏这部机器，那就是回到野蛮时代。”（转下页）

展成为能够全面地说明生产规模大型化同生产社会化之间的联系与区别的系统理论。

现在情况不同了，新技术革命浪潮的兴起，使生产社会化继续大踏步地向前发展，不仅在一国的范围之内，在全世界，生产者也通过错综复杂的分工协作系统结成一个整体。与此同时，企业规模的大型化却明显地失去了势头，而中小企业似乎恢复了自己的活力。它的表现是：

第一，在需求多样化和技术飞速进步的情况下，中小企业发挥自己的机动性、创造性特长，进行多品种小批量生产，比大企业发展得更快。日本政府在第二次世界大战结束后，就改变了早先执行的"经济力集中"的政策，重视推进中小企业的发展；20世纪50年代中期以后，更提出了大、小企业"双层结构"的概念，1958年制定了一系列促进中小企业"高度化"的政策，帮助它们提高技术水平，实现经营管理和规模合理化，加强信息化和企业之间的协作，使中小企业得到了迅速而健康的发展。美国作家奈斯比特（John Naisbitt）在《大趋势》一书中指出，过去工业社会中的集中和大型化的趋势，正在被小型分散的新趋势所代替。从20世纪50—80年代的30年中，美国企业数量大量增加。1950年美国创办新企业9.3万家，而1980年为60万家。这些新办企业中，绝大部分是小型企业。麻省理工学院的D.伯奇编写的一份研究报告说，1969—1976年，美国就业机会中大约三分之二是由雇用职工20人或不到20人的企业提供的，而1000家最大的公司几乎没有提供新的就业机会。[①]

（接上页）[参见 O. 兰格（1936）：《社会主义经济理论》，北京：中国社会科学出版社，1981年，第43—46页]

① J. 奈斯比特（1983）：《大趋势——改变我们生活的十个 （转下页）

第二，许多发达国家为提高整个经济的活力，加强了防止垄断、保护竞争的执法。虽然 1890 年美国已经有了第一个反托拉斯立法，但在 20 世纪 30 年代以前，这类法案从来没有得到过认真的执行。第二次世界大战后，美国司法机构开始比较认真地对待反垄断的问题，一些违法的企业受到惩处。例如，1983 年经过十年诉讼，美国最高法院判决一向垄断全国电话和电话设备制造业务的美国电话电报公司（AT＆T）违反反垄断法，限令于 1984 年 1 月 1 日解体，分成 8 个独立的公司。这个巨型公司的解体，打开了电话通信业竞争的通路。到 1985 年，美国全国已有数百家大小公司经营电话业务，制造电话设备的厂商数目就更多。这样一来，电话通话成本大大降低，各种价廉物美的电信设备层出不穷，不但划出去的 7 个电话公司业务蒸蒸日上，AT＆T 公司也在市场竞争的压力下，一改过去墨守成规、缺乏创造性、坐等顾客登门的官僚作风，努力发展多品种生产，加速产品更新换代，改进通信服务，增强了企业的活力。与此同时，西方许多国家推行了巨型国营公司的股份化和私营化计划，以挽回经营上的颓势。

第三，现代大型企业也进行了经营方式的改革，由过去按照职能分工的单一型（U-form）企业演变为多事业部（M-form）企业。[①]

（接上页）新趋向》，北京：新华出版社，1984 年，第 191—197 页。

[①]　关于 U 型（unitary）企业和 M 型（multidivisional）企业的假说，是由威廉姆逊（O. E. Williamson）根据钱德勒（A. D. Chandler）对美国企业的历史分析提出的。［参见 Chandler, A. D. (1962). *Strategy and Structure: Chapters in the History of the Industrial Enterprise*（《战略与结构：美国工业企业史的若干篇章》）. Cambridge: M. I. T. Press. 同见 Williamson, O. E. (1975). *Markets and Hierarchies: Analysis and Antitrust Implications: a Study in the Economics of Internal*（转下页）

美国大型多部门企业是从 20 世纪 20 年代开始发展起来的。它的现代大型企业多半采用多部门的组织形式。日本大企业在第二次世界大战后就已开始实行各事业部分权管理与独立核算相结合的"事业部制"，各个事业部都拥有按照总公司制定的基本方针独立进行从生产到销售的全部决策的权力，并对盈亏负责。同一总公司所属各事业部之间，也以独立的商品经营者的身份互相对待，可以拒绝使用姊妹事业部的产品，在公司范围外自由采购价廉物美的原材料和零部件。总公司只保留以下重要的权限：制订综合性长期经营计划的权力，以资本利润为中心，用利润率高低、市场地位高低、开发新技术的能力的大小、培养人才的多少、为实现长期目标所作的努力的大小等标准考核各事业部工作的优劣并给予奖惩的权力等。这种制度，后来为其他国家的多数大企业所采用。近年来，这种独立核算单位划小的趋势在新兴的高技术部门表现得特别明显。美国管理专家彼得斯（Tom Peters）和华特曼（R. H. Waterman）在他们合著的《追求卓越》一书中提到，号称美国最成功的公司之一的惠普（Hewlett-Packard）电脑公司的营业总额达 35 亿美元，却分布在 50个小部门，每个部门职工人数维持在 1200 人左右；当成长快的部门职工人数超过 1200 人时，就采取"母鸡下蛋"的办法，从中分出新的部门。"惠普的每一个部门就如同一个独立的企业，管理它自己的财务会计、人事制度、质量管制，从事它自己的各项生产活动。"[①]彼得斯 1985 年的新著《赢得优势——领导艺术的较量》进一步指

（接上页）*Organization*（《企业内部组织的经济学研究》）. New York: Free Press, Collier Macmillan Publishers.］

① T. 彼得斯、R. 华特曼（1982）：《追求卓越——美国杰出企业家成功的秘密》，北京：中国展望出版社，1984 年，第 121 页。

出：一些小单位同较大的单位相比，生产的产品质量较高，提供的服务较有特色，而且实现创新也比较快。事实上通过在总公司中组织一些小的分权单位来使企业保持较小的规模，是企业取得卓越成绩的一个至关重要的因素。因此，米利肯公司主张最合适的工厂规模为 100 人；明尼苏达矿业制造（3M）公司认为，这种小单位的职工人数应限制在 200—300 人；惠普公司和数字设备公司则认为应在 300—400 人；通用汽车公司说，如果它再盖新工厂的话，职工人数将限制在 300 人左右；沃尔沃汽车公司则认为，效果最佳的小单位人数最多不超过 500。这些职工人数不过数百的小单位并不一定是利润中心，但都拥有高度自主权，以保证它不受总公司的那种起分散力量作用的干预。[①]

总之，根据 20 世纪以来技术发展对生产组织的影响以及相应的经济学理论的发展，我们必须把生产社会化同生产规模大型化区分开来。前者是现代化发展的长期趋势，它使产权的社会化（即公有制的出现）成为历史的必然。而后者却只是大工业发展的一定时期存在的现象，它并不伴随着技术的进一步变革而一往直前地发展，最后把整个社会生产囊括到"一个巨型工厂"中去。相反，现代工业的发展说明，在当代消费结构和生产结构极其复杂多变、技术上的可能性层出不穷的条件下，由一个至高无上的权威机关对千差万别的企业进行集中指挥，是不可能有效率的；企业的规模也绝不是"越大越好"，而是"小也有它的好处"。在既定的技术条件下，每一种生产都有自己的合适规模；适当规模的基层生产单位不但要有自己技术上的独立性，还要有自己经济上的独立性，以致属于同

---

① T. 彼得斯、N. 奥斯汀（1985）：《赢得优势——领导艺术的较量》，北京：企业管理出版社，1986 年，第 266—267 页。

一大公司所有的部门和单位，互相之间也要以独立的商品生产者和经营者的身份对待。在社会主义条件下，现代生产的这种要求继续发挥作用。社会主义全民所有制意味着劳动力和生产资料在全社会范围内的直接结合。从这个意义上说，全民所有制经济是统一经营的。然而，这种直接结合又首先是在一个个企业中，由各个企业独立进行的。根据社会经济的有效激励的原则，企业应当对它们主持这种结合的工作质量，即企业的经营效果负物质上的责任，这就是说，企业在全社会的整体利益中，有自己独立的经济利益。既然社会主义企业是具有相对独立经济利益的主体，它们在互相交换产品时，就要以独立的商品经营者的身份互相对待，各自以自己的收入弥补支出，承受经营的物质后果。所以，我们由此得出的结论只能是，否定"一个国家——一个工厂"或"国家辛迪加"的假定，确认社会主义经济仍然具有商品经济的属性，并进而探寻企业在公有制基础上的独立经营，即成为社会主义商品生产者和经营者的途径。

澄清"生产社会化"概念的重要意义

讨论到这里，有的人会说：你所讲的这一切也许是有道理的，但是，既然现在绝大多数人都已否定了"商品消亡论"，认识到现阶段的社会主义社会还有存在商品生产和商品交换的必要性，那还有什么必要穷根究底地追寻导致最初几代马克思主义者作出商品消亡的结论的原因呢？

我以为，这种看法可能有些过于从表面现象看问题。事实上，不弄清这个问题，继续把生产大型化和生产社会化这两个不同的概念混为一谈，即使承认现阶段保留商品生产和价值规律调节的必要，仍然有可能坚持认为，在社会主义经济的范围内，"一个国家——一个工厂"的假定依旧成立，由此，也就不可能从社会主义经济，特别是社会主义全民所有制经济的内部关系中寻找商品生产存在的原因，从而真正解决社会主义经济的商品经济属性问题，而"废除商品生产"的"左"的思想和"左"的政策则随时有可能死灰复燃。

第一个例证 "战时共产主义"废除商品货币关系的政策被否定以后，苏联从 1921 年开始实行"新经济政策"。在这个时期，认为苏维埃经济是一种商品经济，价值规律仍然起作用的观点曾经一度占过上风。[①] 然而，当时人们接受新经济政策，并不是由于他们像列宁后来所说，"对社会主义的整个看法根本改变了"[②]，而是考虑到俄国当时还处在多种经济成分并存的过渡时期，因而需要利用商品、货币等杠杆；他们并没有放弃在过渡时期结束后实现"一个国家——一个工厂"的传统理想。因此，20 世纪 20 年代初期许多负责人在谈到"战时共产主义"政策时，虽然认为在俄国当时的条件下实行这种政策是不现实的，却又对"战时共产主义"把社会变成一个大兵营的政策，像匈牙利经济学家萨穆利（Laszlo Szamuely）所说的那样，**"满怀怀旧之情"**。

例如，当时的苏联计划委员会委员科瓦列斯基就抱憾地指出：在"战时共产主义"的政策下，"人与人之间的关系变得明白自然，

---

① 列宁格勒大学社会科学教师进修学院政治经济学教研组（1972）：《社会主义政治经济学史纲》，北京：生活·读书·新知三联书店，1979 年，第 187 页。

② 列宁（1923）：《论合作制》，见《列宁选集》第 4 卷，北京：人民出版社，1960 年，第 687 页。对于列宁的这句话的含义，也有各种不同的解释。

货币拜物教和商品拜物教的迷雾从我们的眼前消散"，"旧世界的一切支柱都已被动摇，旧日社会经济制度分崩离析，从它的瓦砾中，全新的社会联合体正在出现。毫无疑义，如果我们有更为先进的工业技术，如果农业中的资本主义更加发展，从而更适宜于实行集体化，那么，处于类似于当前紧急状态的国家是能够向真正的共产主义演进的。然而，我们却没有这样的好运道"。[①]

在这样的思想状况下，情况稍有变化，"消亡论"便卷土重来是完全可以想象的。20世纪二三十年代之交，随着强制集体化的实施和过渡时期的结束，在苏联果然再次掀起向产品经济过渡的高潮。当时，苏联不但把集体农庄置于严格的行政管束之下，对农产品实行了"义务交售制"，就是国营企业在新经济政策时期实行的商务核算，也变成了类似于大工厂内部的班组核算的"经济核算制"，加之对消费品广泛采用配给制，经济生活急剧实物化了。

第二个例证　20世纪30年代初的实物化尝试并没有比前一回取得更大的成功。经济生活中出现了一系列消极的现象，包括"消费品供应恶化，在消费合作社系统内投机和各种舞弊行为盛行""整个国民经济核算削弱，利润和盈利的作用降低""在运输业中根本不存在经济核算""价格严重脱离价值""利润作为从物质利益上刺激劳动生产率增长的作用已等于零"，如此等等。[②] 以上严重的消极现象，使联共（布）中央采取了一连串的措施来克服对待商品货币问题的

---

① Szamuely, L. (1974). *First Models of the Socialist Economic Systems: Principles and Theories*（p.7）(《社会主义经济体制的最初几个模式》). Akadémiai kiadó.

② A. H. 马拉菲耶夫（1975）：《社会主义制度下的商品生产理论今昔》，马文奇、伍柏麟译，北京：中国财政经济出版社，1979年，第71—75页。

"左"的错误。1932年1—2月的第十七次党代表会议、1932年9—10月的中央全会、1933年1月中央和中央监察委员会联席会议都着重讨论过这个问题。但是，问题一直没有得到解决。到了1934年的第十七次党代表大会上，斯大林又一次猛烈抨击取消商品货币关系、实行产品直接交换制的企图，并且肯定："货币在我们这里还会长期存在，一直到共产主义的第一阶段即社会主义发展阶段完成的时候为止。"[①]

尽管领导上三令五申，但是苏联经济中各种价格杠杆的作用始终发挥得不好。有的论著把出现问题归咎于经济学家。例如，有一本权威性的苏联经济史著作说："在第二个五年计划期间……开始了重新评价根深蒂固的经济观点的过程。党和政府的有关决定对逐步排挤（摧毁）关于货币、信贷和其他商品货币工具是形式上的计算范畴这一观点体系起了决定性作用。"然而，"党的这些决议……的普遍方法论意义不能立即为社会主义经济理论所理解"。"在苏联文献中当时继续占统治地位的一种意见是：经济的多成分性是过渡时期经济中保留商品货币关系的原因，而在苏联进入广泛开展的社会主义建设时期后，商品货币关系、价值规律作用的条件似乎正在消亡。货币、信贷和其他的商品货币杠杆被认为是计算工具。"[②]

在笔者看来，把未能对社会主义条件下商品货币关系问题作出正确说明归咎于理论界没有"理解"和跟上联共中央领导，是不公正的。事实上，主要的问题并不是由于学术界的认识同领导人的理

[①] 斯大林（1934）：《在党的第十七次代表大会上关于联共（布）中央工作的总结报告》，见《斯大林全集》第13卷，北京：人民出版社，1956年，第304页。

[②] 苏联科学院经济研究所编（1978）：《苏联社会主义经济史》第4卷，马文奇、潘天虹、李霞芬、范凯蒂译，北京：生活·读书·新知三联书店，1982年，第55—56页。

解之间有差异而产生的。事实证明，他们之间并不存在实质性的分歧。产生理论混乱和实践上的差错的根源在于，既要响应实践的呼声，对商品生产和各种价值范畴给予必要的重视，又没有能够克服传统观念，仍然继续把社会主义经济看作一个"国家辛迪加"，或者规模巨大的自然经济来看待。为了不致陷入明显的悖论，所谓商品关系已经不再存在、价值规律和各种货币杠杆只是作为计算工具在起作用的理论便应运而生。

值得注意的是，"计算工具论"并非学者所独创，而是一种得到官方全力支持的理论。这方面最有力的证据是：后来被批评为"唯意志论"的"价值规律在社会主义制度下以改造的形态起作用"的说法，就是斯大林在联共中央 1941 年 1 月召集的政治经济学教科书未定稿讨论会上全程肯定的观点。

第三个例证 "计算工具论"的内在缺陷，使它在理论上和实践中很难站得住脚。于是行时十年之后，在 1951 年 11 月联共（布）中央召开的政治经济学教科书未定稿讨论会上遭到否定。斯大林在会上发表的新意见，从此成为社会主义政治经济学关于社会主义条件下商品生产和价值规律作用的"标准观点"。

斯大林的新观点，是把 20 世纪 40 年代初已有的一些苏联经济学家提出的关于工农之间的社会分工是社会主义商品生产存在原因的学说发展成为一个体系，用以把社会公共占有条件下不存在商品货币关系的传统理论同苏联社会主义经济中确实存在着商品生产和商品交换的现实衔接起来。在《苏联社会主义经济问题》中，他一方面肯定，恩格斯关于"一旦社会占有了生产资料，商品生产就将被消除"的观点，只要所指是"一切生产资料转归全民所有"，就是完全正确的；另一方面又指出，在当时的苏联，这种条件还不具备，由于两种公有制形式长期并存，商品生产和商品流通，仍然是必要的东西。[①]

在论证上述观点时，斯大林强调指出：对于"不仅在工业中，而且也在农业中，资本主义和生产集中都充分发达"的国家，社会主义革命胜利以后，"在把一切生产资料公有化的同时，还应该消除商品生产"。至于俄国，由于在农业方面的**资本主义发展和生产集中程度**不足，就不能不在保持集体所有制的同时保留商品生产和商品流通。[②] 从这里可以清楚地看到：斯大林的理论有一个隐含的前提，这就是：资本主义的发展和生产的集中程度是同步的；而只要"资本主义和生产集中都充分发达"，革命胜利后就可以消除商品生产和商品流通。

这种理论导致了两个方面的问题：第一，斯大林认为，"无论如何不可以"把全民所有制经济内部流通的生产资料看作商品。强调它们已"失去商品的属性，不再是商品，并且脱出了价值规律发生作用的范围，仅仅保持着商品的外壳"[③]。这种说法，是他长期保持传统的僵化模式的理论根据。

第二，斯大林重申恩格斯关于商品生产与社会公共所有制不相容，"商品流通的存在必然会使杜林的所谓'经济公社'走向复活资本主义的地步"。他提出，苏联有必要用产品交换制排挤商品交换。

① 斯大林（1952）：《苏联社会主义经济问题》，见《斯大林文选》，北京：人民出版社，1962 年，第 578—582 页。
② 斯大林（1952）：《苏联社会主义经济问题》，见《斯大林文选》，北京：人民出版社，1962 年，第 578—579 页。文中黑体是引者加的。
③ 斯大林（1952）：《苏联社会主义经济问题》，见《斯大林文选》，北京：人民出版社，1962 年，第 612—613 页。

这是因为，集体农庄生产的剩余产品进入商品流通系统，"阻碍着把集体农庄所有制提高到全民所有制的水平"。"为了把集体农庄所有制提高到全民所有制的水平，必须将集体农庄生产的剩余品从商品流通系统中排除出去，把它们纳入国家工业和集体农庄之间的产品交换系统。"[①]这又是斯大林屡屡对集体农业和广大农民采取不谨慎的政策的重要缘由。

从上面这些例证可以得出一条已经被实践反复证实了的定理：**不根据现代技术的发展把"生产社会化"的概念规定得更加确切，不否定社会生产会不断大型化直至成为社会范围的大工厂这一设想，就不可能彻底解决社会主义经济的商品经济属性问题，我们的社会主义商品（市场）经济的新模式就不能得到牢固的理论基础，而"消亡论"的传统思想还随时有可能卷土重来。**

应当着重指出，在我们这里，上面说到的问题和危险也并不是完全不存在的，因为对于我国理论界的相当一部分人来说，似乎还没有能够从社会化与大型化的区别这个更深的层次上把科学社会主义的基本原理同我们的先行者的观念中由于时代的限制而不尽确切的东西区分开来；而是把社会主义商品经济论建立在"生产还不够发达"或"社会化程度还不够高"的基础上，这就很难彻底否定"商品消亡论"。例如，有一位很早就坚决主张现阶段的社会主义经济具有商品经济性质的作者有过一段很有代表性的意见："整个社会主义，可以划分为商品社会主义和产品社会主义两大阶段。商品社会主义是社会主义的低级阶段，是一些经济落后的国家在进行社会

----

① 斯大林（1952）：《苏联社会主义经济问题》，见《斯大林文选》，北京：人民出版社，1962年，第647—648页。

主义建设时必经的阶段；产品社会主义是社会主义的高级阶段，也就是马克思在《哥达纲领批判》和列宁在《国家与革命》中所论证的社会主义。"①

还有作者提出："马克思、恩格斯设想的社会主义之所以是不含市场机制的纯粹计划经济，是因为他们以资本主义社会生产社会化和商品经济已经得以高度发展为理论前提，可是实践的社会主义并不是建立在这种'高度发展'的基础上。二者的前提不同，它们的内容无疑会出现差异。但是我们不能因此而指责经典理论。可以设想，如果实践社会主义是建立在马克思、恩格斯的科学构想的那样一个前提上，社会主义作为纯粹计划经济出现也不是不可能的；或者，当社会主义经济在实践中使商品货币关系、市场机制有了充分发展后再自行向纯粹计划经济发展也不是不可能的。马克思、恩格斯关于社会主义经济理论构想的科学性将由社会主义实践的长期发展来证实。我们不能因为当代社会主义实际必须发展商品经济而过早地否定经典作家的具有总方向和总目标……的理论构想的科学性。"②

以上议论的内容大致可以归结为以下几点：① 马克思和恩格斯"不含市场机制的""产品社会主义经济的构想是科学的"；② 在生产社会化高度发展的条件下，社会主义经济应当是这种"产品社会主义经济"；③ 现有的社会主义国家之所以还不能不具有商品经济

① 何伟（1980）：《试论社会主义社会的商品发展阶段》，载《经济研究》，1980 年第 10 期。
② 陈东琪（1985）：《社会主义计划——市场理论的发展》，见中国社会科学院经济研究所资料室编：《经济研究资料》，1985 年第 10 期。作者所说的"不含市场机制的纯粹计划经济"，当然是指指令性计划经济或"命令经济"。

的性质，只是因为经济落后和社会化程度不高。由此得出的合逻辑的结论则是：第一，如果在生产社会化已经得到高度发展的资本主义国家中的社会主义革命取得胜利，那么将有可能消除商品生产和商品交换；第二，与现有社会主义国家现代化、社会化的进程相适应，商品货币关系将趋向消亡。

我认为，这两个结论都是不正确的。

让我们设想社会主义在当今世界上最发达的国家取得了胜利。毫无疑问，它们生产社会化程度是极高的，可以说达到了19世纪末20世纪初的最先进的分子也无法想象的高度。我们是否有可能在这样的国家建设"产品社会主义经济"呢？在笔者看来，答复是断然否定的。

至于说到现有的社会主义经济，它们的商品经济属性是否会随着它们向高度社会化迈进而减退和消失？在笔者看来，答复也是断然否定的。社会主义各国发展的历史趋势与此正好相反。如果说，当它们还处在社会化程度比较低的阶段上、增长主要依靠外延扩大再生产时还多少可以容忍某种程度的"产品经济"或"命令经济"的做法，那么，伴随着现代化和社会化水平的高度化，它们越来越要求摆脱僵化封闭的旧模式，更多地发挥市场机制的作用，向社会主义市场经济转变。这里问题的关键在于，企图把社会当作一个大工厂，由社会中心（政府组织或计划机关）直接指挥一个复杂性和社会化程度很高的经济中千千万万个企业的微观经济活动，是根本行不通的。唯一正确的做法只能是：**在生产资料公有制的基础上发挥作为商品生产者和经营者的企业的独立性和创造性，同时加强以间接调控为主的社会宏观（总量）管理和行政指导，使社会、集体和个人之间既矛盾又统一的利益关系通过市场得到协调，保证企业**

生动活泼的自主经营活动符合社会目标。

简短的结论

概括地说，从以上分析可以得出的结论是：

（1）马克思和恩格斯把商品货币关系的消除同所有制关系社会化相并列，看作社会主义的基本经济特征。这成为后来许多马克思主义者不承认社会主义经济具有商品经济属性的重要依据。对于这一关系社会主义经济模式的重要问题，我们应当采取马克思主义的实事求是的态度来加以解决。我们必须根据一百年来世界经济发展的现实和社会主义建设的实践，对它作透彻的研究。要分析古典作家提出这一命题的依据，并考虑情况发生了什么变化，才能判定这一原理是否继续有效。

（2）在古典作家的著作中，公有制取代私有制、产品经济取代商品经济，社会作为所有者和经营者不仅统辖全社会的宏观经济活动而且直接指挥企业的微观经济活动，这三者是统一的。它们的统一，建立在一个共同的基础上，这就是"生产社会化"的要求。在他们看来，生产单位的大型化是与生产社会化共生的现象。随着生产社会化的发展，整个社会有化为一个巨型工厂的趋势。在此基础上建立的社会主义经济，自然就将是一个集中经营，统负盈亏，只有技术分工而没有社会分工，也不存在商品货币关系的"国家辛迪加"。

（3）一百年来的工业发展，没有证实古典作家根据19世纪工业发展的总趋势作出的预计。现代工业发展的事实表明，生产单位规模的大小，并不是生产社会化程度的单调递增函数。生产并没有出现发展为社会规模的巨型工厂的趋势。特别是新技术革命中产生的高技术，还促成了某些生产领域中小型分散的倾向。与此相适应，社会主义条件下公有企业的分散、独立经营，就是必然的、不可避免的。按照这种方式组织起来的公有制经济，也就不能不具有商品经济的性质。

（4）按照这种观点来重新考察社会主义的各种经济问题，和由这里产生的各种政治问题、思想问题以至伦理道德问题等，人们就会发现，像列宁六十多年前所说过的那样，"我们对社会主义的整个看法根本改变了"[①]，因为我们对于从公有制（产权社会化）的实现形式，社会主义条件下市场、价格、货币金融直到异化的消除等一系列问题的看法，都不能不发生根本性的改变，并在这种变化了的认识的基础上，探讨公有制经济的组织形式、国民经济计划性的实现形式、按劳分配的实现形式等重大的理论和实际问题。

这里需要说明，商品经济和市场经济是两个既有联系又有区别的概念，分别从不同角度来界定同一种类型的经济。商品经济是同自然经济相对立的一种经济形式。在我国现实条件下，这是同产品经济相对立的一种经济形式。市场经济则是同"计划经济"或"命令经济"相对立的概念。在我国历史发展的早期阶段，商品经济就已得到了广泛的发展。大约在 10 世纪，中国已出现纸币，较之西欧早六七百年。虽然有商品交换就有市场，但是与西欧商品生产、商品流通和市场的作用同步发展和政府的作用的消长呈负相关的情况

---

① 列宁（1923）：《论合作制》，见《列宁选集》第 4 卷，北京：人民出版社，1960 年，第 687 页。

不同，在中国古代，市场机制并不处于组织社会生产、配置社会资源的枢纽地位，在大体上是农户自给自足的社会里，以钱粮赋税的形式分配社会剩余产品是政府，一般是中央政府的职能；而且即使在商品流通领域，"官商""官工""官农"以及多方面的官府管制也起着决定性的作用。因此，中国商品经济的早熟并不等于说它在古代已是市场经济了。市场经济是具有一定社会化程度的商品经济。在市场经济中，市场是社会资源的基本配置者。我国经济体制改革的实质，就是用以市场机制为基础的资源配置方式取代以行政命令为主的资源配置方式。虽然商品经济的说法通行于苏联的政治经济学著作，因而易于为人们所接受，但是，它既不能从马克思和恩格斯的原著中找到根据①，也不是现代经济学的通用语言。它不能突出一种经济体制的运行特征，指明它的基本的社会资源配置手段。有鉴于此，我们认为"市场经济"是较之"商品经济"更科学、更准确的提法。

---

① 在马克思和恩格斯卷帙浩繁的著作中，没有出现过"商品经济"的说法。关于这一点，后面还要加以说明。

第二章 计划与市场

——一个历史已作结论的命题

　　如果说上章讨论的关于社会主义经济究竟是产品经济还是商品经济的争论，是属于对社会主义经济表象特征的认识分歧，那么，关于社会主义只能是计划经济还是可以同市场经济兼容的争论，就涉及社会主义深层的运行机制（或资源配置方式）问题了。自从一个多世纪以前新古典经济学把稀缺资源的有效配置问题提到了经济学的中心位置，并对公有制经济的运行问题进行了深入的分析以来，市场和计划的关系就几乎成了社会主义经济学的"永恒主题"。近年来，我国经济界又在经济体制要不要改革和向什么方向改革的大背景下，对计划和市场、计划调节和市场调节、计划经济和市场经济（商品经济）的关系等问题反复进行了激烈的争论。在中国，仅仅在最近十年中，就发生过 1982—1983 年和 1990—1991 年的两次大讨论。[①] 在关于计划与市场问题的讨论中，参与讨论的人们往往从不同的角度提出问题，而且在多数场合，从不同角度提出的问题是混杂在一起的，因而不时发生"三叉口"式的争论，陷于低水平的重复。

---

① 若要了解在 1982—1983 年的争论中"反社会主义商品经济论"方面的论点，请参看红旗出版社编辑部编：《计划经济与市场调节文集（第一辑）》，北京：红旗出版社，1982 年，一书中的有关论文。这本书的标题，预示了 1990—1991 年争论的主题。

以计划经济能否与市场、市场调节、市场经济兼容的问题为例。人们一接触这个问题就会注意到，文献中的"计划经济"一词往往有双重含义：第一重含义是从经济的运行方式立论，指明这种经济靠人们预先规定的计划在各经济行为主体之间配置社会资源；第二重含义则从经济的运行状态立论，指明在这种经济中，社会能够有意识地保持国民经济平衡的即按比例的发展。从词义的历史演变看，第一重含义显然更具有本源的性质。因此，这里着重从前一个角度，即资源配置方式或运行机制的角度讨论问题。同时，为了避免经济的运行方式和它的运行状态这两种含义的混淆，笔者采取比较经济体制学的通常做法，用"集中计划经济""命令经济"等用语来反映上述运行方式方面的特征；而用"按比例发展""持续稳定协调发展"之类的用语来反映上述运行状态方面的要求，希望尽力避免由概念不清而产生的混乱。

资源配置与经济体制

稀缺资源的配置问题，历来在经济学的研究中都占有重要的地位。**不少人把经济学定义为研究稀缺资源在不同用途之间有效配置的科学**[①]，

---

① 经常被人们引用的，是 1932 年 L. 罗宾斯的定义："经济学是研究人类在处理可以有不同用途的稀缺资源同它们的实际用途之间关系时的行为的科学。"[参见 Robbins, L. (1935). *An Essay on the Nature and Significance of Economic Science*（《论经济科学的性质和意义》）. London: Macmillan & Co.] O. 兰格也认为，"经济学是关于人类社会中稀缺资源管理的科学"[参见 Lange, O. (1945). The Scope and Method of Economics. *The Review of Economic Studies*, 13(1), 19—32]。在笔者看来，对经济学的内容和经济体制的功能作这样（转下页）

其原因在于，正确地配置资源，乃是社会生产能否搞好的决定性因素。正如马克思所说，生产过程"是人以自身的活动来引起、调整和控制人和自然之间的物质变换的过程"，"劳动是财富之父，土地是财富之母"。① 问题在于，自然资源是有稀缺性的。这样，在各种可能的用途之间最有效地配置人类掌握的有限的稀缺资源，就成为在可用资源的约束条件下生产尽可能多的产品，以便最大限度地满足需要的关键。为了达到有效配置资源的目的，社会有必要作出一定的制度安排和竞技规则设定，即建立一定的经济体制。所以说到底，经济体制就是由处理生产问题的需要产生的，它的首要功能，便是有效地配置资

（接上页）的界定，同马克思主义者给理论经济学所作的界定——"政治经济学的对象是社会生产关系"，是相通的。把资源配置作为中心问题提出来，有助于正确把握生产关系同生产力之间的关系，科学地理解生产关系本身。

① 马克思说："人们在生产中不仅仅同自然界发生关系。他们如果不以一定方式结合起来共同活动和互相交换活动，便不能进行生产。为了进行生产，人们便发生一定的联系和关系；只有在这些社会联系和社会关系的范围内，才会有他们对自然界的关系，才会有生产。"[参见马克思（1867）：《资本论》第1卷，《马克思恩格斯全集》第23卷，北京：人民出版社，1972年，第57、201页；马克思（1849）：《雇佣劳动与资本》，见《马克思恩格斯选集》第1卷，北京：人民出版社，1972年，第362页] 当然，我们应当注意到，马克思在这里还没有明确地把资源配置问题作为联结生产力与生产关系的中介环节提出。不过，马克思毕竟属于理论经济学的古典作家的行列。在他的时代，一定生产关系（经济体制）下的资源配置问题，还没有成为经济学研究的中心课题。经济学的研究向资源配置这一方向深化，是马克思逝世以后的事情，我们不应苛求前人。但是，后来的社会主义政治经济学不仅没有吸收现代经济学的成果来发展马克思主义，相反地却从马克思的观点后退，脱离生产过程去孤立地观察生产关系，使社会主义经济学变成了意识形态导向的道德规范大全或条令汇编。这种做法，显然是不足取的。

源。由此还可以得出结论：衡量各种经济体制和经济政策长短优劣的最终标准，乃是它们能否保证资源的有效配置，提高经济效率（这也就是近年来我国领导人强调的"生产力标准"的经济学含义）。

计划和市场，是社会进行资源配置的两种基本方式和手段。马克思指出："要想得到和各种不同的需要量相适应的产品量，就要付出各种不同的和一定数量的社会劳动量。这种按一定比例分配社会劳动的必要性，绝不可能被社会生产的一定形式所取消，而可能改变的只是它的表现形式，这是不言而喻的。自然规律是根本不能取消的。在不同历史条件下能够发生变化的，只是这些规律借以实现的形式。"[①] 从原则上说，在社会化、协作性的生产中，配置资源的手段只有两类：一类是行政命令，例如，不论在哪一种经济体制下，在一个经济行为主体（如一个生产单位）内部，通常运用行政手段来配置资源；另一类是市场力量，即通过商品在市场上按照价格进行的交换，在不同的经济行为主体（部门、地区、企业、个人等）之间配置资源。[②] 按作用的范围划分，资源配置可以分为一个厂商（firm）内部的微观配置和厂商之间的社会配置。就后者而论，按照基本的配置方法，可以划分为两种社会资源配置方式：① 以行政手段为基

---

① 马克思（1868）：《马克思致路·库格曼》，见《马克思恩格斯选集》第 4 卷，北京：人民出版社，1972 年，368 页。

② 就像科斯（R. H. Coase）所说，行政机制和市场机制是"两种可以相互替代的协调机制"。在市场经济的条件下，"在企业之外，价格运动调节着生产，对生产的协调是通过一系列市场交易来实现的。在企业内部，这些市场交易不存在了，与这些交易相联系的复杂的市场结构，让位于调节生产的企业家——协调者"。企业家运用一套计划和组织机制，在企业内部配置资源。[参见 R. 科斯（1937）：《企业的性质》，《企业、市场与法律》，盛洪、陈郁译校，上海：上海三联书店，1990 年，第 1—23 页]

础的行政配置（有时也被称作"计划配置"）；② 以市场机制为基础的市场配置。采取市场配置方式的经济通常被称作**"市场经济"**。采取行政配置方式的经济往往被称作**"计划经济"**；但由于前面提到的歧义，为了避免混淆，我们按比较经济学的通行叫法，有时也把它称为"命令经济"。

对于市场资源配置的机理，古典作家只作过十分原则的说明。其中最为著名的，首推亚当·斯密关于市场这只**"看不见的手"**引导商品生产者为了自己的利益去满足社会的需要的论述。[①] 从现代经济学的眼光来看，斯密的上述论述，也许只能算是一个**天才的"猜想"**，而不是**严密的证明**，因为它并没有具体说明"看不见的手"是怎样实现稀缺资源在各种需要之间的有效分配的。[②]

马克思比斯密进了一步，他在论述"另一种意义"的"社会必要劳动耗费"时，指出了在货币经济中，社会劳动资源可以用于各

---

① 斯密在《国富论》里关于"看不见的手"的那段著名的话是这样说的：在"自然秩序"下，每个人"由于他管理产业的目的在于使其生产物的价值能达到最大程度，他所盘算的也只是他自己的利益。在这种场合，像在其他许多场合一样，他受一只看不见的手的指导，去尽力达到一个并非他本意想要达到的目的。他追求自己的利益，往往使他能比在真正出于本意的情况下更有效地促进社会的利益"。（参见《国民财富的性质和原因的研究》，北京：商务印书馆，1988 年，下卷第 27 页）

② 斯密的论述，虽然如同斯蒂格勒所说，由于对竞争条件下的商品生产者为了自身的利益而适应社会需要的行为作了精辟的论述，至今仍然是"资源配置理论的基础"［参见 Stigler, G. J. (1976). The Successes and Failures of Professor Smith. *Journal of Political Economy*, 84(6), 1199—1213］，但并没有对市场制度如何实现资源有效配置的机理作具体的分析。

个特殊生产领域的份额的数量界限，是由价值规律决定的①，这就触及了资源配置问题的症结。不过，他也没有作更详细的说明。同时，他对于依靠价值规律这个"盲目的自然规律"维持的经济平衡，总的来说是评价不高的，认为这种平衡和协调始终只是"通过经常不断地消除经常的不协调"来实现的，不可能经济和有效，而且这种通过价值规律"自发"（自动）作用实现的协调本身就蕴含着危机的可能性。在资本主义基本矛盾的推动下，这种可能性必然变为现实。②同时，马克思和恩格斯曾经设想，在生产资料公有制消除了商品货币关系存在的基础以后，稀缺资源将由组成"自由人联合体"的人们自觉地进行配置。那时，劳动者将"用公共的生产资料进行劳动，并且自觉地把他们许多人的劳动力当作一个社会劳动力来使用。在那里，**鲁滨逊的劳动的一切规定都重演了，不过不是在个人身上，而是在社会范围重演**"③。社会就像一个大工厂一样，"按照生

---

① 马克思（1867—1883）：《资本论》第 1 卷，见《马克思恩格斯全集》第 23 卷，北京：人民出版社，1972 年，第 394 页；马克思（1867—1883）：《资本论》第 3 卷，见《马克思恩格斯全集》第 25 卷，北京：人民出版社，1974 年，第 995、716 页。

② 恩格斯（1844）：《政治经济学批判大纲》，见《马克思恩格斯全集》第 1 卷，北京：人民出版社，1956 年，第 613—614 页；马克思（1867）：《资本论》第 1 卷，见《马克思恩格斯全集》第 23 卷，北京：人民出版社，1972 年，第 394—395 页；马克思（1867—1883）：《资本论》第 3 卷，见《马克思恩格斯全集》第 25 卷，北京：人民出版社，1974 年，第 995 页；马克思（1861—1863）：《剩余价值理论》，见《马克思恩格斯全集》第 26 卷 II，北京：人民出版社，1973 年，第 604 页、612—617 页；马克思（1875）：《哥达纲领批判》，见《马克思恩格斯选集》第 3 卷，北京：人民出版社，1972 年，第 310—317 页。

③ 马克思（1867）：《资本论》第 1 卷，见《马克思恩格斯全集》第 23 卷，北京：人民出版社，1972 年，第 95 页。

产资料，其中特别是劳动力，来安排生产计划。各种消费品的效用（它们被相互衡量并和制造它们所必需的劳动量相比较）最后决定这一计划。**人们可以非常简单地处理这一切，而不需要著名的'价值'插手其间**"[1]。但是，他们正像没有对市场配置资源的过程作具体分析一样，对在没有市场的社会主义经济中如何对"劳动耗费和有用效果"进行比较，以便编制出能够较之市场更有效地配置资源的计划，也没有详加说明。

对于市场机理较为精密的分析，是 19 世纪 70 年代以后由以马歇尔（A. Marshall）、瓦尔拉（L.Walras）、帕累托（V. Pareto）等人为代表的新古典经济学家作出的。新古典经济学把自己的研究重点放在稀缺资源的有效配置这一经济运行的根本问题上，运用数学工具，对市场机制如何实现资源的有效配置进行精确的分析。这些分析证明：**在完全竞争的条件下，由市场供求形成的均衡价格，能够引导社会资源作有效率的配置，使任何两种产品对于任何两个消费者的"边际替代率"都相等、任何两种生产要素对于任何两种产品生产的"技术替代率"都相等和任何两种产品对任何一个生产者的"边际转换率"同"边际替代率"都相等，从而达到任何资源的再配置都已不可能在不使任何人的处境变坏的同时，使一些人的处境变好的所谓"帕累托最优"（Pareto optimum）状态**。不过，新古典经济学主要分析了资源配置的静态效率，而没有分析其动态效率。这方面的分析，是熊彼特（J. Schumpeter）提出"创新理论"以后才发展起来的。

----

① 恩格斯（1844）：《政治经济学批判大纲》，见《马克思恩格斯全集》第 1 卷，北京：人民出版社，1956 年，第 605 页；恩格斯（1877—1878）：《反杜林论》，见《马克思恩格斯选集》第 3 卷，北京：人民出版社，1972 年，第 348 页。

新古典经济学家，尤其是其中的新福利经济学家，不但对保证市场资源配置有效率的前提作了精密的分析，还对保证计划资源配置有效率的前提作了细致的研究。帕累托在 1902—1903 年出版的《社会主义制度》和 1906 年出版的《政治经济学手册》两书中已经肯定，由一个"社会主义的生产部"来实施经过科学计算的计划，是可以实现资源的优化配置的。1908 年，帕累托的追随者巴罗尼（E. Barone）在著名论文《集体主义国家的生产部》中详尽地分析了使计划配置具备有效性的前提条件。他指出，只要这个"生产部"能够求解经济均衡方程，据此确定各种稀缺资源的价格，并使各个生产单位按照边际成本等于价格的原则安排生产，则经济计划也可以达到市场竞争力量所导致的相同结果，即稀缺资源的有效率的配置。① 两种资源配置方式的区别仅仅在于求解上述方程的方法有所不同：一个通过市场竞争求解，另一个通过计划计算求解。所以，两者只在解法上有孰优孰劣或可行不可行的比较，而和社会制度的本质特征没有直接联系。②

----

① J. A. 熊彼特就此评论道：对于社会主义计划经济是否可行的问题，"在巴罗尼以前已有一打以上的经济学家暗示了答案。其间有这样的权威如维塞尔、帕累托。他们两人都观察到，经济行为的基本逻辑在商业社会和社会主义社会是一样的，答案是由此推出来的。但是帕累托的弟子巴罗尼是第一个完成答案的人"。参见熊彼特（1942）：《资本主义、社会主义和民主主义》，北京：商务印书馆，1979 年，第 215 页。

② 在我国，这已成为许多人的共识。不少论者指出："计划和市场只是资源配置的两种手段和形式，而不是划分社会主义和资本主义的标志。"［参见皇甫平（1991）：《改革开放要有新思路》，《解放日报》，1991 年 3 月 2 日；陈锦华（1991）：《逐步建立社会主义有计划商品经济的新体制》，《人民日报》，1991 年 3 月 11 日］

对社会主义条件下资源配置方式的传统理解和现代发展

在从生产一般的角度考察了计划与市场的关系以后，让我们进一步研究社会主义条件下计划和市场的关系。

马克思和恩格斯创立的科学社会主义，把关于社会主义的理论和政策放置到了社会化大生产的基础上。这一点我们在第一章里已经作了论述。因此，我们的讨论也从马克思主义古典作家19世纪四五十年代对社会主义经济运行机制的设想谈起。

1. 古典观念

正如前面已经指出的，马克思清楚地认识到，在社会主义社会，正如在其他人类社会一样，对于具有稀缺性的资源（当时主要是指劳动资源，包括活劳动和物化劳动），进行合理配置具有绝对的必要。那么，在社会主义的条件下，按比例配置劳动资源的规律是以什么样的形式实现的呢？马克思的回答是：

在公有制的条件下，"生产资料的全国性的集中将成为由自由平等的生产者的联合体所构成的社会的全国性基础，这些生产者将按照共同的合理的计划自觉地从事社会劳动"。"正像单个人必须正确地分配自己的时间，才能以适当的比例获得知识或满足对他的活动提出的要求，社会必须合理地分配自己的时间，才能实现符合社会全部需要的生产。因此，时间的节约，以及劳动时间在不同的生产部门之间的有计划的分配，在共同生产的基础上仍然是首要的经济规律。"[①]

① 马克思（1872）：《资本论》第3卷（节选），见《马克思恩格斯选集》第2卷，北京：人民出版社，1972年，第454页；马克思（1857—1858）：《政治经济学批判》，见《马克思恩格斯全集》第46卷上，北京：人民出版社，1979年，第120页。

按照马克思主义古典作家的历史分析方法，他们在说明社会主义经济资源配置方式的特征时，处处与资本主义生产即"发展到最高阶段的商品生产"[①]相对比。马克思说，在资本主义这种"社会劳动的联系体现为个人劳动产品的私人交换的社会制度下，这种劳动按比例分配所借以实现的形式，正是这些产品的交换价值"，"对生产自始就不存在有意识的社会调节"。[②]资本主义经济的这种调节方式造成的结果必然是："只要这种调整不是通过社会对自己的劳动时间所进行的直接的自觉的控制——这只有在公有制之下才有可能——来实现，而是通过价格的变动来实现，那末（么），事情就始终象（像）你（恩格斯）在《德法年鉴》中已经十分正确地说过的那样……由竞争所造成的价格永远摇摆不定的状况，使商业丧失了道德的最后一点痕迹。"同时，使"危机像过去的大瘟疫一样按期来临，而且它所造成的悲惨现象和不道德的后果比瘟疫所造成的

---

① 　马克思说："资本和雇佣劳动对立的形式，是价值关系和以价值为基础的生产的最后发展。"［马克思（1857—1858）：《政治经济学批判》，见《马克思恩格斯全集》第46卷下，北京：人民出版社，1980年，第217页］恩格斯指出："价值规律正是商品生产的基本规律，从而也就是商品生产最高形式即资本主义生产的基本规律。"［恩格斯（1877—1878）：《反杜林论》，见《马克思恩格斯选集》第3卷，北京：人民出版社，1972年，第351页］列宁说：根据马克思的学说，资本主义最重要的特征，在于"商品生产是生产的普遍的形式"；"资本主义是发展到最高阶段的商品生产"［列宁（1894）：《民粹主义的经济内容及其在司徒卢威先生的书中受到的批评》，见《列宁全集》第1卷，北京：人民出版社，1955年，第414页；列宁（1917）：《帝国主义是资本主义的最高阶段》，见《列宁选集》第2卷，北京：人民出版社，1972年，第782—783页］。

② 　马克思（1868）：《马克思致路·库格曼》，见《马克思恩格斯选集》第4卷，北京：人民出版社，1972年，第368—369页。

更大"①。

马克思和恩格斯由此论证了在公有制基础下消除商品生产及其有害后果的必要性；同时指出，在商品生产和商品交换被彻底否定的条件下，社会主义经济的运行方式和运行状态都将彻底改变：

"**一旦社会占有了生产资料，商品生产就将被消除，而产品对生产者的统治也将随之消除。**社会生产内部的无政府状态将为有计划的自觉的组织所代替"；"当人们按照今天的生产力终于被认识了的本性来对待这种生产力的时候，**社会的生产无政府状态就让位于按照全社会和每个成员的需要对生产进行的社会的有计划的调节。**""由于社会将按照根据实有资源和整个社会需要而制订的计划来支配这一切东西，所以同现在实行的大工业制度相联系的一切有害的后果，将首先被消灭。"②

总的来说，马克思和恩格斯认为，资本主义的运行方式和与之相对应的运行状态是：第一，按一定比例分配社会劳动和其他资源的职能，是由随供求情况的变化而经常发生波动的市场价格承担的；第二，这种资源配置方式所必然导致的运行状态，则是生产的无政府状态和反复出现的严重经济危机。而对于商品生产和货币经济已经消亡的社会主义经济的运行方式和运行状态，他们的预想则是：

---

① 马克思（1868）：《马克思致恩格斯》，见《马克思恩格斯选集》第4卷，北京：人民出版社，1972年，第365页；恩格斯（1844）：《政治经济学批判大纲》，见《马克思恩格斯全集》第1卷，北京：人民出版社，1956年，第614页。

② 恩格斯（1877—1878）：《反杜林论》，见《马克思恩格斯选集》第3卷，北京：人民出版社，1972年，第323、319页；恩格斯（1847）：《共产主义原理》，见《马克思恩格斯选集》第1卷，北京：人民出版社，1972年，第222页。

第一，代替市场价格机制的，是社会对社会劳动和其他资源按照预定计划进行的直接配置；第二，社会按统一计划配置资源，将消除由于商品生产和市场竞争带来的无政府状态，实现国民经济无危机的按比例发展。

这样，马克思主义古典作家把他们设想的未来社会的经济运行方式（按预定计划配置资源）同运行状态（按比例发展）看作二而一的事情，而同资本主义经济（商品生产或货币经济）的运行方式（通过市场价格制度配置资源）和运行状态（生产无政府状态）截然对立。根据这种理解，古典社会主义经济理论得出了社会主义公有制与资本主义私有制之间、计划经济与商品经济之间、两种运行方式之间以及两种运行状态之间一一对应的体系。

应当指出，马克思主义的古典作家一向不拘泥于他们曾经作出的个别结论，而总是根据时间、地点、条件的变化来修正自己的原有论断。拿资本主义经济是否具有计划性的问题来说，当 19 世纪末生产社会化已推进到较高程度、资产阶级也不得不在事实上承认生产的这种性质而采取托拉斯的形式来组织生产时，恩格斯就指出过，在存在着股份公司和托拉斯的情况下，资本主义生产的"**无计划性**也没有了"[①]。

这里需要对马克思和恩格斯所用的概念作一点说明。马克思主义的奠基人既没有用过"商品经济"，也没有用过"市场经济"来称呼他们称为"商品生产"或"货币经济"的经济形式。首先，"商品经济"是一个表达和"货币经济"同样内容的俄语词。其次，马克

---

① 恩格斯（1891）：《1891 年社会民主党纲领草案批判》，见《马克思恩格斯全集》第 22 卷，北京：人民出版社，1965 年，第 270 页。黑体字是原有的。

思主义的奠基人之所以没有使用"市场经济"这样的词语，则是因为他们同自己的先行者——古典经济学家一样，把分析的重点放在商品关系的质的方面，而没有对货币经济的资源配置机制作细节的研究。

"市场经济"一词，是在19世纪末新古典经济学兴起以后才流行起来的。新古典经济学细致地剖析了商品经济如何通过市场机制有效地配置资源，市场被确认为商品经济运行的枢纽，从此，商品经济也就开始被通称为市场经济。所谓市场经济（market economy），或称市场取向的经济（market-oriented economy），顾名思义，是指在这种经济中，资源的配置是由市场导向的。所以，"市场经济"一词，从一开始就是从经济的运行方式，即资源配置方式立论的。**它无非是货币经济或商品经济从资源配置方式角度看的另一种说法。**

2. 列宁的发展

列宁是一位不断用实践来检验和修正原有结论的革命实行家。在他的一生中，对于社会主义经济运行方式的认识有很大的变化。

从列宁从事革命活动的早期到苏维埃国家建立后的相当长时期中，他一直坚持社会主义者对于计划和市场的传统看法。① 在这个时

---

① 传统社会主义经济理论关于社会主义只能由计划调节、而与市场不相容的观点，是20世纪前期社会主义者普遍接受的观点。早在考茨基19世纪末的著作和布哈林"战时共产主义"时期的著作中，就已经作过详尽的阐述。考茨基写道：在任何企业内部，"产品的生产和工资的支付，都是按计划周密进行的，同样地，在不外是单一的大生产企业的社会主义社会里，也将这样进行"。[参见卡尔·考茨基（1902）：《爱尔福特纲领解说》，北京：生活·读书·新知三联书店，1963年，第90、123页] 布哈林的《过渡时期经济学》一书开宗明义地指出："只要我们来研究有组织的社会经济，那末（么），政治经济学中的一切基本'问题'（转下页）

期，列宁的基本观点可以用他的早期著作《什么是"人民之友"》中的一段话来表达：

"要组织没有企业主参加的大生产，首先就必须消灭社会经济的商品组织，代之以公社的共产主义的组织，**那时调节生产的就不像现在这样是市场，而是生产者自己，是工人社会本身。**"①

在这样的思想背景下，列宁曾于 1906 年使用过"市场经济"作为"商品—资本主义制度"的同义语，来同"社会主义计划经济制度"相对比。他说：

"只要还存在着**市场经济**，只要还保持着货币权力和资本力量，世界上任何法律也无力消灭不平等的剥削。只有实行巨大的社会化的**计划经济**制度，同时把所有土地、工厂、工具所有权转交给工人阶级，才可能消灭一切剥削。"②

十多年后，在战时共产主义时期，他用不同的语言阐述了同样的思想：

"货币是向一切劳动者征收贡物的凭据，货币是昨天的剥削的残余。……而在货币消灭之前，平等始终只能是口头上的、宪法上的，每个有货币的人都有事实上的剥削权利"；"没有一个使千百万人在

（接上页）如价值、价格、利润等问题就都消失了。在这里，'人和人的关系，不是表现为'物和物的关系'，社会经济不是由市场和竞争的盲目力量来调节的，而是由自觉实行的计划来调节的。"〔参见布哈林（1920）：《过渡时期经济学》，北京：生活·读书·新知三联书店，1981 年，第 1—2 页〕

①　列宁（1894）：《什么是"人民之友"以及他们如何攻击社会民主主义者？》，见《列宁全集》第 1 卷，北京：人民出版社，1955 年，第 225 页。

②　列宁（1906）：《土地问题和争取自由的斗争》，见《列宁全集》第 10 卷，北京：人民出版社，1958 年，第 407 页。

产品分配中最严格遵守统一标准的有计划的国家组织，社会主义就无从设想"。①

与此相适应，列宁也始终坚持他早年对社会主义经济的计划性所作的界定："经常地、自觉地保持的平衡，实际上就是计划性，然而这并不是'仅仅从经常发生的许多波动中确立的平均量'的平衡。"② 这就是说，他只把"计划性"限定于完全靠预定计划来建立平衡的场合，排除建立在商品生产和价值规律基础上的平衡。

1921 年春开始实行的新经济政策使列宁的思想发生了重大转变。在此以前，战时共产主义造成的巨大灾难，使许多人认识到，那种"直接用无产阶级国家的法令，在一个小农国家里按共产主义原则来调整国家的生产和产品的分配"③ 的做法是错误的，需要重新探索建设社会主义经济基础的途径。经过试行"产品交换"、恢复"商品交换"，到发展"适应社会主义建设需要的商业"，一切工商企业都实行"商业化原则"，新经济政策在社会主义经济占主导地位的条件下恢复了市场制度。列宁直言不讳地指出："我们不得不承认我们对社会主义的整个看法根本改变了。"④

在这种情况下，对计划和市场的关系的看法也不能不改变。

---

① 列宁（1918）：《关于用自由平等口号欺骗人民》《论"左派"幼稚性和小资产阶级性》，见《列宁选集》第 3 卷，北京：人民出版社，1960 年，第 837—838、545 页。

② 列宁（1900）：《非批判的批判》，见《列宁全集》第 3 卷，北京：人民出版社，1959 年，第 566 页。

③ 列宁（1921）：《十月革命四周年》，见《列宁选集》第 4 卷，北京：人民出版社，1960 年，第 571 页。

④ 列宁（1923）：《论合作制》，见《列宁选集》第 4 卷，北京：人民出版社，1960 年，第 687 页。

1922 年 4 月俄共（布）第十二次代表大会《关于工业的决议》的分析是：

"既然我们已经转而采取市场的经济形式，国家就一定要给各个企业在市场上从事经济活动的必要自由"；"计划原则，按范围来说，同战时共产主义时期的计划原则差别不大，但是按方法来说已经截然不同了。总管理委员会的行政手段已经为机动灵活的经济手段所代替"。①

这样我们看到，在酝酿采取新经济政策的时期列宁还曾坚持认为，"周转自由就是贸易自由，而贸易自由就是说倒退到资本主义去"，而"真正的计划"必然是"完整的、无所不包的"。在引入市场机制的情况下，"真正的计划"会变成"空想"②；在新经济政策正式施行以后，列宁的想法发生了变化，他明确指出，通过市场机制实现统一的国家计划同计划经济并不矛盾。他说：

"新经济政策并不是要改变统一的国家计划，**不是要超过这个计划的范围，而是要改变实现这个计划的办法。**"③

这就是说，他已经明确地把"计划经济"的两重含义区分开来，认为国家可以以市场为基础，再加自觉的协调，实现国民经济的"计划性"，即按比例的发展。

---

① 《苏联共产党代表大会、代表会议和中央全会决议汇编》第二分册，北京：人民出版社，1964 年，第 260—261 页。黑体字是引者加的。
② 列宁（1921）：《俄共（布）第十次代表大会》，见《列宁全集》第 35 卷，北京：人民出版社，1959 年，第 473 页。
③ 列宁（1921）：《致格·马·克尔日扎诺夫斯基》，见《列宁全集》第 35 卷，北京：人民出版社，1959 年，第 534 页。黑体字是引者加的。

3. 斯大林时代

列宁的过早去世，使新经济政策的延续受到了挑战。20世纪20年代末期，在苏联领导层中就新经济政策的存废问题进行了一轮新的论战。争论的一个主要问题，就是应当继续通过市场还是改用直接计划去配置资源。[①] 在这场论战中，以斯大林为首的主流派在政治上和组织上彻底击溃了左派和右派，在理论和政策上，则采取"左"的方针，否定了新经济政策。于是，掀起了批判"迷信市场自发力量"的理论风浪，说是新经济政策已经过时，需要根除它的影响。在这场政治运动的基础上，建立了斯大林的集中计划经济模式。

在当时苏联所处的国际环境和经济发展阶段上，集中计划体制是否有它存在的合理性，这是一个学术界还在讨论、迄无定论的问题。但是，有一点是可以肯定的，就是把一种在特定情况下采用的

---

① 左派理论家普列奥布拉任斯基在同布哈林争论时，在资本主义的资源配置方式同社会主义的资源配置方式之间划出了明确的界限：在资本主义条件下，当产品相对于有支付能力的需求发生不足或过多时，这种情况是事后才发现的。固然，资本主义会搞出一些治标的办法。但这种办法只能缓和而不能消除这种波动，"因为生产力分配制度仍然是商品生产制度"；经济规律是同"生产活动当事人相对立的、异己的、不受控制的自然力量"。如果在社会主义社会中发生同类情况，社会主义的统计基本上事先就已估计到了。这种情况以及由此产生的对其他部门的影响，在制订生产计划时，都会考虑到。"不是生产后的市场价格，而是生产前的社会主义簿记……告诉中央经济领导机关关于新需求的增长情况，从而告诉他们关于应当适应的必然性。"新的社会主义生产的特点表现在：生产各部门相互依赖性，不是通过自发的途径，而是在社会主义国家计划所拟定的均衡比例中使人们知晓。"社会对生产力的统治，是通过预先拟定的措施、它们的影响及为此所需要的前提而达到的。"［参见叶·阿·普列奥布拉任斯基（1926）：《新经济学》，北京：生活·读书·新知三联书店，1984年，第10—12页］

资源配置方式凝固化，并且把它说成是唯一符合社会主义本性的体制，是没有根据的。在斯大林的影响下建立起来的"社会主义政治经济学"，把集中计划经济当作社会主义经济的同义语来使用，而把商品经济或市场经济当作资本主义特有的经济形式。这显然未经科学论证，但斯大林却以他特有的语言风格，把这一论断表达得斩钉截铁，至今仍被有些人奉为圭臬。斯大林认为：

社会主义制度下"**国民经济有计划、按比例发展的规律**"，"**是作为资本主义制度下竞争和生产无政府状态的规律的对立物而产生的**"；"恩格斯在他的'反杜林论'里批评杜林主张的在商品流通条件下活动的'经济公社'时，确凿证明**商品流通的存在必然会使杜林所谓'经济公社'走向复活资本主义的地步**"，"价值规律在我国的制度下不能起生产调节者的作用"。①

这样一来，市场力量和价值规律的调节（作为"竞争和无政府状态"的同义语）就完全失去了在社会主义经济中的合法性；而苏式僵化体制，则成为不可触动的神圣之物。苏联和其他社会主义国家的体制失灵和经济停滞，显然同这种僵化理论和建立在这种理论基础上的资源配置方式有直接的关系。

4. 当代的认识

由于命令经济的缺陷在经济进入内涵（集约）成长阶段以后变得日益突出，从 20 世纪 50 年代中期开始，社会主义各国陆续开始对原有的经济体制进行改革。这些国家经济改革的具体做法虽然各不相同，但它们的基本方向却是一致的，这就是引进市场机制，更

---

① 斯大林（1952）：《苏联社会主义经济问题》，见《斯大林文选》，北京：人民出版社，1962 年，第 602、576、647、587 页。黑体字是引者加的。

多地发挥市场力量的作用。在最初的阶段，人们只是在命令经济的基本框架不变的条件下增加某些市场的因素，以便强化对生产单位和劳动者个人的物质刺激，来推动国家计划的贯彻执行。后来发展到在国民经济中分出一小块领域，让市场去调节（"板块结合"）。最后还考虑在市场机制的基础上进行计划指导（"胶体结合"），实现按比例发展。不过最后一种想法在苏联和东欧各国的理论讨论中始终没有取得支配地位，在实践中也没有取得实质性的突破。关于当代社会主义经济理论的进展，我们留待下一节去考察，这里只就我国改革工作中的认识提高作一概括。

根据"实践是检验真理的标准"的原则，我国在改革中不断总结经验，在20世纪80年代中期，在处理计划和市场关系的问题的认识上取得了重大的突破。这集中地表现在1984年中共十二届三中全会《中共中央关于经济体制改革的决定》的有关论述中。首先，《中共中央关于经济体制改革的决定》作出了一个意义深远的论断：

"改革计划体制，首先要突破把计划经济同商品经济对立起来的传统观念，明确认识社会主义计划经济必须自觉依据和运用价值规律，是在**公有制基础上的有计划的商品经济**。"

这就是说，社会主义计划经济就是有计划的商品经济：自觉保持平衡的计划经济这种运行状态，是完全可以同通过市场机制配置资源的商品经济这种运行机制兼容的。十二届三中全会的这一论断，显然是对于在社会主义政治经济学中长期占统治地位的传统观念的革命。我们对于"计划经济"的认识根本改变了。《中共中央关于经济体制改革的决定》关于"我们的国民经济计划就总体来说只能是粗线条的和有弹性的"，关于应当"使价格能够比较灵敏地反映社会劳动生产率和市场供求关系的变化"，以及"国家机构"不应"直接经营企业"，而应"实行政企职责分开"，保证"企业有权选择灵活多样的经营方式""安排自己的产供销活动""自行任免、聘用和选举本企业的工作人员""自行决定用工办法和工资奖励形式"，使之"成为自主经营、自负盈亏的社会主义商品生产者和经营者"等规定，为我们描绘了一幅社会主义经济，即建立在公有制基础上的商品经济的新图画。1987年党的第十三次全国代表大会对社会主义商品经济的资源配置方式作了进一步的说明，指出我国"新的经济运行机制，总体上来说应当是'国家调节市场，市场引导企业'的机制。国家运用经济手段、法律手段和必要的行政手段，调节市场供求关系，创造适宜的经济和社会环境，以此引导企业正确地进行经营决策"。

把上面这些概括起来，可以得出结论：社会主义经济要想得到健康的发展，只能是商品经济，即市场经济。传统社会主义经济理论认为社会主义公有制的建立意味着商品生产和商品交换的消亡，或者即使承认在社会主义的特定的阶段还不能不容许商品货币关系在有限的范围内存在，也认为它是社会主义经济中的异物；社会主义条件下的资源配置绝不能由"市场自发力量"来进行，而只能掌握在无所不知、无所不能的政府手中。上述这些过时的观念已为社会主义经济的实践所否定。既然事情正像中共十二届三中全会《中共中央关于经济体制改革的决定》所说，"社会主义经济同资本主义经济的区别不在于商品经济是否存在和价值规律是否发挥作用，而在于所有制不同"，要再把商品经济或市场经济看作资本主义的专有物，同资本主义"画等号"，是很难讲得通的。

分歧的实质是什么

现在摆在我们面前的问题是：在计划与市场问题的讨论中，双方意见的实质性分歧是什么？他们在社会主义经济定义上的区别，反映着什么样的实际经济体制取向上的区别？认为社会主义经济只能定义为计划经济，而不能定义为商品经济或市场经济的同志们所肯定的和反对的，是些什么主张？

显然，分歧产生的根源，并不在于对社会主义经济的运行状态有两种不同的认识。这是因为：一方面，几乎所有讨论的参加者都认为，社会主义作为一种公有制占主导地位的经济，它的领导有必要自觉地保持国民经济的平衡的、按比例的发展。从这个意义上说，社会主义经济是一种"计划经济"，这是没有疑义的。另一方面，既然所谓"市场经济"是从运行方式即资源配置方式的角度上讲的，它同从运行状态的角度上讲的"计划经济"，并不处在同一层次上，无法加以对比，因而任何把这种意义上的"计划经济"（按比例发展的经济）同商品经济或市场经济（以市场配置为基础的经济）看作互相排斥、有此无彼的观点都很难成立。

不过，若换一个角度，即从社会资源的配置方式这一特定的角度看问题，情况就不同了。以行政配置作为社会资源的基本配置方式（命令经济或计划经济）同以市场配置作为社会资源的基本配置方式（商品经济或市场经济）之间，的确存在彼此排斥或相互替代的关系。不少反对说社会主义经济是市场经济的经济学家，正是从资源配置的角度立论的。所以，问题的焦点在于：社会主义经济是否只能按照预定计划在社会范围内配置资源，让指令性计划成为稀缺资源的主要配置者。

在目前的争论中，反对以市场机制作为资源的基本配置者的理论家常常把问题归结为对方主张搞"纯粹的市场经济"。事实上，这种所谓的"纯粹的"市场经济，是根本不存在的，即使在所谓的"自由资本主义"时代也并不存在。从17世纪末到19世纪，西方某些政治家倡言自由放任主义（laissez faire），主张政府只应起"守夜人"的作用，保境安民，而不干预经济。这个口号所针对的，是当时仍然严重存在的封建主义和重商主义的行政干预，因而是资产阶级先驱人物的一种理想。但是，这种完全竞争的"理想状态"，终19世纪之世也没有实现过。进入20世纪以后，"原子式"的市场竞争不能适应现代产业的发展已变得如此明显。市场有所不能和多有缺失已为社会所公认，因而市场经济国家的政府不能不更多地负起责任来，弥补"市场失灵"和"市场失误"，加强对宏观经济的管理，并在许多方面对企业的经济活动进行干预和管制。这就是凯恩斯主义取代老自由主义的历史背景。尽管20世纪60年代以后西方新自由主义思潮重新抬头，但是他们也无非要减少一点政府不必要的干预，并不是要搞什么"完全、彻底"的自由放任。这在"新自由主义"占优势的国家，如联邦德国的"社会市场经济"中，也表现得十分明显。所以广为流行的萨缪尔森（Paul Samuelson）所著《经济学》教科书，一进入本题就明确指出，资本主义的市场经济从来没有达到过完全自由放任的境地。它指出，在资本主义发展的历史上，"在削减政府对经济活动的直接控制的倾向达到完全的自由放任的状态以前，潮流就开始向相反的方向转变。自从19世纪后期，几乎在我们所研究的所有国家中，政府的经济职能都在稳步增加"。可见，即使在萨缪尔森这位"自由企业制度"的倡导者看来，当代西方经济也是一种建立在竞争性市场和价格制度基础上、"国家机关和民间机构都实施经济控制"的"混合经济"。①

在一些后进国家的市场经济中，政府在赶超西方先进国家的过程中有效地发挥了"行政指导"的能动作用，在市场经济的基础上实施强有力的计划诱导和行政干预，对这些新兴工业经济（NIEs）的发展起了良好的作用。这种"市场经济＋行政指导"的模式，被一些人称作"亚太模式"②。

总之，现代市场经济无例外地是有宏观管理、政府干预或行政指导的市场经济，或称"混合经济"。就是说，这种经济以市场资源配置方式为基础，同时引入政府等公共机构通过计划和政策对经济活动进行调节。显然，我国的社会主义有计划的商品经济具有与此相类似的运行机制。在这种情况下，很难设想有哪位严肃的经济学家会建议在我国实行"纯粹的市场经济"。恰恰相反，不少主张我国经济应当以市场机制作为资源配置的基础手段的经济学家，对于如何在市场取向的改革中加强宏观经济管理和行政指导，提出了积极建议或作出了具体的设计。

同主张以市场调节为基础的人们的情况相似，主张指令性计划应成为基本的资源配置者的同志们所主张的，也并不是"纯粹的命令经济"（用他们的语言，应当叫作"纯粹的计划经济"），而是在保持命令经济用国家计划来配置资源的基本框架的条件下，吸收某些市场的因素（所谓"自觉利用价值规律"③）来刺激人们的积极性的体

① P. A. 萨缪尔森：《经济学》（纽约：麦克劳－希尔出版公司1976年第10版），第3章《"混合经济"中的价格职能》。参见该书中译本北京：商务印书馆，1979年，第59—67页。

② 陈光炎（1990）：《亚太经济模式及其对中国的含义》，《经济社会体制比较》，1990年第1期。

③ 这是一种很不确切的说法。我国的杰出经济学家孙冶方（转下页）

制。真正"纯粹的计划经济",大概只存在于苏联战时共产主义的短暂的时期。甚至斯大林在 20 世纪 30 年代初期建立的集中计划经济模式,同样也在一定程度上利用了商品关系,在全民所有制经济内保留了商品—货币的"外壳",实行"经济核算制",所以也算不得"纯粹的计划经济"。

所以,计划与市场问题上的争论,从来就不是"纯粹的市场经济"和"纯粹的计划经济"之争。所以,正像一本具有权威性的西方经济学辞典所说:

"计划和市场一直被教条的社会主义者和教条的反社会主义者看作是两个不可调和的对立物。"①

而在我国当前的争论中,**事实上争论双方都是主张把计划手段同市场机制结合起来的**,只不过各自设想的结合方式完全不同:一部分经济学家主张保持传统命令经济的基本框架,以**预先编制、行政命令下达的计划作为社会资源的基本配置者,同时运用某些市场因素作为贯彻计划的辅助手段**,甚至还可以开放一点无关紧要的经济领域,让市场力量去进行调节;另一部分经济学家则主张**以市场—价格机制作为社会资源的基本的配置者,同时用社会管理和行政指导来弥补市场的缺失。**②

（接上页）说过,"利用价值规律"是一种唯意志论的提法。他指出,这样说,就"好像价值规律是一个可以随便听从使唤的'丫头''小厮'"〔孙冶方（1978）:《要全面体会毛泽东同志关于价值规律的论述》,见《孙冶方选集》,太原:山西人民出版社,1984 年,第 418 页〕。

① 伊特韦尔等主编（1983）:《新帕尔格雷夫经济学辞典》第 3 卷,北京:经济科学出版社,1996 年,第 946 页。

② 在最近的讨论中,日本经济学家正村公宏指出:"不管（转下页）

在 1981—1982 年计划与市场关系问题的讨论中，反对说社会主义经济是商品经济的同志们已经这样提出过问题："实行指令性计划是社会主义计划经济的基本标志，是我国社会主义全民所有制在组织和管理上的重要体现。完全取消指令性计划……取消国家对骨干企业的直接指挥……就无法避免社会经济生活紊乱，就不能保证我们的整个经济沿着社会主义方向前进。"①

在新近的讨论中，我们也读到："如果我们……让市场成为资源的主要配置者，不重视乃至削弱和否定计划经济的重要作用，必然会导致社会主义公有制经济的瓦解。"②这段论述表明，反对实行社会主义商品经济或实行社会主义市场经济的人们，其主张的要旨在于让政府制定的计划成为"资源的主要配置者"。

（接上页）'西方''东方'，占主导地位的经济体制观不是'或市场或计划'二者择一，而是谋求'市场与计划相结合'的观点。""但是，对如何使'市场'要素与'计划'要素结合的理解是不一致的。"分歧在于：有人主张"在以市场经济为基础的同时，引入计划调整（通过公共机关的计划和政策对经济活动进行调节）要素"；有人"采取的是以计划经济为基础，同时发挥市场的调节作用"[正村公宏（1991）：《经济体制中的市场要素和非市场要素》，提交给 1991 年 5 月 25—27 日在日本箱根举行的中日经济学术交流会的论文]。

① 红旗出版社编辑部（1982）：《〈计划经济与市场调节文集〉前言》，见《计划经济与市场调节文集》第 1 辑，北京：红旗出版社，1982年，第 3 页。

② 卫兴华（1989）：《中国不能完全实行市场经济》，《光明日报》，1989 年 10 月 28 日；卫兴华（1990）：《中国的改革决不是完全实行市场经济》，《北京日报》，1990 年 11 月 3 日。

任何真正的改革都必定是市场取向的

　　以下，我们就来从资源配置这个特定的角度考察这两种观点——"计划配置论者"的观点和"市场配置论者"的观点之间的分歧，比较前者所主张的命令经济和后者主张的商品经济或市场经济两者的长短优劣。

　　在命令经济的资源配置方式下，稀缺资源是这样进行配置的：首先，中央计划机关掌握有关稀缺资源的状况、生产的技术可能性和生产与消费需求的各种信息；其次计算稀缺资源应当怎样在不同部门、不同地区和不同生产单位之间配置，才能取得最佳效益；最后根据计算结果，编制统一的国民经济计划，并把这个计划层层分解下达，一直到基层执行单位。上级主管机关直接掌握企业的人、财、物和供、产、销（即十二届三中全会《中共中央关于经济体制改革的决定》所批评的"国家机构直接经营企业"）；下达到执行单位的计划对它们生产什么、生产多少、用什么技术生产、投入品从哪里来、产出品到哪里去、开发哪几项新产品、追加多少投资、建设哪些项目等，都应有明确具体，一般是实物量的规定。如果计划规定的指标完全正确，执行单位又能全面地加以完成，就能使国民经济协调而有效率地运转，否则就会出现比例失衡和经济波动。

　　从上面的说明可以看到，这一套体系能够有效运转的隐含前提是：第一，中央计划机关对全社会的一切经济活动，包括物质资源和人力资源的状况、技术可行性、需求结构等拥有全部信息（完全信息假定）；第二，全社会利益一体化，不存在相互分离的利益主体和不同的价值判断（单一利益主体假定）。不具备这两个条件，集中计划经济就会由于计算不可能准确无误以及计划不可能严格精确地执行，而使经济系统难以有效率地运转。问题在于，至少在社会主义阶段，这两个前提是难以具备的，因此，采取这种资源配置方式，在作出决策和执行决策时，会遇到难以克服的信息方面的障碍和激励方面的困难。

从信息机制方面说，在现代经济中，要保证资源配置决策正确，必须解决信息的收集、传输、处理等问题。在我们的时代，同马克思、恩格斯设想社会主义经济体制的时候不同，人们的需求极其复杂，而且变化极快。层出不穷的新产品刺激了新的消费需要，由此产生的巨量信息，是任何一个中央计划机关也无法及时掌握的。与此同时，现代经济的生产结构也极为复杂。而且由于科学技术一日千里的进步，新产品、新材料、新工艺不断涌现，为满足一种需求所可能采取的生产方案和工艺流程何止千百种。总之，在我们这个"信息爆炸"、瞬息万变的时代，要把在社会的各个角落里分散发生的巨量信息收集起来，及时传输到中央计划机关去，是很难做到的；而且即使中央计划机关掌握了所有这些信息，要在以日、月计的时间内求解一个含有几千万乃至上亿个变量的均衡方程组，将计算结果变成一个统一的计划，并把它层层分解下达，直到基层执行单位，也是根本不可能的。

从激励机制方面看，采用行政资源配置方式的困难更大。我们知道，在任何一种资源配置方式下，都必须有一定的激励机制，保证正确的资源配置决策能够得到贯彻执行。在行政社会主义的资源配置方式下，资源配置决策是由代表社会全体成员整体利益的中央计划机关集中作出，并通过按层级制（hierarchy）原则组织起来的"整个社会"去执行的。这就要求全社会的一切组织，包括所有的基层组织、中介组织乃至计划机关自己，都要像马克思描绘的"社会鲁滨逊"的肢体或者像韦伯（Max Weber）所说的理想科层组织（bureaucratic organization）那样行动。这些组织除了不折不扣地完成行政任务之外没有自己的任何特殊利益，因此在执行社会的统一计划时，不会有任何偏离。事实证明，这一条件在社会主义条件下也是不可能得到满足的。在社会主义阶段，每一个经济活动当事人，包括计划的制订者和执行者，都有他们自身的利益。这种利益同社会的整体利益经常有矛盾。于是他们在提供信息、编制计划和执行计划的过程中，免不了有意识地或无意识地受到自身局部利益的影响而发生偏离。所以，虽然曾经有人设想，现代信息——计算技术的发展，将帮助我们解决用预定计划配置资源在信息方面的困难[①]，却没有人能够提出在行政资源配置体制下协调众多经济活动当事人之间的利益矛盾的妥善办法。且不说在生产发展和技术进步的过程中，信息量的增长必然快于计算技术的发展，企求靠计算技术的提高来克服信息方面的困难是注定不能实现的幻想，即使信息问题得到解决，行政资源配置方式的激励问题也是不可能得到解决的。

那么，用什么样的社会资源配置方式取代这种行政—计划资源配置方式呢？如同前面所说，对于社会化的经济，只有两种可供选择的社会资源配置方式，除了以行政手段为基础的方式，就是以市场机制为基础的方式，既然如此，所谓经济体制改革，就无非是用

[①] O. 兰格在他生前的最后一篇论文《计算机和市场》中写道："如果我今天重写我（1936 年）的论文，我的任务可能简单得多了。我对哈耶克和罗宾斯的回答可能是：这有什么难处？让我们把联立方程放进一架电子计算机，我们将在一秒钟内得到它们的解。市场过程连同它的烦琐的试验似乎都已过时。我们大可以把它看作电子时代以前的一种计算装置。"［参见 O. 兰格（1981）：《社会主义经济理论》，王宏昌译，北京：中国社会科学出版社，1981 年，第 183—186 页］

后一种方式取代前一种方式。后一种配置方式的优点是，稀缺资源配置是通过市场这个由商品经营者之间按一定规则进行的千千万万个交易活动交织而成的灵巧机器实现的，因而既能克服传统体制下决策权力过分集中的缺点，又不致出现混乱无序的状态。第一，从信息机制看，通过市场交易和相对价格的确定，每个经济活动的当事人都可以分享分散发生在整个经济各个角落的供求信息，从而解决了社会化大生产中信息广泛发生同集中处理的需要之间的矛盾。第二，各种资源配置决策不是靠行政权力由上到下地贯彻，而是由追求效用最大化的经济活动当事人根据市场信号（这个市场信号已经含有社会调节的因素），通过自己的计算自主地作出并自愿地执行的，从而能够使局部利益同社会利益协调起来。

市场经济的有效运转也有两个必须满足的前提：第一，企业的数目足够多并能自由进入，不存在垄断（完全竞争假定）；第二，价格足够灵活，能够及时反映资源的供求状况，即它们的相对稀缺程度（价格灵敏性假定）。这两个条件不具备，市场制度也难以发挥有效配置资源的作用。以上两个前提也不可能完全满足。和集中计划经济下情况不同之处在于，它们有可能近似地得到满足。例如，在现代的条件下，完全竞争的市场不可能存在，但垄断竞争、寡头竞争等不完全竞争的市场，或称竞争性市场还是有可能建立的；价格对资源的供求状况作瞬时反映是做不到的，但是在竞争性市场的条件下，它们是能够大体上反映各种资源的相对稀缺程度的；如此等等。除此而外，还有前面说过的其他"市场失灵"和"市场失误"的情况。但是，这些缺陷是可以在一定程度上由政府干预和"行政指导"来弥补的。特别是在社会主义的条件下，国家拥有多种手段进行干预和指导，就更有可能运用自己的影响，改善资源的配置状况。

总之，两种资源配置方式前提不具备，有很不相同的情况。前者的前提条件是完全不可能具备的。特别在现代经济中，科学技术飞跃进步，新的生产可能性层出不穷，需求结构极其复杂而且瞬息万变，在这种情况下，就更加是这样。后者的前提条件不可能完全具备，但它们有可能基本上具备。因此，这种资源配置方式是相对有效的。

以上这些，不仅仅是从定义演绎出的结论，事实上，它已为20世纪经济发展的实践所证明。这些难于解决的困难，正是传统体制下五光十色、纷然杂陈的消极现象产生的根源。要消除这些消极现象，必须从根本上改变用命令经济这种以计划配置为基础的社会资源的配置方式。

实行命令经济的各国的僵化体制极大地妨碍了社会主义潜力的发挥，使经济效率难于提高，说明这种运行机制存在着根本性的缺陷。不仅苏联七十年经济发展的经验宣告了作为命令经济原型的体制完全不能适应现代化的要求，有些东欧社会主义国家企图在命令经济的总框架不变的条件下通过有限发挥市场因素作用的办法，来改善它的运行状况，这种零敲碎打的"改革"努力也几乎毫无例外地以失败告终。

所有这一切说明，希望只在于"革旧体制的命"。用市场经济体制取代命令经济体制。"任何真正的改革都必定是市场取向的。"①

---

① 在中国文献中，笔者在 1986 年第一次指出了这一点。笔者在《经济改革问题探索》的后记中写道："社会主义各国所有真正的改革，无不是所谓'以市场为方向'（market-oriented）的。"［参见吴敬琏（1986）：《经济改革问题探索》，北京：中国展望出版社，1987 年，第 434 页］

第三章　战后资本主义的体制调整的启示

　　第二次世界大战以后资本主义经济发展的显著特点是：社会经济的矛盾冲突依然尖锐，经济衰退也周期发生，但经济波动的烈度较之战前年代大为减小，生产的平均增长率有所提高。在整个 19 世纪和 20 世纪的上半叶，在资本主义世界经济每 10 年左右发生一次的危机中，危机低谷时国民生产总值下降 10%—20%。20 世纪 50 年代初，从战争经济过渡到和平经济以来，经济衰退时生产下降的幅度明显降低，一般在 5% 以内，持续的时间也比较短，更没有出现过 1907—1909 年、1921—1922 年或 1929—1938 年那样的大萧条。

　　美国经济学家斯坦利·费希尔（Stanley Fischer）和鲁迪格·唐布什（Rudiger Dornbusch）所写的经济学教科书用一幅图示 [1] 描述了 1890—1981 年美国经济发展实绩同每年增长 3.2% 的平均趋势之间的对比。从该图示可以看到，第二次世界大战后经济周期波动幅度较前平缓，衰退深度减小，经济基本上在 3.2% 的平均线上方运行。

　　根据马克思主义古典作家的分析，经济危机是资本主义基本矛盾（生产社会化和占有私人性的矛盾）的产物。在当代，资本主义的基本矛盾并没有消失。但是，资本主义各国采取了一些措施来调

---

[1]　费希尔、唐布什（1983）：《经济学》下册，庄巨忠等译，北京：中国财政经济出版社，1989 年，第 53 页。

整自己的经济体制和经济政策，以求缓解这一基本矛盾的各种表现（按照恩格斯在《反杜林论》中的分析，资本主义基本矛盾的主要表现是：① 无产阶级和资产阶级的对立；② 个别工厂中生产的有计划组织和整个社会生产的无政府状态的矛盾；③ 生产的无限扩张和劳动群众有支付能力的需求相对缩小的矛盾。经济危机是这些矛盾激化的表现），并取得了某些效果。这是二战后资本主义危机烈度减弱的原因。二战后资本主义各国采取的主要措施是：

第一，**提高经济的计划性**。

19 世纪西方经济思想的主流，是针对重商主义的政府干预，主张对由为数极多的小企业组成的所谓"原子化市场"采取自由放任政策，反对对社会生产和流通进行任何干预。1936 年凯恩斯《通论》的发表，标志着统治的经济思想由自由放任到对市场经济进行宏观总量管理、政府干预和计划指导的转变。

二战后西方经济计划性的提高，表现在以下三个方面：

（1）在 20 世纪中逐步形成的多经营单位的大企业（或企业集团），支配了主要的经济部门。这些囊括从原料生产、加工到最终产品销售等部门的大企业，按照市场指引的方向实现原来完全由市场承担的协调当前商品流量和长期资源配置的职能（美国经济学家钱德勒的《看得见的手》详细地分析了美国经济中的这种转变）。这样，就增加了经济的计划性。

（2）宏观经济的管理和计划指导大大加强了。凯恩斯主义主张用国家干预的办法刺激有效需求（有购买力的需求）。凯恩斯主义宏观经济政策的实施，在一定程度上减小了经济周期的波幅，但是，长期实行赤字财政政策，造成了 20 世纪 70 年代初期"停滞膨胀"的出现。于是，新自由主义思潮崛起。但是新自由主义者也并没有否定一定形式、一定程度的国家干预。例如，在联邦德国，新自由主义（弗莱堡学派）一直是占统治地位的经济思想。但是，独立于行政当局的联邦银行（联邦德国中央银行）对货币总量的宏观管理是非常严格的，对垄断（卡特尔）的抑制也大为加强。这保证了二战后联邦德国经济的稳定成长。

（3）在后进的资本主义经济赶超工业化经济的过程中，运用国家的力量加快资本的原始积累，促进竞争性市场体制的形成；同时，创设条件，保证潜在比较优势的发挥。例如，日本政府的通商产业省（MITI）在战后的机械工业振兴运动、电子工业振兴运动、大规模集成电路攻关等过程中就起了重要的促进作用。这被看成在市场经济中成功运用"行政指导"的范例。这种市场经济＋强有力的政府干预的模式（韩国有些经济学家称之为"政府主导型的市场经济"）被有的经济学家称为"亚太模式"。经验表明，采取这种模式是二战后亚太地区一系列国家和地区高速成长的关键因素。

有一种观点，认为计划性是社会主义经济专有的，资本主义经济只能是无计划的。资本主义经济的计划性，是在社会主义计划经济的迅速发展的情况下从社会主义国家移入的，而与资本主义的本性格格不入。笔者觉得，这种把计划性看作专属于某种社会制度的说法未必确切。无可否认，二战后资本主义经济的某些做法受到社会主义经济的影响，但是，资本主义经济中计划性的加强，本质上是适应于生产力发展的要求所作出的调整。正如前面已经提到过的，马克思主义的古典作家早在十月革命前就论述过资本主义经济的这种发展。

恩格斯在 1891 年对德国社会民主党《爱尔福特纲领（草案）》提意见时指出，《爱尔福特纲领（草案）》中"根源于资本主义私人生产的无计划性"的提法是不确切的。他说："这一句话需要大加修改。据我所知，资本主义生产是一种社会形式，是一个经济阶段，而资本主义**私人生产**则是在这个阶段内这样或那样表现出来的**现象**。但是究竟什么是资本主义**私人**生产呢？那是由单个企业家所经营的生产；可是这种生产已经越来越成为一种例外了。由股份公司经营的资本主义生产，已不再是私人生产，而是为许多结合在一起的人谋利的生产。如果我们从**股份公司**进而来看那支配着和垄断着整个工业部门的**托拉斯**，那么，那里不仅私人生产停止，而且**无计划性**也没有了。"①

列宁在 1917 年 4 月的俄共党代表大会上讨论"关于目前形势的决议"时重提这个问题，他说："在第一部分，我得出一个结论：资本主义在战争时期比战前更加发展了。资本主义已经把整个整个的生产部门抓在自己手中。早在 1891 年，即在 27 年前，当德国人通过《爱尔福特纲领》时，恩格斯就说过，不能像过去那样说资本主义就是无计划性。这种说法已经过时了，因为既然有了托拉斯，无计划性就不存在了。""现在指出这一点尤为恰当，因为现在我们看到的是军事国家，是国家垄断资本主义。……现在资本主义正直接向它更高的、有计划的形式转变。"②

以上情况说明，经济的计划性同社会制度本质没有直接的关系，资本主义经济也可以有计划性。

---

① 恩格斯（1891）：《1891 年社会民主党纲领草案批判》，见《马克思恩格斯全集》第 22 卷，北京：人民出版社，1965 年，第 270 页。黑体字是原有的。

② 列宁（1917）：《关于目前形势的报告》《为捍卫关于目前形势的决议而发表的演说》，见《列宁全集》第 29 卷，北京：人民出版社，1985 年，第 353、436 页。

第二，从绝对剩余价值的榨取为主**转向实行"福利主义"政策，缓解矛盾。**

马克思主义在分析资本主义条件下经济危机产生的原因时指出，商品经济中买卖的脱节，只造成了危机的可能性，而劳动群众贫困化和有购买能力的需求相对缩小，却使经济危机不可避免。在资本主义初期，主要通过增加绝对剩余价值的办法来进行原始积累和取得更多的利润，因此，劳动群众有购买能力的需求的相对缩小就成为不可避免。

随着技术的发展和社会主义运动的兴起，某些资产阶级的代表人物和资本主义国家的领导人逐渐认识到，采取以榨取绝对剩余价值为主的方针是不利于经济和政治的稳定的，因此，他们或多或少地转而采取所谓"福利主义"的政策，例如：

（1）在国家支持下建立社会保障体系，如失业保障、退休金制度、医疗保障等；

（2）制订对低收入阶层的住房计划；

（3）通过收入再分配政策，缩小收入差距，如累进所得税制度、财产税制度、遗产税制度、赠予税制度和社会救济制度等。

这些做法虽未消除剥削，但在一定程度上缩小了收入水平的差距（"基尼系数"降低），也在一定程度上缓解了阶级矛盾。

第三，从家族式的私人企业发展到公众化的（或译成"上市"的）股份有限公司。

在19世纪和20世纪初期，典型的大企业是由业主经营的，叫作"业主式企业"，一般由财阀家族拥有，所有者同时是经营者。19世纪末出现了多头持股、有限责任的股份有限公司。马克思在《资本论》第3卷中指出，这是为适应生产社会化的发展，在资本主义生产关系范围内对它的自我扬弃和向公有制生产过渡的形式。① 股份公司的进一步发展，是 go public，在中国一般译为"上市"。实际上，go public 的含义比"上市"要宽一些，其含义为"公诸社会"。这种大企业组织形式至少有以下的作用：

（1）资本配置具有充分灵活性，通过股票价格升降、股权转让和公司的兼并等实现资产重组，达到更高的效率；

（2）通过所有权和经营权的分离，有利于"专家治厂"；

（3）通过更多的人拥有股份财产，包括有些国家推行的"职工持股计划"，缓解了阶级矛盾。

此外，还有的国家像联邦德国采取"参与决策制度"（监事会半数成员由职工推选）一类办法，吸收职工代表参加部分管理工作。

在研究二战后的西方经济时，还有两个值得注意的问题：

第一，有一种流行的观点，认为战后资本主义经济之所以比较稳定，是由于政府干预的增长和市场机制的削弱。

这同实际情况不尽相符，似乎是一种从计划与市场互相排斥、此消彼长的思想定式出发作出的概括。实际上，从二战后整个时期看，在西方国家看不出有否定市场机制的趋势。市场的扩大和完善，

---

① 马克思（1867—1883）:《资本论》第 3 卷，见《马克思恩格斯全集》第 25 卷，北京：人民出版社，1974 年，第 493—498 页。马克思论述了股份公司的成立，使建立在社会生产方式的基础上并以生产资料和劳动力的社会集中为前提的资本，"在这里取得了社会资本的形式，而与私人资本相对立"（第 493 页）。"资本主义生产极度发展的这个结果，是资本再转化为生产者的财产所必需的过渡点。"（第 494 页）"资本主义的股份企业，也和合作工厂一样，应当被看作是由资本主义生产方式转化为联合的生产方式的过渡形式。"（第 498 页）

对于二战后经济的稳定和成长有重要的作用，这一点绝不能忘记。即使计划性的加强，也是在完善市场机制的基础上实现的。

二战后资本主义经济中，无论在市场的广度、深度和竞争秩序的完善程度上，都是二战前所无法比拟的。这表现在以下几个方面：

（1）由于工业国降低了贸易壁垒，第三世界新独立国家加入世界市场和新兴工业化经济（NIEs）采取开放政策，都使市场范围大大扩展，市场容量大幅度增加。

（2）不但形成了世界商品市场，而且各国生产要素市场也有连成一片的趋势。货币化、金融深化的发展，国际货币制度的建立，使资本在世界范围内流动，改善了世界范围内资源配置效率。

（3）20 世纪初的西方经济中，垄断乃至国家垄断倾向有较快的发展，各国虽有反垄断立法（如美国的第一个反垄断立法，是 1890 年的《谢尔曼法》），但基本上形同虚设。第二次世界大战后反垄断执法有所加强。特别在某些资本主义国家，如联邦德国，有比较严格的反对垄断、保护竞争的立法，使竞争秩序有较大改善。

（4）市场容量的扩大，由技术进步提供的大量潜在竞争者，也使竞争强化。如此等等。

这样，二战后大体上保持了竞争性市场（寡头竞争市场）的格局（这种格局，是综合新古典经济理论和熊彼特的"创新理论"所追求的最佳状态）。与此同时，在市场失灵（market failure）的领域，如由于事后调节引起的自发波动、公共品（public goods）的生产和分配、潜在比较优势的发挥等，运用宏观（总量）调节、行政干预等广义计划调节手段，而不是政府处处干预或由政府直接经营营利性企业，往往能取得更好的效果。

其实根据马克思主义古典作家的论述，市场体制下和计划体制下有效配置资源的原理是相通的，即根据各种资源"价值"（恩格斯说："价值是耗费和效用的比较。"）的对比，决定它们在各个企业和各种使用价值的生产上的分配；只不过马克思和恩格斯曾经设想，在社会主义条件下可以用集中计算的办法确定产品的价值，从而制订统一的生产和流通计划，各个单位都根据这个统一计划进行活动而已。"价值"是由市场决定（市场体制）还是由计算决定（计划体制），是一个技术上的可行性问题，而不是社会制度的分野。现在既然实践已经证明后一种办法不太有效，我们就应当转而采取前一种办法。

第二，就二战后资本主义国家对经济体制和经济政策的调整而论，有一点是值得我们学习的，就是不拘泥于已有的结论和意识形态的定见，凡是有利于经济稳定和繁荣的，都采取"拿来主义"的态度，为我所用。例如：

（1）在日本二战后经济发展中起了重要作用的"官厅经济学家"，大多数具有西方经济学和马克思主义经济学两方面的素养。在决定政策时，并不把政治和意识形态的分野放在第一位来考虑。如日本 20 世纪 50 年代初期实行的"倾斜生产方式"（向重、化工业倾斜的政策），就是一位著名的马克思主义经济学家有泽广已提出的。

（2）计划指导、社会福利政策，更不用说"参与决策"制度，在西方国家曾经长期被一部分人看作社会主义的洪水猛兽、"共产邪说"，但是出于对资本主义国家的国家利益和他们所代表的阶级的长远利益的考虑等，明智的资产阶级政治家仍然在某种程度上采取了这些做法。

第四章　传统社会主义经济模式的终结

　　对于苏联和东欧原社会主义国家在1989—1990年发生急剧变化，人们作出了种种不同的解释，引申出不同的政治结论。在笔者看来，这一剧烈变化的最重要的历史含义在于：它宣告了传统社会主义体制模式的破产。

　　对于苏联和东欧剧变，目前人们列举的原因有：① 忽视政治思想工作，听任敌对力量占领舆论阵地；② 放弃阶级斗争学说，对阶级敌人镇压不力；③ 戈尔巴乔夫个人所起的破坏作用；④ 国内外敌对势力进行"和平演变"的颠覆活动；⑤ 经济改革发生了方向性（市场化等）错误；等等。苏联和东欧剧变，当然是多重因素起作用的结果，但是毫无疑义的是：在上述诸种因素中，作为基础的因素，还是国民经济发展的长期停滞和人民生活的困顿。正如马克思的历史哲学所指出的：第一，内因是根据，外因是条件；第二，经济是基础。

　　从这个观点出发分析实际的情况，我们可以看到，造成苏联和东欧剧变的最深层的原因，乃是由于经济体制的缺陷和建立在这种体制基础上的经济政策的失误，社会主义经济没有搞好；虽然有些国家后来企图对这种僵化的体制进行改革，建立有生机与活力的社会主义经济体制，但由于目标不明或方法不对，也没能取得成功。这样，经济情况越来越糟，使人民群众对社会主义和共产党的领导失去了信心。共产党失去了人民的信任和支持，说话没人听，做事没人帮，对反共反社会主义的活动，群众甚至广大党员都漠然视之，甚至持有同情态度。这时，党和政府就成了脱离大地母亲的巨人安泰，只能任人宰割。

苏联和东欧国家经济的基本问题，是它们采取集中计划体制，企图根据预定计划、用行政命令在成千上万种产品的成万生产者间配置社会资源。这种办法虽有利于动员资源，集中用于国家指定的用途，却不利于提高效率（包括宏观效率和微观效率、静态效率和动态效率），因而在紧急状态、恢复时期，或其他资源不太紧缺、有比较大的粗放发展的余地的情况下，还能保持比较好的发展势头；越是资源紧缺，增长要靠技术进步、靠提高效率，它的缺陷就暴露得越充分。因此，苏联在战前时期和战后恢复时期还能保持较资本主义各国为高的增长率〔据美国著名经济学家伯格森（Araham Bergson）估计，1928—1955 年苏联 GNP 的年均增长率为 4.4%—6.3%，超过大多数资本主义国家[1]〕。进入 20 世纪 60 年代以后，增长率下降、效率降低、技术进步放慢，同资本主义经济的差距越拉越大，而且这种恶化的趋势日益加速，到了 20 世纪 80 年代中期以后，已到了难以为继的地步（表 4-1）。

表 4-1　苏联国民收入年均增长率

	1951—1960 年	1961—1965 年	1966—1970 年	1971—1975 年	1976—1980 年	1981—1985 年
官方统计 /（%）	10.1	6.5	7.8	5.7	4.3	3.6

[1]　Bergson, A.(1961). *The Real National Income of Soviet Russia Since 1928.* Harvard University Press.

（续表）

	1951—1960 年	1961—1965 年	1966—1970 年	1971—1975 年	1976—1980 年	1981—1985 年
CIA 估计 / （%）	5.6	4.9	5.1	3.0	2.3	0.6
苏联学者估计 / （%）	7.2	4.4	4.1	3.2	1.0	0.6

资料来源：Hewett, Edward A. (1988). *Reforming the Soviet Economy*（《改革苏联经济》）. Washington, D.C.: The Brookings Institute, 37–59.

　　看一个国家的经济状况，不只要看产值增长率，还要看这种产值的增长是用多大代价换来的。集中计划经济是一种高成本、高浪费的经济，靠大量投入换取产出。据阿甘别疆和其他苏联经济学家计算，1961—1984 年苏联各种生产要素的综合生产率（TFP）除柯西金改革阶段曾达到年提高 3.2% 的较好成绩外，一直在 1.1%—1.3% 徘徊；美国中央情报局（CIA）的估计则更低：1961—1965 年为 0.5%，1966—1970 年为 1.2%，1971—1975 年为 −0.5%，1976—1980 年为 −0.9%，1981—1984 年为 −0.3%。从实物消耗看得更清楚：苏联每吨木材出纸为美国的 1/6，纸板为美国的 2/7，胶合板为美国的 1/9。投资效率也比西方市场经济国家低得多。这样，苏联居民的生活水平同西方国家的差距就越拉越大。

　　应当说明，苏联和东欧国家经济绩效差，同社会主义的基本制度并没有必然的联系，而同它们采取的计划经济体制却直接相关。我们可以从采取类似体制的非社会主义国家看到与苏联和东欧同样的情况。以印度为例，它在 1947 年独立以后，选择了在混合所有制基础上实行计划经济体制，规定 17 个属于"制高点"（commanding heights，列宁用语，在《列宁全集》中文版中译为"命脉"）的行业由公营企业垄断经营，其他行业允许私营企业进入；但是，对所有部门的生产都实行计划管理，企业建设、开业、生产新产品乃至增产旧产品，都要向政府申请许可证，只有取得许可证以后，才能实施；对外贸易也实行严格的计划管理和进口替代政策。实行这套体制和政策的结果是印度经济成为有名的低效率、高成本经济，技术进步十分缓慢，许多国营企业成为所谓"病态企业"，大量亏损，回生乏术，外贸萎缩，民生凋敝，贫富悬殊，人均国民生产总值在世界上的位次下降。直到 20 世纪 80 年代初期拉·甘地实行经济自由化（逐步解除行政规制、取消许可证）政策，情况才有所改变。①

第二次世界大战后的恢复时期结束后，集中计划体制的缺陷日益暴露，一些苏联和东欧经济学家提出需要改革原有的僵化体制，但是，改革在政治上和意识形态方面遇到的阻力极大，只有南斯拉夫、匈牙利等国进行了真正的改革，但由于改革目标与方法上的失误，或由于改革的不彻底性，也未能建立起能够有效地配置资源和调动企业、职工积极性的经济体制，因而未能挽回颓势。

（1）长期坚持旧体制的国家如阿尔巴尼亚、保加利亚、罗马尼亚、民主德国，从 20 世纪 70 年代中期开始，已陷入慢性危机，20 世纪 80 年代后期经济和政治的封闭状态被突破以后，同一民族采取不同经济体制带来的完全不同的经济绩效，鲜明地摆在人们的面前，人心思变使制度解体的过程接踵而至，在短短几个月内就发生了政治剧变。

---

① 吴敬琏、胡季等：《印度经济发展的成就和问题》，《管理世界》，1990 年第 4 期。

民主德国作为社会主义的"橱窗"，曾经长时期地得到苏联的大力支援，同时，联邦德国（西德）也曾不时给它"输血"，因而得以维持社会主义各国中最高的生活水平。然而，民主德国可能是东欧诸国中除以斯大林主义的堡垒自诩的阿尔巴尼亚之外最坚定地维护计划经济体制的国家。从 20 世纪 50 年代后期至崩溃前夕，民主德国只许进行组织"联合企业"之类的生产组织调整，而不许触动旧体制的基本框架。因此，经济的效率很差，虽然按官方统计每年的增长率比西德高二三倍，但从 40 年的全过程看，按美元计算的 GNP 增长率只有西德的 1/3，同西德生活水平的差距越来越大，靠柏林墙勉强维持稳定。柏林墙一旦倒掉，大多数东德人到西德去走了一遭以后，在选举中纷纷倒向反对党一边，"投西马克一票"，把统一社会党（共产党）赶下了台。

其他如罗马尼亚、阿尔巴尼亚，领导人长期坚持僵化体制，严重脱离群众，虽能在一段时间里依靠强大的国家机器维持统治，但在民心、军心、党心大变的情况下，也纷纷被推翻。

（2）南斯拉夫、波兰、捷克斯洛伐克、匈牙利虽然进行了改革，但都未能取得成功。

南斯拉夫从 20 世纪 60 年代初正式开始改革，起初有一定的成效，但由于对于改革的目标始终没有弄得很清楚，在建设有效的运行机制方面没有根本性的突破。特别是 20 世纪 70 年代初开始批判"市场社会主义"和"专家治国主义"以后，改革上出现了三个重大的错误：① 推行所谓"社会所有制"的企业组织形式，产权既是属于每个人的，又不属于哪一个人，于是，有人称为"伊里利亚综合征"的短期行为盛行；② 公社（地方政府）采取"社会契约"的办法把企业置于自己的管束之下，形成某些南斯拉夫经济学家认为带有封建性的"契约经济"（contract economy，亦可译为承包经济）[①]；③ 实行所谓"多中心国家主义"的地方行政性分权，使市场的统一性遭到分割，6 个共和国和 2 个自治省实际上成为 8 个诸侯国。[②] 在这样的经济体制下，整个经济无法有效运行，虽有一段表面繁荣，拖到 20 世纪 80 年代，终于陷入经济和政治的总危机。

在东欧国家中，改革搞得最好的是匈牙利。卡达尔在国内外的艰难环境中巧妙地绕开暗礁，避开了苏联和国内保守势力的反对，把改革推向前进。但是，这种改革战略也使匈牙利的改革带有很大的不彻底性，因而不能建立起有效运行的经济机制。首先，匈牙利改革所选取的目标模式，即"含有行政管制下的市场机制的计划经济"（布鲁斯），或"间接行政协调模式"（IB 模式，科尔奈）等"计划与市场相结合"配置资源的方式，是有很大局限性的。在改革的实际工作中，由于采取了过多的"缓冲"和"迂回"措施，造成了一方面取消了指令性计划，另一方面价格改革久拖不决，连产品市场都未能形成，更不用说要素市场的被动局面；在 20 世纪 80 年代中期价格大体放开以后，继续保持大量"微观干预"（补贴和"一户一率"的调节税多达 800 多种），加之非国营部门所占比重很小，国营部门的生产又十分集中，企业垄断性很强，竞争性市场体系很难形成。因此，市场—价格制度实际上难以成为社会资源配置的基

① 参见 A. 拜特（1986）：《南斯拉夫经济体制改革的经验》，见中国经济体制改革研究会编（1986）：《宏观经济的管理和改革——宏观经济管理国际讨论会资料汇编》，北京：经济日报出版社，1986 年，第 97 页。

② 参见楼继伟（1986）：《吸取南斯拉夫经验，避免强化地方分权》及所附材料《南斯拉夫经济困难的原因》，载《经济社会体制比较》，1986 年第 1 期。

础。经济长期低效运转，进一步改革的阻力又很大，使匈牙利改革走进了死胡同。早在 20 世纪 80 年代中后期，"社会主义经济制度不可改革（unreformable）论"已成为匈牙利经济学界的主流，所以后来匈牙利经济陷入慢性危机和共产党的分裂，冰冻三尺，决非一日之寒。

（3）苏联的情况比较特殊。斯大林逝世后，苏共领导亟须使苏联经济有所进步。赫鲁晓夫在 1957 年、柯西金在 1965 年先后进行了两次不成功的"改革"（赫鲁晓夫"改革"的中心内容是实行地方分权，柯西金改革的主要内容则是简化计划指标、扩大企业自主权和实行"完全经济核算制"），勃列日涅夫停止了柯西金改革，进入长达 15 年的"停滞时期"。安德罗波夫、契尔年科对苏联经济情况很焦急，却苦无良策。戈尔巴乔夫在 1985 年上台后回避经济改革，提出所谓"加速战略"，实际结果是非但没有"加速"，相反增长率降到零。[①]在这种情况下，苏联领导惊呼出现了社会危机，并于 1987 年提出"改革"（perestroika），要求在第十三个五年计划（1991—1995 年）前夕原则上形成"新体制"。但这个"新体制"的内容是什么，谁也说不清楚。只是到 1989 年中期以后，才明确了向某种市场经济（包括 1990 年年初的"计划—市场经济"，1990 年 3 月的"可调节市场经济"和 1990 年 7 月的"市场经济"）过渡的目标。而在此期间，苏联改革的纲领、口号不断花样翻新，什么"过渡构想"（1990 年 5 月）、"500 天纲领"（1990 年 8 月）、"政府纲领"（1990 年 9 月）、"基本方针"（1990 年 10 月），一个接着一个，而所有这些都只不过是政客们笼络群众、夺取权力的手段，徒托空言，毫无

---

① 参见［苏］《共产党人》，1988 年第 7 期。

实际行动，经济体制基本上原封未动。苏共二十七大通过的第十二个五年计划（1986—1990年）要求国民收入每年平均增长3.5%—4%。实际执行结果，据官方统计，只有1.7%，其中除1988年完成计划外，1986年、1987年、1989年三年平均年增长2.7%，1990年为–4%。据苏联经济学家计算，官方的统计对增长率大大高估了。实际上五年的平均增长率是负数，其中1989年为–4.5%，1990年为–10%—–8%。就这样，苏联经济一步步滑入了深渊。

第五章 复兴，路在何方

当前在全世界范围内展开的不同政治势力的较量，不仅是不同的意识形态和政治制度之间的冲突，更为基础的是经济制度的竞赛和经济实力的角逐。人民群众追求物质福利和幸福生活的要求是天然合理的，哪一种制度能够促进经济繁荣、生活提高、社会进步，就能够得到群众的支持和拥护。传统的社会主义经济体制（"封闭僵化模式"）在第二次世界大战后的经济竞赛中的表现明显地落后于经过调整的西方市场经济，这是一个不应讳言的历史事实。恢复和发扬社会主义制度的生机和活力的希望，寄托于改革的成功。如果不能做到这一点，恐怕很难赢得群众的支持。弄得不好，甚至有可能在不同制度之间的和平竞赛中败北。

十年改革取得了举世瞩目的成就，绝大多数人对此是充分肯定的。但由于改革遇到的种种阻力和障碍，也由于改革本身战略和策略上的一些缺陷，近几年我国经济出了比较大的毛病，使群众对改革的某些具体做法有所不满，而有些同志则对十一届三中全会以来，特别是十三大具体阐明的改革目标产生了怀疑。邓小平在1989年的政治风波以后多次重申"两三年之内不要争论"，虽然阻止了对十三大政治报告的直接批评，但是，在对经济理论界"自由化"倾向进行的批判中，多数同志曾经取得过共识的某些理论观点似乎又成了问题。有的报刊文章对社会主义经济是否应是商品经济这样一个根本性的理论命题略而不论，却把市场当作一种不得已而加以利用的异己力量来加以贬抑乃至申讨，认为市场作用的发挥会破坏经济的稳定性，引起"两极分化"，力图把它的活动范围缩小到无足轻重的地步。这不能不说是理论上的一种倒退。在改革的理论基础受到了怀疑的情况下，不管领导上在 1990 年以后怎样申言"政策不变"，广大干部、群众心中的疑虑也难以打消。

当前经济生活中出现的严重问题，是由许多复杂的因素造成的，不能简单地归结为"市场搞多了，计划搞少了"。国民经济比例失衡，产业结构恶化，并不是改革以后才出现的新问题，它在以前的传统体制下也屡屡出现过。其根本原因是：一方面在我国目前的发展阶段，提高增长速度，赶超先进国家，确有紧迫的必要性；另一方面，传统的社会主义经济体制比较适合于在粗放经济条件下动员资源，发展国家需要发展的产业，却很难提高经济效率，而在效率不可能有明显提高的情况下急于提高增长速度，就必然出现或大（如 1958 年的"大跃进"）或小（如 1956 年的冒进）的"折腾"。当然，近几年的改革本身也存在问题。正如许多分析所指出的，由于理论准备不足，这几年的改革在很大程度上又重蹈了前几十年改革中一再犯过的"行政性分权"的复辙，该下放的权力没有下放，不该分散的权力反而分散了。由于这种行政性的权力分割，不仅市场发育不起来，行政命令也往往失灵。同时，违反价值规律的计划指令和无规则的市场竞争"双轨并行"所导致的价格多重化，使流通领域的秩序一片混乱，腐败现象普遍滋生。上述问题的根源，不在于扩大了企业的自主权和市场的调节作用，恰恰相反，问题的症结在于：改革采取的是一种以"放权让利"为主线的战略，在削弱集中的行政协调的同时，国有企业的改造、国内统一市场的形成和竞争规则的建立方面却无所建树，结果形成了一种既无统一计划又无统一市场的混乱经济。进行治理整顿，应当对症下药，在集中宏观的总量管理权的同时，继续推进市场取向的改革，而不能头痛医脚，南其辕而北其辙。

一些同志对市场和计划的理解存在片面性。一讲市场，似乎政府就可以放手不管，企业、个人可以为所欲为。"市场"时髦的时候，不管什么领域，到处引入"市场机制"，学校、医院、政府、军队、公检法一律由"市场导向"。强调"计划"时，似乎又什么都要由政府说了算，商品由政府分配，价格由政府制定。开始治理整顿以来，一些同志则以为不管三七二十一，到处采取指令性计划管理，就可以加强国民经济的计划性。计划市场轮流坐庄，政策来回翻饼，不但不可能使我们的经济体制和经济工作有明显改善，而且会加重目前干部和群众中存在的混乱思想和消极情绪。在我们看来，所谓市场，是经济生活中客观存在的价值交换关系的总和，"哪里有社会分工和商品生产，哪里就有'市场'"[①]。所谓市场调节，就是承认企业的经营自主权，由它们在一定规则的约束下展开竞争，并以竞争中形成的价格为经济活动的基本参数。所谓计划指导，则是政府根据国民经济发展的客观要求，自觉利用手中掌握的经济、法律和行政手段，力求保持国民经济主要比例关系的协调，实现国民经济持续、稳定的发展。至于采用什么手段实现这种协调，是依靠行政命令（政府直接干预和指令性计划），还是依靠竞争性市场（各种经济参

---

① 列宁（1893）：《论所谓市场问题》，见《列宁全集》第1卷，北京：人民出版社，1955年，第83页。

数），则是另一个层次的问题。所以，计划同市场之间并不存在"太极图"式的黑白分明、此消彼长的关系。从这个意义上讲，十三大政治报告所说的"社会主义有计划商品经济的体制，应该是计划与市场内在统一的体制"，"计划和市场的作用范围都是覆盖全社会的"，"新的经济运行体制，总体上说来应当是'国家调节市场，市场引导企业'的机制"等论断，是不应否定的。

政府掌握的宏观调节手段不足，自觉保持经济的计划性就会是一句空话。前几年在这方面存在严重的缺点，所以在治理整顿过程中，中央要集中必要的决策权力。但这主要是就财政、信贷、外汇等宏观总量而言的。对于极少数关键性的资源，如重点投资、严重稀缺产品等，也可以适当采取行政手段来进行调节。但这绝不意味着可以普遍重搞指令性计划和实物分配，退回到老体制去。且不说根据历史经验，主要采取行政手段稳定经济和调整结构，其效力的持久性是很差的，在目前我国经济已经大大复杂化、非国有成分已占有很大比重、经济发展已经转入以内涵增长为主的情况下，连是否有可能在一段时间里使指令性计划重占主导地位，也是值得怀疑的。

从西方经济的发展过程看，"完全的"市场调节即使在自由资本主义时代也并不存在。政府在市场规则的形成和对市场运行的监督上一直是一个不可缺少的因素。所谓政府只起"守夜人"的作用，不过是十八九世纪资产阶级先驱者的一种幻想。进入 20 世纪以后，"原子式"市场的竞争不能适应现代产业的发展，对资本主义经济只会产生破坏作用的情况已经变得那样明显，因而政府不得不更多地负起责任来。这就是 1929 年大危机和凯恩斯政策出现的历史背景。西方国家并没有因为自称市场经济而拒绝政府的行政指导和政策干预。目前西方各国政府每年都要向国会提交几百页的预算报告，把一半左右的国民收入列入财政再分配计划。尽管 20 世纪 60 年代以后西方新自由主义经济思潮重新抬头，但无非是要对过于集中的"国营"经济搞一点"民营化"，削减一些不必要的干预，但绝不可能回到自由资本主义时代去。西方经济学者笔下的市场调节，并不是一点规则也不要的无政府状态。相形之下，一些理论家用来作为批判靶子的市场概念要极端得多，类似于资产阶级先驱者的幻想。特别值得我们注意的是，二战后由日本带头、在亚洲一些新兴工业经济（NIEs）中发展起来的"市场经济＋行政指导"的经济模式（"亚洲模式"），其计划性有时可以达到比传统社会主义经济更高的程度。所以，把任何市场经济都同生产无政府状态等同起来，是没有根据的。

在苏联、东欧发生剧变之后，一部分人产生消极悲观的情绪。其中一些人认为，社会主义经受不住"生产力标准"的检验，不如改弦易辙，走资本主义道路。另一些人则认为，在经济上同资本主义搞和平竞赛，是与龙王比宝的下策，难免失败，不如发挥无产阶级的"政治和组织优势"，背水一战，以决雄雌。这两种人相反相成，殊途同归，都反映了一种失败主义的绝望心理。实际上，因为传统社会主义经济体制的破产就匆忙作出社会主义在经济上肯定不行了的判断，是短见的。社会主义作为追求社会公正的一种人类理想，只要人间存在着苦难和不平，是会永存的。问题只在于寻求适合于实现这种理想的制度安排和政策规定。只要翻一下现代经济史就可以看到，1929 年大危机后资本主义遇到的困难要比目前社会主义遇到的困难大得多。当时整个资本主义世界出现了日薄西山、气息奄奄、人命危浅、朝不虑夕的末世景象。这种状况一直延续到二战后的时期，以致一系列新兴独立国家都宣言摒弃资本主义道路，选择社会主义方向。但是，西方政治家历来善于在不利的条件下作出某些妥协和改良，对自己的体制和政策进行了调整，其中甚至吸收了计划指导、福利保障、劳动者参与决策等原来被视为社会主义的洪水猛兽而列为禁忌的办法来缓和矛盾，弥补漏洞。靠着这种办法，资本主义居然带病延年，生存到今天，有时还表现出较传统模式下的社会主义经济更大的活力。社会主义作为一种体现了人类崇高理想的社会制度，是值得为它的健全与完善努力奋斗的。而且，它今日所表现出来的种种缺陷，并非其基本价值取向使然，而是由于它所采取的经济体制形式是缺乏效率的，因而不可能在经济繁荣的物质基础上实现社会主义思想家所允诺的福祉。只要冲决陈旧的意识形态的罗网，在亿万基本群众的支持下实现对传统社会主义经济体制的改革，建立起中共十二届三中全会所说的"生机盎然的社会主义经济体制"，克服暂时的困难，大踏步地推进现代化事业，还是大有希望的。

"行政再集权"还是"市场一体化"

1990 年夏季以来，计划和市场关系的问题再次引起人们的注意，是同近几年经济和政治发展有关的。

1988 年秋季，中共中央决定进行经济调整，治理经济环境，整顿经济秩序。依靠十年改革所激发出来的活力和强有力的行政手段，经过一年的努力，到 1989 年秋季，通货膨胀得到明显的缓解。但与此同时，又出现了市场疲软、生产能力闲置、企业收益下降、国家财政困难等问题。从 1989 年 10 月开始放松银根，力图"启动市场"。

在那以后的一年多时间里，银行大量注入贷款，但国营大中型企业仍然回升乏力，而通货膨胀的潜在压力却迅速积累。

面对这种情况，不少经济界人士纷纷努力探索，寻求一条走出当前困境的坦途。

从当时的经济和社会情况出发进行分析，大致上有三种可供选择的路子：① 在基本上维持现有经济体制和发展格局，只作某些小的修补和调整的条件下，主要靠不断调整宏观经济政策，保持经济社会的稳定和一定速度的增长。② 强化对资源的集中计划控制，主要采用行政手段整顿秩序、调整结构。③ 大力推进市场取向的改革，依靠市场竞争力量和依托于统一市场的宏观调控，促进企业潜力的发挥、整个国民经济效率的提高和国家财力的增强。各种解决办法在取向上的这种差别，在相当大的程度上是由人们对于计划与市场关系的不同认识产生的。

认为行政配置方式和市场配置方式可以平起平坐地"结合"的人们，大概会选择第一种路子。但是，理论的分析和实际经验都证明，社会的资源配置机制必须是一个有机的组织、一个控制论系统，把行政手段和市场机制板块拼合起来，只会造成大量漏洞和严重摩擦，是不可能长期维持的。现有的指令性计划和市场机制都不能有效地发挥作用的"双重体制"，是目前我国经济整体效益低下、经济秩序混乱和国营企业缺乏活力的深刻体制根源①，只要这种"体制失灵"的状况不作根本改变，就很难增强我国经济的活力并保证整个国民经济的持续、稳定、协调发展。因而许多经济学家在深入研究

---

① 参见笔者在《通货膨胀的诊断和治理》（《管理世界》，1989 年第 4 期）一文中对我国近年来经济困难的体制根源所作的分析。

了我国经济的现状后一致认为，这种思路是不足取的。

主张采取坚决措施改变目前状况的人们大体上都认为，"体制失灵"的原因在于：当前的体制既非集中计划经济，又非有计划的商品经济，是一种上述两种体制都不能有效发挥作用的混乱体制。可是怎么改，朝哪个方向改，却存在两种完全对立的想法。

一种是"行政集权解决法"。认为社会主义条件下社会资源配置应以指令性计划为主的同志们大都持有这种主张。他们认为，改革从一开始就有一个选择"计划取向"，还是选择"市场取向"的"取向问题"。由于当时错误地选择了市场取向，才造成了种种恶果。目前的种种混乱现象，正是政治经济学所说的"市场经济的竞争与无政府状态"的典型表现，是选择市场取向的必然结果。现在应当纠正这个错误。解决问题的办法是实行行政性的再集权，把主要企业、主要投资和主要物资掌握到中央部门手里来，由指令性计划调节；对企业的管理以"条条"为主；金融恢复到单一银行体系，强调专业银行的政策调节职能；等等。凭借这一套行政协调体系和严整的计划纪律，就可以有效地进行结构调整（资源再配置），提高经济效率。

从原则上说，行政集权解决法是可以在一段时间里恢复经济的稳定的。在我国的历史上也有过运用这套办法取得成功的先例。20世纪60年代初期调整国民经济就使用了这种办法。当时由于1958年的行政性分权（体制下放）和"大跃进"，国民经济陷于极端困难的境地。1960年提出"调整、巩固、充实、提高"的八字方针。1962年春季，作出了加强计划纪律和一系列行政性集权的决定，收回了下放给"块块"的企业，对金融、财政和统计实行"比1950年统一财经时管得更严更紧"的体制。在这套高度集中的体制建立起来以后，经济调整便雷厉风行、令行禁止地贯彻下去，只经过几个月的时间，就度过了 1962 年年初最困难的阶段。虽然没有根本解决问题，到 1970 年又因为"统得过多、管得过死"而不得不再次进行大的行政性分权"改革"，但至少在 1962—1965 年这一段时间内，保持了经济的稳定增长。

在这次调整中，不少同志赞成采取行政集权解决法。不过从 1989 年秋季以来，虽然尝试了多次，却没有取得预期的成果。有的同志认为，之所以未能取得成功，是由于部分人具有本位主义思想和缺乏全局观念，只要采取坚决的步骤，还是可以把过于分散的权力收回来，重振计划纲纪的。笔者则有不同看法，认为根本的问题不是实行行政性再集权在政治上是否可能，而在于这种资源配置方式在经济上是否可行。笔者认为，在我国目前的经济发展阶段上，回到集中计划体制可能性已经很小了。原因有二：一是 20 世纪 50 年代我国经济的集约化程度不高、结构比较简单，比较容易用行政的方法加以管理，而我国目前的经济，其复杂程度不要说比 50 年代，即便比 70 年代也高得不可比拟。在这种情况下，要用集中计划方法来进行调整（资源再配置），是根本做不到的。二是利益主体多元化也已经走得很远。在 20 世纪 50 年代中期，经历了"社会主义改造"和"大跃进"时期的"加快向共产主义过渡"，曾经用强制方法造成了某种利益主体单一化（国家化）的状态，基本上只存在一个半所有制（国有制和人民公社的准国有制）。如今我国有数千万独立经营的农户和数百万独立经营的非国有企业，居民的经济行为也大大朝向"消费主义"和商业化前进了。如此复杂多样、正在迅速变化的经济，根本无法用指令性计划体制或指令性计划为主的体制有效地加以管理；企图用命令—服从机制压制和取代利益动机，也是很难行得通的。

另一种主张是采取"**市场整合（一体化）解决法**"，即推进市场取向的改革（包括价格改革、企业改革、流通体制改革、财税改革、金融改革、外贸改革、社会保障体制改革等），把目前被切割得十分零碎、价格信号又严重扭曲的市场，比较快地整合为竞争性的国内大市场，在此基础上加强国家的宏观管理和行政指导，靠平等竞争来调动各方面的积极性，增强活力，改善结构，提高效率。

从解决资源有效配置问题的角度分析，采取这种办法是可以在一个不长的时期内见到成效的。但是目前对于采取这种解决办法，存在几方面的顾虑，或者说，有以下几种反对意见。

第一，政治方面的顾虑。

一些同志怀疑市场取向的改革是否能够同巩固公有制的大方向兼容。的确，市场的形成以利益主体的多元化，即独立商品经营者的存在为前提，因此，它同任何独家垄断的所有制形式不相容。但是，公有制并不注定要采取目前这种政府一元化管理的形式。笔者认为，把适应于社会化大生产的需要产生的法人组织形式（股份有限公司）移到公有制为主体的产权关系的基础上，就能创造社会主义大企业的崭新组织形式。把我国大中型国营企业改组为公有制法人（包括各种社团法人、金融机构、政府组织）持股为主、个人持股为辅的分散持股的股份公司，政企分开，所有权和经营权分开，是有可能在社会主义公有制的范围内做到的。这样做，增强了企业活力，提高了效率，也加强了社会主义经济的整体力量。

目前西方有些政治家利用社会主义国家近期遇到的挫折，正在宣传一种社会主义注定要失败的理论。这种理论的论据主要是两条：① 现代经济只有以竞争性市场为导向才能有效率。② 市场经济同西方民主、财产私有是"三位一体"的，三者全要或者三者全不要，二者只居其一。也就是说，如果要搞好经济，就必须全面否定社会主义；反之，要坚持社会主义，经济就不可能搞好。许多人反对这一结论，但是，他们反驳的角度有很大的不同。比较常见的一种是在上述两条论据中，肯定后者，否定前者。这就是说，承认市场经济的确同西方民主、财产私有不可分割，共同组成资本主义的社会体系，因此我们决不能走这条路。同时，认为社会主义经济不实行市场取向的改革，而以指令性计划为主，也完全能够搞好，因此应当三者全不要。这种说法不能不使人感到担心。因为几十年来一系列国家在保持指令性计划体制占支配地位的总框架下改善社会主义经济运行状况的努力，并没有一个取得成功。把对社会主义的信心建立在依靠命令经济体制改善经济的运行状况这个不牢靠的基础上，恐怕未必是明智的态度。在笔者看来，上述西方政治家的第一个论点，即只有在市场经济的条件下现代经济才能有效地运转，是并不错的。他们的失误在于，武断地认定市场经济只能存在于资本主义的社会框架下，而注定了不能与社会主义相结合。事实上，正如商品生产和商品交换可以存在于不同的社会中一样，市场经济也并不是资本主义的专有物，并不必然要以财产私有和西方民主为前提。市场经济是可以建立在实现形式经过改革的公共所有制的基础上和以社会主义民主制为政治外壳的。

第二，经济方面的顾虑。

其一，担心采用整合市场的解决办法，建立以市场调节为基础的资源配置机制，会损害我国经济发展的"计划性"，使它陷入混乱状态。

其实这种把经济的按比例发展同以市场机制为基础的资源配置

方式看成互相排斥的，把商品经济同无政府状态画等号等传统观念早就被事实否定了。我们已经分析过，从运行状态上说的"计划性"（自觉保持平衡），完全可以通过在市场配置的基础上加强国家的宏观管理和行政指导的办法来实现。第二次世界大战后，一系列国家在后一种体制的基础上实现了持续、稳定的高速度发展，就是对市场配置资源必然使经济陷于无政府状态的成见的最好回答。我国经济改革的目标，是建立"国家调节市场，市场引导企业"的商品经济即市场经济。这种经济肯定是能够持续、稳定、协调发展的。

其二，担心价值规律的作用将引起我国社会中贫富两极分化。其实，所谓价值规律，只是反映了商品经济中的等价交换行为，它本身并不能引起收入分配的两极化。收入分配的差别，首先取决于财产初始分配的差别。如果我们在改革的过程中能注意防止初始分配出现严重不公正的现象，这种差别就不会过大。同时，对于交易过程中出现的差别，国家还可以运用各种政策手段（如累进所得税、高额遗产税等），进行再分配调节。可见，在大力发展商品经济的同时，防止个人收入过分悬殊是完全有可能做到的。与此相反，对于货币经济过分的行政管制，倒是大量非生产性的"寻租收入"的真正基础。这是早已为我国"双重体制"下"寻租行为"猖獗、腐败蔓延的事实无可辩驳地证实了的。①

其三，同上面两种有原则的不同，它并不认为推进市场取向的

---

① 东欧一些国家和我国的经验都证明，在有严重行政干预的货币经济或 J. 科尔奈所说的 IB 模式（间接行政协调模式）下，最容易出现"分配不公"和腐败行为。请参阅吴敬琏：《"寻租"理论与我国经济中的某些消极现象》[《经济社会体制比较》编辑部编（1989）：《腐败：货币与权力的交换》，北京：中国展望出版社，1989年，第1—5页，以及同书中的其他论文]。

改革有什么原则性的错误，而只是觉得目标虽好，但很难实现。这种疑虑是有一定道理的。由于从以行政协调为主的经济向以市场协调为主的经济的平稳过渡，不但需要有良好的经济环境（总供给同总需求的对比越是宽松，过渡的震动也越小），而且取决于企业主体和市场体系的发育程度。因此，在这一类过渡过程中，"长期稳定论"（日本二战后初期）或渐进过渡论（东欧 20 世纪 50 年代以来的改革）往往容易得到多数人的支持。如果条件允许从容地过渡，假以时日当然并无坏处。问题在于，进行改革的社会主义国家通常都面临由旧体制造成的恶劣经济环境。这种恶劣的经济环境，只能靠建立新经济体制来加以根治，而不可能有别的出路。因此，经济体制越是失效，经济环境越差，就越有必要加快改革的进程，否则经济情况会愈拖愈糟，终至陷于恶性循环而不能自拔。相反，倒是在创设必要条件的前提下加速过渡，却相对地比较容易取得成功。如果久拖不决，恐怕倒反不能避免被迫进行"休克治疗"（shock therapy）的痛苦和牺牲。

回头来看中国，在多种经济成分并存、非国有成分放得比较活的情况下，想用强化指令性计划的办法来抑制富有生机和活力的非国有成分，人为加强国有经济，恐怕难免落空。十二年来，全民所有制企业在工业总产值中所占的比重每年下降 2 个百分点。1990年国营工业同非国营工业产值的对比，已从改革初期的 78∶22 降为54∶46。1989 年以后对国营企业采取信贷等方面的"倾斜政策"加以扶持，大量贷款"启动"，但经营绩效并无明显起色。后来又企图用"加强行业管理"等办法进行整顿，也终因机制凿枘而心劳日拙。国营企业在传统体制下日益相对萎缩的事实说明，固守传统体制绝非出路。从总体上说，国有企业在技术力量、装备、经营者的素质方面比乡镇企业、个体企业等要强得多，问题在于机制缺陷。我们应当确信，搞好了改革，它们是能够在国内外市场的竞争的压力下不断增强活力，并带动整个国民经济腾飞的。但是，如果继续坚持传统的公有制形式，并且用指令性计划或变相计划把这些国营企业捆得紧紧的，那么，作为国家经济骨干力量的大、中型企业却相对萎缩下去。说这是在加强社会主义经济，岂不是有自欺欺人的味道？

同时，在公共经济部门效率很低、浪费很大的条件下，经济增长在很大程度上是靠大量贷款支撑的。大量地贷款而没有造成严重的物价上涨，又是靠居民储蓄实现信用回笼。1989年居民储蓄存款余额增加1300亿元，1990年增加1900亿元。贷款是国家资产付出，其中一部分由于变成呆账、烂账而不再流回；而储蓄存款则同钞票发行一样，是国家的负债。这样一出一进，资产变成了负债。目前国家的负债同国有资产总额大体相当，如果上面所说的趋势继续发展下去，国家负债将很快超过国有资产。所以，想用强化对公有经济的指令性计划控制加"输血""启动"的办法去巩固公有经济，结果会适得其反。所以，这种办法并不那么可取。

另外，大步推进市场取向改革的条件，似乎也并不像人们想象的那样坏。首先，经过从1988年9月—1989年9月一年的经济环境的治理，物价涨势迅速回落，甚至出现了所谓"市场疲软"的现象，这就给了大步推进改革以十分难得、稍纵即逝的机会。与此同时，对于十年改革中我国企业家素质以及竞争意识、盈利意识等的提高也不能估计过低。经过十年改革，目前在我国已经涌现出许多具有管理才能和企业家精神的专业人才。只要建立起竞争性的市场和贯彻执行十二届三中全会关于政企职责分开的决定，取消行政机关对企业的微观干预，大批社会主义的企业家就会脱颖而出，在竞争的舞台上大显身手。此外，虽然我国国内市场还被条块行政系统切割得相当零碎，市场信号也因行政定价制度在相当大的范围内保留和多种行政干预而严重扭曲，但是市场因素已在命令经济的漏洞和缝隙中蓬勃成长，在沿海地带还形成了大面积的以市场经济为主的地区，这也是不可否认的事实。特别是在一些改革开放进展得比较快、受行政指令约束较小的地区和部门，市场因素的成长势头强劲，它们近年来在经济调整中的优异表现，有力地说明了市场力量作用的发挥对于稳定局势和繁荣经济的重大意义。

当然，实行"市场整合解决法"也有不少的困难需要切实地加以解决。例如，通过所谓"衰退的优化效应"奖优汰劣，迫使病态企业关、停、并、转，会伴生短期失业现象。对这种负效应的控制和救助，需要作专门的研究。其中商业组织的发展和社会保障体系的建立，也是一项十分繁重的工作。但是应当相信，这些问题是可以解决的，大步改革必然带来的风险，也是可以控制在人民能够承受的范围之内的。

总之，理论推导和国际经验都证明，以市场配置为基础的商品经济运行方式是唯一适合于社会化大生产、能够保证有效率的成长的经济体制。因而它的确立，是不可逆转的历史趋势。1978 年 12 月中共十一届三中全会以来，我国经济体制改革的长足进步，不仅使我国经济建设取得了举世瞩目的成果，而且使我们对于社会主义经济运行机制有了比较透彻的认识。正如笔者在 1991 年说过的："**我国的经济体制已经越过了通向商品经济道路上的临界点，不可能再退回到旧体制去了。**"①因此，建立市场经济体制的目标是或迟或早一

---

① 吴敬琏（1991）：《论作为资源配置方式的计划与市场》，《中国社会科学》，1991 年第 6 期。

定会**实现的，问题只在于通过什么方式去实现**。如果党和政府按照十一届三中全会以来的路线，动员全社会的力量，有组织地推进改革，这一目标就能够比较快地得到实现，而且社会震动比较小，成本比较低。这是最为理想的。如果不是这样，道路就会更为曲折，党和人民都会付出沉重的代价。显然，我们应当力争走行程更短、代价最小的路，以造福于我国人民。

"左"是主要危险

实践出真知，改革开放的伟大实践推动了理论的发展。这些年来，我们根据改革开放的实践经验，突破了因袭多年的陈腐教条的束缚，勇敢地进行了马克思主义的理论创新，为发展社会主义学说作出了贡献。

但是，改革开放路线的贯彻并不是一帆风顺、没有曲折和反复的。恰恰相反，回顾历史，它的每一步前进都是克服各种干扰和阻力，不断对既有观念推陈出新的结果。对于这条路线的干扰来自"左"和右两个方面。正像中共十三大政治报告所指出的，"**由于'左'的积习很深，由于改革开放的阻力主要来自这种积习，所以从总体上说，克服僵化思想是相当长时期的主要任务**"。来自"左"的干扰，主要表现为固守已经被实践证明为过时的教条，反对马克思主义的理论创新，反对对传统的僵化体制实行根本性的变革。

由于没有掌握实事求是这一马克思主义的精髓，或者由于别的原因，人民群众中有些人对于我们在改革开放的实践中发展起来的社会主义的新观念和新认识不很理解，有所保留，甚至持反对态度，都是正常的；任何时候都应当允许对有关的理论和政策问题进行自由而切实的讨论，而不能采取简单粗暴的办法去解决。问题在于，有些掌握着党和人民给予的权力的人，不去宣传党的路线和改革开放政策，相反，却利用手中的权力，拿大帽子吓人，压制不同意见，强制推行同党的改革开放路线相对立的理论观点和政策主张。十一届三中全会以来，这种抵制、反对改革开放的回潮已经发生过多次。每一次回潮，都在一定程度上造成改革开放在某些领域中的停顿乃至倒退。

在最近的这次回潮中，有些理论家、政治家打着"反对和平演变"的旗号，对过去十几年的改革开放理论和政策发动了全面的批判。有的报刊充斥着这样的论调，说什么中共十二届三中全会到十三届四中全会期间的改革是被资产阶级经济学理论所"误导"了，迷信市场力量，招致了重大损失；一批报刊发动了对某些阐述改革开放路线和实际措施的文章的围剿，说是在改革开放中遇事都得"问它'姓社'还是'姓资'"，任何资本主义经济中的东西（哪怕是保税区这样的具体做法）都不能拿过来用，否则就是"改掉社会主义而走资本主义道路"；还有些文章公然反复申论，因为前一段时间"有人"主张"改革的手段可以不问姓'社'姓'资'"，"确实把改革开放引向了资本主义化的邪路"①！

他们把批判的矛头，特别指向改革开放路线的理论基础：关于

---

① 参见：流波：《改革开放可以不问姓"社"姓"资"吗？》，《当代思潮》，1991年第2期；秦思：《问一问"姓社还是姓资"》，《高校理论战线》，1991年第3期；吴建国：《关于当前改革问题之我见》，《真理的追求》，1991年第8期；郭清：《沿着社会主义方向继续推进改革开放》，《求是》，1991年第16期；等等。

社会主义商品经济的理论。我们知道，在国际共产主义运动中，曾经有过一个根深蒂固的观点，即社会主义公有制同商品经济（市场经济）不能兼容。只是在后来，当第二次世界大战后社会主义各国经济发展出现了停滞、在同资本主义的和平竞赛中遭到了挫折时，越来越多的人才认识到，集中计划经济这种排斥商品货币关系和市场调节作用的资源配置方式存在着根本性质的缺陷，不可能有效率（包括静态效率和动态效率）地配置资源。为使社会主义经济能够有效率地运转，必须对建立在所谓"产品经济"基础上的集中计划体制进行改革。但是囿于社会主义公有制同商品货币关系不能兼容的成见，许多社会主义国家的改革只是在原有的命令经济框架内局部引入市场机制的作用，而因为仍然把商品货币关系看成一种社会主义不得不加以利用的异己力量，所以就未能对经济体制进行根本性的变革。中国的马克思主义者在邓小平同志的倡导下突破了这种相沿成习的思维定势。1984 年中国共产党十二届三中全会《中共中央关于经济体制改革的决定》明确指出，必须改变集中计划经济这种"僵化模式"，"要突破把计划经济同商品经济对立起来的传统观念，明确认识社会主义计划经济必须自觉依据和运用价值规律，是在公有制基础上的有计划的商品经济"。这样，就从根本上否定了传统社会主义经济理论把商品货币关系看成异己力量的错误论断，作出了对社会主义经济体制的基本选择，真正实现了列宁在逝世前提到过的"对社会主义的整个看法"的"根本改变"。① 正是这一对社会主义的观念的根本改变，才为我国的社会主义事业开辟了崭新的

----

① 列宁（1923）：《论合作制》，见《列宁选集》第 4 卷，北京：人民出版社，1960 年，第 687 页。

境界。因此，这是一个马克思主义的历史性文件。正如邓小平同志所说，这"是有历史意义的一个文件"；"这次的文件好，解释了什么是社会主义"；"不是说四个坚持吗？这是真正坚持社会主义，否则是'四人帮'的'宁要社会主义的草，不要资本主义的苗'"。邓小平同志还明确地指出："计划经济不等于社会主义，资本主义有计划；市场经济不等于资本主义，社会主义有市场。"社会主义可以而且必须建立在商品（市场）经济的基础上，这无疑是对于马克思主义政治经济学和社会主义理论的具有世界历史意义的发展。

这就难怪为什么某些理论家、政治家集中批评了社会主义可以和商品货币关系兼容、必须发展社会主义商品（市场）经济的理论和政策。1982—1983 年，他们发动了对"商品经济论"和"有计划商品经济论"等"错误观点"的批评①，说是"社会主义经济只能是计划经济"，"指令性计划是计划经济的基本标志"、是"社会主义全民所有制的重要体现"；如果"把我们的经济概括为商品经济……就势必模糊有计划发展的社会主义经济和无政府状态的资本主义经济之间的界限，模糊社会主义经济和资本主义经济的本质区别"；"至于'有计划的商品经济'，落脚点仍然是商品经济，计划经济被抽掉了。计划经济既然已不复存在，'有计划'又是从何而来呢？"②

---

① 红旗出版社编辑部：《计划经济与市场调节文集（第一辑）·前言》，北京：红旗出版社，1982 年。

② 邓力群（1982）：《马克思再生产理论的基本原理必须坚持》第二节《正确处理计划经济和市场调节之间的关系》，《经济学周报》，1982 年 2 月 22 日；有林（1982）：《计划经济是社会主义经济的一个基本特征》，《红旗》，1982 年第 20 期；林涧清、袁木、王忍之等：《致胡乔木同志》（1982 年 8 月 25 日），打印传达稿；李震中（1981）：《也谈计划和市场问题》，《光明日报》，1981 年 12 月 26 日；等等。

1990—1991 年，他们又重弹把计划经济同商品经济对立起来的老调，只不过在变化了的情况下，把"商品"换成了"市场"二字。他们顽固地宣传"市场经济等于资本主义"的主张，断言"市场取向等于资本主义取向"。例如，有的"理论权威"声言："搞资产阶级自由化的人"所要的"经济体制'改革'，说到底：一个是取消公有制为主体，实现私有化；一个是取消计划经济，实现市场化"。[①]"市场经济，就是取消公有制，就是说，要否定共产党的领导，否定社会主义制度，搞资本主义。"[②] 由此，他们宣称"在计划和市场的关系上，是坚持计划经济与市场调节相结合，还是走市场经济的道路，这就是姓社姓资的问题"；同时把改革开放中采用适合于社会化大生产要求的市场经济的通行做法说成是"推行资本主义的改革观"，"实质上是'改道'观、'改向'观"[③]，力求堵塞进一步改革开放的道路。

由于社会主义商品经济理论是我国改革开放政策的理论基础，针对这一理论和有关政策进行有组织、有领导的大规模批判，不能不在干部和群众中引起极大的混乱，使他们无所适从。在这种情况下，不下大力气澄清某些人造成的混乱、清理思想、端正路线，改革开放就不可能真正加快。

"善未易察，理未易明"，我们对改革的实质和内容的认识，是逐步深化的。

---

① 王忍之（1990）：《关于反对资产阶级自由化》，《求是》，1990 年第 4 期。

② 高狄（1990）：《社会主义必定代替资本主义（摘要）》，《人民日报》，1990 年 12 月 17 日。

③ 参见陈仲华：《重提"姓社"与"姓资"》，《真理的追求》，1991 年第 7 期；张勤德：《关于树立社会主义改革观的七个问题》，人民日报《理论参考》试刊，第 5 期（1991 年 12 月 10 日）。

　　在经历几十年社会主义经济的曲折发展，特别是"文化大革命"的大灾难以后，越来越多的人感觉到，传统的集中计划经济体制存在诸多弊端，需要加以改革。然而在开始时期，对传统体制弊端的认识是肤浅的、表面的，只是觉得在这种体制下，权力过分集中，束缚了地方、企业和劳动群众的手脚，损害了他们的积极性，却没有认识到，权力高度集中是用行政手段配置资源（命令经济）的必要特征。如果不根本改革这种已经严重束缚了生产力发展的资源配置方式，只是在命令经济的体制框架内修修补补，"放权让利"，增加一点物质刺激的内容，是无法形成一套能够有效配置资源的经济体制，从而使整个经济持续、稳定、协调地发展的；如果实行所谓"行政性分权"的方针，像有的国家那样采取所谓"多中心的国家主义"或"分权式的行政社会主义"模式，则会造成更大的混乱，甚至导致割据和分裂。社会主义经济改革的实质只能是改变配置资源的方式，由传统的集中计划经济向商品经济（市场经济）转变，只有朝向这一目标的制度安排和运行规则上的变化才称得上是改革。这一点是越来越清楚了。十二届三中全会《中共中央关于经济体制改革的决定》以建立社会主义商品经济为改革目标，其重大意义正在于此。正是循着这条思路，中共中央的这个决定把市场体制的以下两个主要内容作为我国经济改革的主攻方向："增强企业活力是经济体制改革的中心环节"；"价格体系的改革是整个经济体制改革成败的关键"。1985年党的全国代表会议根据这一基本思想，对改革工作提出了具体的要求。党的代表会议通过的《中共中央关于制定国民经济和社会发展第七个五年计划的建议》指出，社会主义经济的新体制包括独立自主、自负盈亏的企业，竞争性的市场体系和以间接调控（即通过市场中介的调控）为主的宏观调节体系三个互相联系的方面。1987 年十三大政治报告进一步指出，上述三个方面的相互关系："总体上来说应是'国家调节市场，市场引导企业'的机制。国家运用经济手段、法律手段和必要的行政手段，调节市场供求关系，创造适宜的经济和社会环境，以此引导企业正确地进行经营决策。"

经济改革的工作千头万绪，经济体制中需要作出变革的方面和环节难以尽数。如果不了解改革的实质内容、不掌握改革的基本方向，各种具体的改革措施就会变成一些头痛医头、脚痛医脚的权宜之计的偶然堆积，零敲碎打，形不成商品经济的体系，自然也收不到预期的效果。弄得不好，它们之间还会互相牵制，互相抵消，导致新的混乱。

在过去，由于长期僵化思想的影响，不少人对市场力量怀有敌意或恐惧情绪。只是经过十多年改革的实践，人们逐步改变了看法，开始懂得，市场经济是一种适合于社会化大生产的经济运行方式，有利于经济的繁荣、人民生活的提高和社会主义的巩固。但是应当清醒地估计到，在我们的队伍里，真正认识了改革的实质，懂得一切改革都要以发展商品经济为取向、能够自觉地把握各项具体的改革措施同改革的总目标之间关系的人并不是很多的。特别是在近年来"左"的思想的回潮中，某些理论家在宣传他们那一套反对改革的观点时，往往玩弄接过改革的口号然后篡改其内容的花招。他们的做法是，首先宣称"要不要改革"的问题早已解决，在中国根本不存在反对改革的"左"倾僵化思想，人人（包括他们自己）都是"拥护改革"的；接下来，再在"改革沿着什么方向进行"上做文章，重新把僵化体制的旧酒装到"改革"的新瓶中去。有的人甚至直截了当地把开倒车说成是"改革"。在 1988—1989 年调整国民经济、治理经济环境的第一阶段，采用某些行政手段来加强总量控制是必要的。但是，这样做的目的是造成进一步改革的良好经济环境，这种局部的、暂时的"收"，并不是我们的目的，而只是为进一步"放开"做准备。但是有些人却把上收权力、加强行政控制、扩大指令性计划的范围也说成是改革。于是，把计划改革的内容规定为增加指令性指标，把物资管理改革的内容规定为扩大物资调拨范围，价格双轨制要向计划价格并轨，组织企业集团要以行政性公司为样板等说法和做法一时间广为流传。这种混淆视听的做法，产生了引喻失义、数典忘祖的效应，把改革的概念完全弄乱了。

对这种做法的危害必须有充分的认识。不要以为现在一些人已经收起了大帽子和文明棍，"咸与维新"，过去的那些奇谈怪论也就已不再存在了。事实上，上述错误的宣传将会长期起作用，并对改革开放的切实推进起消极的影响。

此外，从最近关于"企业经营机制转变"的讨论和实施情况看，由于长时期命令经济思想的影响，用旧眼光去对待和处理新事物，从而本末倒置或者目标迷失的现象可能还会长期存在。1991年夏季，在总结前一段"搞活大中型国营企业"的经验时，许多经济学家形成了一个共同的概念：依靠加强行政领导和行业管理、放贷启动、减税让利等办法，是不能"搞活大中型国营企业"的，因而提出了要从转变机制上找出路的思想。他们所说的机制转变，乃是对整个经济体制或运行机制进行根本改革的同义语。因此，所谓转换经济机制也就是改变整个经济系统的运行方式，从命令经济转变为市场经济的新经济系统。所谓"企业经营机制"，也就是企业作为社会经济系统的一个细胞在同外部环境的能量交换过程中实现生产和创新功能的过程。没有自主经营、自负盈亏的企业和竞争性的市场体系的建立，就不可能有"企业经营机制"的转变。可是，虽然人们接受了"机制转换"或"企业经营机制转变"这种提法，但许多人并不清楚"转变机制"的实质内容，于是曾几何时，"转变经济机制"变成了"企业内部经营机制"，而且"企业内部经营机制"又被分解为"工资机制""奖金机制""社会保障机制""技术进步机制"等十几种、几十种"机制"，最后落到"砸三铁（铁工资、铁饭碗、铁交椅）"上，"机制"一词也许已经变成单项措施、手段和具体办法的代用语了。事实上，单靠"企业内部机制"的改变，而没有整个经济系统的变革，企业经营行为是不可能发生根本改变的。因此，类似的"转变"往往经过一番热闹之后，又重新回到原样。

为了改变这种状况，就需要开展广泛的马克思主义的改革开放理论教育，努力增强干部特别是领导干部执行党的路线和方针政策的自觉性。

第二篇　市场取向改革的战略选择

经济改革的全面性和复杂性，决定了在推进市场取向的改革时必须采取正确的战略和策略，才能保证改革的航船沿着正确的航道前进，克服艰难险阻，尽快地到达目的地。

自从 20 世纪 50 年代以来，一系列原来的社会主义集中计划经济进入经济体制改革的行列。但是，绝大多数国家的改革鲜有成效。而且，到 20 世纪 80 年代，改革中的国家纷纷陷入持续通货膨胀乃至经济衰退与通胀交错并存的困境。终于导致 20 世纪 80 年代末 90 年代初的剧烈变化。我国从 20 世纪 50 年代中后期开始的经济体制改革，也是屡踬屡起，经历过种种曲折。但是我国的改革同东欧国家和苏联的情况不同，虽经磨难，总算闯出了一条路子；而且在整个改革过程中，从总体来说，保持了国民经济的繁荣。其中的经验和教训，很值得加以总结。

中国改革过程有别于苏联、东欧的一个特点，是改革由农业和其他非国有部门起步，到 20 世纪 80 年代中期，非国有部门在全部国民生产总值中所占比重已经达到一半左右。非国有部门的生产和流通，大体上是由市场导向的。这样，市场要素就在我国城乡经济中蓬勃地生长起来了。繁荣的市场经济支持了整个改革的进程，使经济波动易于恢复稳定，避免了出现苏联、东欧那样的严重危机。国际上有些论者把中国改革的这种特点，归结为"渐进改革"（Gradualism），而与苏联、东欧近年来向市场经济过渡所采取的"大爆炸"（Big Bang）方式相对立。

笔者认为，这一对比是不完全确切的。所谓"大爆炸"，并不是改革开始时苏联、东欧国家领导所选定的战略。恰恰相反，它正是在此前数十年由于不改革或由于"渐进改革"而使有关国家经济陷于不治之症时下的一剂"猛药"。这剂"猛药"是否对症固然可以讨论，但以它来同中国的经济改革战略相类比，似乎是并不适当的。

如果说到中国非国有部门成功的改革，恐怕很难用"渐进"二字来概括。例如，在农村，直到 1980 年 9 月，才正式改变过去的态度，在文件中明确规定"在那些边远山区和贫困落后的地区"，"群众对集体丧失信心，因而要求包产到户的，应当支持群众的要求，可以包产到户，也可以包干到户"。[①] 仅仅过了两年，实行农户家庭承包的生产队已占全国生产队总数的 86.7%。1983 年年初，进一步达到全国生产队总数的 93%，其中绝大多数是包干到户。

至于国有部门采取零敲碎打的"渐进改革"战略所造成的后果如何，在我国经济界似乎是没有争议的。因此 1986 年以来，不断地提出了加快国有部门改革的要求。

---

① 中共中央：《关于进一步加强和完善农业生产责任制的几个问题》（1980 年 9 月）。

第六章　改革时序安排的难点和选择

除旧布新的整体性要求

经济体制是作为一个整体发挥作用的。经济体制改革也就是从一种经济系统到另一种经济系统的整体跃迁。任何一种现代经济体制都是结构复杂的巨系统。这些巨系统依靠自己的各个组成部分之间互相配合的活动来完成有效配置资源的经济功能。这种各组成部分间主动关系的总和，称为经济机制。所以，经济改革也就是从一种经济机制到另一种经济机制的革命性转换。

"经济机制"这个过去比较生僻的词语，是近几年逐渐流行起来的。当经济体制改革从农村到城市逐步展开，人们在议论、构思和实际建立新经济体制的过程中，越来越觉得机制这个概念的运用必不可少。

说"机制"是一个"新词"，有对的方面，也有不对的方面。早就有人考证过，"机制"（mechanism）这个词来源于古希腊文的mechane，原意为工具、机械，即人们为达到一定的目的而设计的装置。它最先在工程学中使用，指的是工具或机器的构造方式和工作原理，比如石炮、弓弩的发射机制等。自从 18 世纪唯物论者的"人是机器"的观念流行开以来，这个词被运用到生理学和医学中，用以表示生物机体的各种组织和器官如何有机地结合在一起，通过它们各自的变化和它们之间的相互作用，产生特定的机能。经济学从工程学和生理学借用这个概念，还是近代的事情，无非用以说明经济系统像一部大机器或者一个生物机体那样，通过它的各个具有不同功能的组成部分相互衔接的作用实现其总体功能。然而，马克思主义的政治经济学对于"机制"这个概念并不是完全陌生的。在《资本论》这部经典著作里，就多次出现过这个词语。一位苏联科学院院士还指出，"机制"一词在马克思的著作里出现过不下20次。只不过在马克思著作的中文译本里，它往往被译为"机构"，因而没有引起人们的充分注意。

不过话还得说回来，"机制"这个概念在研究社会主义经济时越来越多地被使用，的确是一种新发展。这种发展主要同以下两个因素有关：

第一，随着社会生产力的发展，社会经济体系的各个组成部分之间的分工日益深化和协作关系日益密切，国民经济越来越成为一个高度复杂又高度一体化的巨系统，对于这个巨系统的构成方式和运行原理的研究，也就越来越受到人们的重视。

"机制"这个术语本身就有体系、过程的含义。从经济史和科学史的考察可以看到，经济机制观念和系统观念二者都是近代工业的产物，它们是随着现代经济的发展而发展的。在人类社会经济发展的较低阶段上，经济系统的结构简单，经济过程也不复杂。特别是在封建、半封建的自然经济中，国民经济并不是具有不同功能的单元和部门的有机组合，而是若干具有大体相同的功能、各自实行自给自足的小农庄的简单叠加；像马克思所形容的，它"是由一些同名数相加形成的，好像一袋马铃薯是由袋中的一个个马铃薯所集成的那样"①，因而不能形成一个有机的体系。同时，各个庄园之间的横向联系不密切，国民经济的整体功能也不是通过它们之间的相互作用和协同动作才得以发挥的，因此，机制的概念就很少运用到经济分析特别是宏观经济分析中来。在近代工业逐步发展起来以后，情况就发生了变化。现代社会经济活动日益复杂化，经济内部存在广泛的分工协作，各经济单位和部门之间的联系大大加强，整个国民经济日益成为具有整体性的复杂系统。生产任务的完成，社会经济的发展，既不是哪一个组成单元所能单独完成的，也不是各个单元平行作业所能实现的，而是整个系统协同起作用的结果。社会主义建设初期，各国经济结构都比较简单，所需处理的问题牵涉面也不很广。后来，经济系统变得越来越复杂，一个问题的解决常常"牵一发而动全身"，经济系统和经济机制的研究就显得日益重要。正是这一切，使20世纪60年代以来苏联、东欧和其他社会主义国家的经济学论著越来越多地使用"经济机制"这个术语。

第二，随着传统社会主义经济模式的统治地位的动摇，市场经济活动的各种经济参数和各种经济杠杆的作用愈益重要，这些参数的决定和作用过程以及这些杠杆之间交互作用的机制也越来越受到人们的重视。

在传统模式下，社会经济活动，从宏观经济活动到微观经济活动都是按照类似于自然经济的原则，由各级行政机关用指令进行指挥的，市场规律对企业微观决策不起调节作用。货币在很大程度上只是实物分配的消极反映，而不是决定企业行为的参数。从表面上

---

① 马克思（1852）：《路易·波拿巴的雾月十八日》，见《马克思恩格斯选集》第1卷，北京：人民出版社，1972年，第693页。

看，这样就形成一种幻觉，以为作为客观现实的主观反映的预定计划和作为计划体现的行政指令在社会经济活动中起着决定性的作用，而客观经济机制却显得不那么重要。这是在相当长的时期中经济机制在社会主义政治经济学中没有受到应有的重视、唯意志论的观点却相当流行的一个客观基础。在这样的环境下，人们很容易把领导机关、行政首长的指令同客观经济规律混为一谈，以为只要发出了号召，提出了必须完成的指标、必须达到的要求、必须遵守的规范，一切就会按照领导机关的意图实现。结果经常并不尽如人意。事实上，当客观上并不存在使这些要求实现的经济机制，或者客观经济机制的作用方向与领导机关的预期目标背道而驰时，这些主观要求难免落空。例如，在旧体制下，领导机关也曾再三再四地号召进行集约生产和提高经济效益，但是在这种模式下，存在的是与之相反的、促使企业进行粗放经营和外延扩张的经济机制，因此，这类号召往往收效甚微。这种情况的反复出现使人们逐渐认识到，为了改善企业和劳动者个人的行为，重要的不是向人们提出"应当如何"的要求，而是改革经济管理体制，建立能够促使人们活动符合于这种要求的经济机制。

如前所述，社会主义各国对于传统模式的改革采取了不尽相同的形式。但是总的方向不外是扩大市场对于企业决策的调节作用。所谓市场调节，不像上级对具体经济活动下达指令、下级单位负责执行的直接行政控制那样直截了当和简单明了，而是商品生产者根据市场价格信号调整自己的行为以适应市场上的供应和需求状况的整个过程。首先，引导商品生产者作出决策的价格信号，是根据市场上的供求对比形成的，能够反映各种资源的相对稀缺程度。各个商品生产者根据自身的成本效益分析，在价格参数的引导下作出自己的投入决策和产出决策。至于现代市场经济中有调节的市场机制，情形就更为复杂。在这里，政府在所谓"市场失灵"的场合运用各种经济杠杆积极参与市场参数的形成，使企业的微观决策符合社会目标和国民经济持续、稳定、协调发展的要求。正是在这个意义上，我们可以把经济体制改革的内容概括为建立一套新的、有宏观管理和计划指导的市场经济，用以代替旧的、以上级对下级的行政命令和下级对上级的行政责任为特征的经济机制。所以有的社会主义国家把经济改革中建立的体制称为"新经济机制"。为了搞好经济体制改革，人们重视经济系统和经济机制的研究，也就成为一件理所当然的事情。

研究和设计能够有效运行的经济机制，不仅是一个重大的理论问题，而且是一个重大的现实问题。

对于改革我国旧的经济体制的必要性，人们早在第一个五年计划后期就已经有所认识。但是在 1978 年党的十一届三中全会以前，经济体制改革始终没有走上正轨。以往的改革往往是零敲碎打、就事论事，着重于单项的、局部的措施，忽视了改革的整体性和系统性，因而未能形成有利于实现社会主义经济目标的成套经济机制。在某些时候，把改革工作的重点放在"体制下放"上，把绝大多数原来由中央管理的企业层层下放给地方政府管辖，以为这样便可以使决策接近基层，使企业有更多的可能发挥的积极性和创造性。殊不知企业隶属关系的改变并不意味着建立了一套使企业能够而且必须经常改善经营管理以适应社会需要的机制，相反地，却因破坏了命令经济机制的逻辑一贯性而遭致混乱。企业下放以后，经济管理和经济效益改善不多，而国民经济平衡和产供销协调反倒因为加剧了条块分割受到损害，因而走马灯似的"放"了"收"，"收"了"放"，几乎成了 20 世纪六七十年代体制变化的常规。在另外一些时候，强调的是强化对企业和职工的物质刺激，为此，建立了利润留成等制度以便奖勤罚懒、奖优罚劣。然而，由于改革单项突进而没有相应的价格、税收、金融等方面改革作为配合，正确衡量企业经营优劣从而进行奖惩的一整套机制并未形成，企业盈利多少、收入高低往往与它们的经营状况脱节，而是在很大程度上受某些与企业经营努力无关的外部因素的影响，于是又出现了"苦乐不均""鞭打快牛"等弊端，使奖勤罚懒、奖优罚劣的预定目标不能实现。

中共十一届三中全会以前二十余年各种改革试验的教训和中共十一届三中全会以来改革试点的经验使我们认识到，经济体制改革是一项巨大的系统工程，它不是靠实行某些单项措施、进行某些局部的改变所能奏效的；要使改革取得成功，必须对经济系统的各主要环节全面地采取行动，以便形成一整套为增强社会主义经济活力所必需的经济机制。十二届三中全会《中共中央关于经济体制改革的决定》为这一改革的目标勾画了轮廓。它指出，社会主义经济是建立在公有制基础上的有计划商品经济。为建立商品经济体制，最重要的改革有两个方面：① 实现政企职责分离，使企业成为自主经营、自负盈亏的独立商品经营者；② 实现价格改革，使价格灵活地反映市场供求。至于计划，则应当是"粗线条的和有弹性的"。十二届三中全会的这些论述，既是对适合我国国情的经济体制的基本特征所作的科学规定，又是为更具体地设计改革蓝图确定的基本原则。正如前面已经指出的，所谓"商品经济"是一个由众多既互相分离又密切联系的商品生产者组成的社会体系，靠一整套市场机制运转。至于"有计划的商品经济"则更是由经济的动力机、工作机、调节器等多种杠杆和齿轮有机结合成的复杂整体，通过它的组成部件之间的相互作用和协同工作，这部大机器既能发挥市场机制促进合理经营的机能，又能通过社会的宏观管理和调节克服市场失灵，实现社会资源的合理配置和国民经济的稳定增长。

十二届三中全会以后，在进行全面改革、建立市场经济体制方面取得了大量经验。这使我们对新的经济体制下经济机制如何起作用的机理认识得更加深刻，因此，新体制的蓝图也变得越来越具体和清晰。经验告诉我们，要使市场机制有效地运行，新的经济管理体制至少要包括这样三个相互联系的基本环节：① **自主经营、自负盈亏的企业**；② **竞争性的市场体系**；③ **以间接调节为主的宏观调控体系**。1985 年党的全国代表会议《中共中央关于制定国民经济和社会发展第七个五年计划的建议》对此作出了决定，指出改革要在以上三个相互联系的方面配套地进行。以上三者的有机结合，构成了经济改革的目标模式。它们的改革必须整体协调地进行，否则新体制就难以有效地工作。比如，如果我们仅仅改变企业管理体制，给企业比较大的自主权，而没有建立一个竞争性的市场体系，那么，企业仍将缺乏促使其改善经营行为的动力和压力；而且由于不能给企业提供指导它们进行决策的正确价格信号，将很难保证它们对自主权的运用经常符合社会的利益。如果我们仅仅让独立经营、自负盈亏的企业在市场上进行竞争，而没有一套能够自如地调节各种经济总量（首先是货币总量，还有财政收支总量、外汇收支总量等）的宏观管理体系和在市场失灵的领域进行正确的行政干预的手段，这种经济也很难避免发生大幅度的波动和偏离社会目标。而如果我们只着重于宏观调控体系的建立而没有使企业自负盈亏和处于硬性的预算约束之下，那么宏观调控就失去了微观基础，宏观的调控措施往往难以得到企业的敏感的响应。例如，通过调整银行贷款的利率来调节货币流通量，本来是市场经济中实现宏观调节的最重要的方法之一，但是，它的有效性是以对企业的财务预算约束有一定硬度为前提的，如果还是实行资金供给制，企业能够吃银行的"大锅饭"，对贷款的本金尚且"千年不赖，万年不还"，利息再高，调整银根松紧的效果也会很有限。

应当说明的是，社会主义的市场经济体系并不是由以上三个方面"拼合"起来，而是由三者有机结合而成的社会经济系统。这个有机的体系，通过它的组成要素、各自的活动和相互的作用，执行有效配置资源的总体功能。在上述三个方面中：企业是组成新经济体制的基本元素；市场体系是这些元素的活动环境和它们之间的连接部；第三个方面则是为保持国民经济这部大机器稳定运转所不可缺少的调节器。这样看来，以上三个方面与其说是国民经济这部大机器的三个部件，不如说是从不同侧面对市场经济体系作出的界定：无论从哪一个侧面定义，都不能不包含其他两个方面的内容。

从上述分析出发，就得到了改革是一项巨大的系统工程的结论，它不能单项突进或零敲碎打地进行，不能把改革归结为在原有的体制框架内实行某几项"刺激积极性"的措施，而要力求使各方面的体制变革具有配套性，使新体制能够作为一个整体建立起来。

机制顺利转换的难点

在前文中，我们讨论了机制转换的整体性要求。然而，这并不是说，各方面的改革都能够没有困难地同步进行，"毕其功于一役"。事实上，要从命令经济整体转换为市场经济，存在着不少难以克服的困难。

首先，经济体系的各个组成部分的变革速度是不相同的。有的部分，如价格体系的改革，在有能力保持宏观总量控制的情况下，是能够在很短的时间内实现的。另外一些部分，如产权界定和企业改革，就不可能采取所谓"大爆炸"（Big Bang）的方法，在较短的时期比如一两年内实现。这样，在改革的过程中，各种"快变量"和"慢变量"之间就会发生互不衔接的情况，使市场经济体系难以较快地运转起来。然而，由于"人是每天都要吃饭的"，生产和供给不可一日或缺，经济体系具有不能"停机修造"的特点，这种在改革过程中旧体制被突破、新体制又不能作为一个系统有效运转的情况哪怕持续几个月，就会出现严重的经济乃至政治危机。

问题的严重性还在于，传统的命令经济是一个按照前述"单一型"（unitary）原则在全社会范围内组织起来的一个大工厂，社会经济组织完全按照社会分工体系建立，缺乏独立企业的生存空间，因而从中生长出市场经济因素是极其困难和缓慢的。加之改革战略策略上的缺陷，东欧某些进行改革的国家往往经过几十年的改革以后，市场仍然极度不发育。这样，就使矛盾更加尖锐。

总之，如果不能克服上述市场经济建立的整体性要求同市场经济难于从命令经济中较快地成长的矛盾，社会主义经济的改革便会注定了命途多舛，甚至必然夭折。

我国的改革战略

由于上述两方面的矛盾要求，为了既快又稳地推进改革，就需要对改革的时序和配合关系作出适当的安排。在我国十多年的改革过程中，采取了以下行之有效的战略和策略。

中国是在原社会主义各国中唯一能够在开始经济改革以后维持长达十几年高速增长的国家，而且在经历了 1988 年严重通货膨胀和 1989 年政治风波的冲击以后，很快就稳定了下来。在 1989—1991 年的苏联、东欧剧变之后，依然一枝独秀，成为目前硕果仅存的社会主义大国。中国经济改革获得如此巨大成功的秘密是什么？国内外有多种多样的说明。目前在西方最为流行的一种说明，是说中国成功地采取了有别于苏联、东欧**激进改革**策略的**渐进改革策略**。中国国内也有的经济学家运用这种分析来批评他们所说的"渐进改革论"者，论证"**新保守主义**"的正确性。①

从我国改革的实际状况看，这种解释很难令人满意。的确，我国改革的进程，较之苏联、东欧各国要顺利得多，但是第一，我国近十多年来的经济状况较之那些坚持传统体制、抵制进行改革的社会主义国家要好得多，这与改革的战略和策略无关，而是改革与不改革的分野。第二，我国与东欧进行改革的社会主义经济的区别，也不在于改革的激进与缓进。正如本书在前面已经说明的，中国经济大体上由两部分组成：① 活力和效率很差、亏损日益严重的公共部门（public sector，包括国营企业和国家财政）；② 生机蓬勃、兴旺发达的非国有部门（non-state sector，包括集体经济、个体经济、私营经济和"三资企业"）。十多年来中国经济的兴旺发达、进出口快速增长，主要是靠第二个部门。然而，这个部门的改革很难说是"渐进"的。而直到 20 世纪 80 年代末期，"渐进改革"的国有部门的状况与苏联、东欧各国，特别是已经进行多年改革的苏联、东

---

① 我们注意到中国国内所谓"激进改革"与"渐进改革"的内容，与国际上的讨论是完全不同的。本书不拟对前者进行讨论。

欧国家国有部门的情况，并没有原则的区别。这个部门是我国经济中最缺乏活力的部分。当前中国经济的许多问题和困难，正是由这个部门改革的迟滞而生的。

在笔者看来，对于中国经济起了良好作用的，是以下的改革策略安排：

1.大力发展非国有经济

我国的经济改革，是在中共十一届三中全会，特别是 1980 年 9 月中共中央发布《关于进一步加强完善农业生产责任制的几个问题》，允许"在那些边远山区和贫困落后的地区""包产到户"和"包干到户"以后，在农业中开始的。仅仅用了两年多时间，在全国广大农村实现了由生产队集体经营为主到家庭个体经营为主的转变。在此基础上，以集体所有制为主的乡镇企业也蓬蓬勃勃地发展起来。而在此期间，在城市工商业中改革只做了某些试点工作。正是由于非国有部门改革的迅速推进才使国营部门面临着不改不行的形势，促成 1984 年中共十二届三中全会通过了《中共中央关于经济体制改革的决定》，宣布了城市经济，主要是国有部门改革的全面展开。尽管在那以后，作为城市经济主体的国营工商业的改革仍然步履蹒跚，但城乡非国有部门由于改革推动而迅速发展，终于使整个中国经济越过了市场取向改革不可逆转的"临界点"。

表 6-1　各种经济成分在工业产值中所占比重

年份	全民所有制企业 /%	集体企业 /%	其他 /%
1978	77.6	22.4	0
1990	54.5	35.7	9.8

资料来源：《中国统计年鉴》。

表 6-2　各种经济成分在零售总额中所占比重

年份	国营企业 /%	集体企业 /%	其他 /%
1978	54.6	43.3	2.1
1990	39.6	31.7	28.7

资料来源:《中国统计年鉴》。

　　从以上情况（表 6-1 和表 6-2）看，我国在经济改革的战略安排上与苏联、东欧改革的真正区别，在于我国从社会主义全民所有制经济的"体制外"开始，大力发展非国有经济成分，而苏联、东欧国家往往经历了几十年改革，全民所有（国有）成分仍占压倒优势。国有部门历来是传统体制的堡垒，向市场化的转变困难重重。采取这种在"体制外"大力发展非国有企业的办法，有以下的好处：① 能够趋易避难，较快地发展起一批有活力的企业，使改革的成效昭彰在人耳目；② 在改革过程中日益活跃起来的非国有经济，是吸收改革中不可避免的经济震荡、支持经济繁荣的稳定力量；③ 通过"示范效应"，促进原来的国有部门的改革。总之，非国有经济的蓬勃发展与国有经济本身的改革互相促进，就能够造成一种必须改革、只有进一步改革才是出路的形势，使改革进程不可逆转。①

　　当然，中国改革有可能采取这样的战略，是有它的客观条件的。

----

　　① 直到 1991 年，有些人仍然将我国国营企业摆脱困境的希望寄托在恢复"计划经济为主、市场调节为辅"的旧格局上。实际上，由于非国有部门的改革和发展，这已不再可能。因此，笔者在分析了整个国民经济情况后得出结论："目前我国的经济体制已经越过了通向商品经济道路上的临界点，不可能再退回到旧体制去了。"［参见吴敬琏（1991）：《论作为资源配置方式的计划与市场》，《中国社会科学》，1991 年第 6 期，第 125—144 页］

我们在前面讲过，以"单一制"原则建立的命令经济，对任何市场因素的成长都有某些"异体排斥"作用。但中国改革的初始条件与苏联、东欧有所不同。中国从 1958 年改革以来，采取了"行政性分权"的方针，造成了某种"割据"或"诸侯经济"的形势。这种"行政性分权"政策造成了社会资源配置的极大浪费，这是确定无疑的。但是，包括笔者在内的一些经济学家往往只看到它的消极影响，而没有充分注意到，在以建立市场经济为改革总目标的前提下，这一"坏事"有可能引出好的结果。这就如同西欧封建社会的各领主之间要以平等的商品所有者互相对待[①]一样，在我国，在具有某种独立性的"块块"的行政管辖范围内，领导机关是用行政命令配置资源的，企业也"纵向从属"于上级主管机关，但是在"块块"之间的横向联系中，它们却不能不彼此以平等的商品所有者的身份互相对待。

2. 以对外开放促进国内因素的成长

我们知道，老工业化国家的市场发育是一个长达数百年的历史过程，后进国家虽然可以凭借"后发性优势"（advantage of backwardness）运用国家的力量来加快市场的发育，然而总要假以一定的时日，更

---

① N. 罗森堡和 L. 伯泽尔在《西方致富之路——工业化国家的经济演变》一书中对此有精辟的分析。书中指出："君主或庄园主控制价格和其他贸易条件的能力总是受他们对自己领地的管辖权制约的。""所以，不同的君主或领主属下的臣民，或不同君主在进行贸易时，不仅习惯价格是不适用的，进行交易的习惯义务也是不适用的。"因此，"在西方的封建制度中，权力是分散的，它在自身之外创造了具有同封建制度截然不同的基本结构的城镇和城市，它内在具有一种发展到后继的社会的能力"[参见 N. 罗森堡、L. 伯泽尔（1986）：《西方致富之路——工业化国家的经济演变》，北京：商务印书馆，1988 年，第 64、100—102 页]。

何况市场的发育不可避免地会受到保守的习惯势力、贫乏的市场基础设施的限制，使健全市场体系的形成旷日持久。克服这一困难的有效的做法，是通过对外开放，将当代发展成熟的国际市场竞争机制引入国内。二战后新兴工业化国家和地区的发展历史证明，这是一种十分重要的"后发性优势"。

在我国的经济改革中，十分成功地运用了这种策略。

自 1978 年 12 月中共十一届三中全会决定实行对外开放的大政策以来，从沿海到内地，先后形成阶梯式的对外开放格局。1979 年确定对广东、福建两省实行"特殊政策、灵活措施"，在财政收入、出口收汇和对外经济关系方面给予其较大自主权，使之能够利用接近我国港澳地区的优势，把经济尽快搞上去。1980 年，建立了深圳、珠海、汕头和厦门四个经济特区。1985 年又决定进一步开放沿海十四个港口城市。加上海南岛和后来的珠江三角洲、长江三角洲以及闽南三角地带，成为一个有纵深度的开放地带。这个以经济特区和港口城市为中心的沿海开放地带，不仅在对外开放中起着骨干作用，在出口收汇、引进技术和资金方面作出了巨大贡献，而且带动了我国整个经济体制的改革。目前，我国的进出口总额已经在 GNP 中占相当高的份额（表 6-3）。从进口方面看，品种大幅度增加，竞争逐步加大，贸易公司实行自负盈亏、自主经营，很多进口商品的国内作价原则是参照国际价格定价。对外开放对国内价格体系产生了非常巨大的影响，使某些资源的国内价格被动地逐渐向国际市场价格靠拢。国内物价部门历来不愿将国际市场价格作为国内市场价格的参照标准，所以，对外开放不仅打开了文化和科学技术交流的渠道，更重要的是经济上扩大了开放度，扩大了进出口，吸引了各种外资，而且将市场竞争机制传导到国内，这些方面都对国内经济体制结构产生了渐变的、累计起来非常重要的影响。

表 6-3　我国经济的对外贸易依存度

年份	进出口总额占 GNP 比重 /%	进口总额占 GNP 比重 /%	出口总额占 GNP 比重 /%
1978	9.9	5.22	4.67
1985	24.2	14.7	9.45
1990	31.9	14.8	17.1

资料来源:《中国统计年鉴 1991》。

由于对外开放，进口体制发生了很多市场取向的变化，不可避免地使经营进口的公司大幅度增加。由于外贸改革对许多进口商品采取了放开经营的方针，有进口经营权的外贸企业和其他企业在经营方面取得了一定的自主权，促进了竞争格局的形成。首先，对批量较大的原材料和工业投入品，允许"零星小批"地分散进口，如钢材、化肥等，这一政策的实施对一些初级产品、中间投入品的国内价格产生了非常大的影响。目前不少企业用进口原材料进行生产，很难长期维持产出品的扭曲价格，产品价格不得不向国际市场价格靠拢。其次，对某些进口商品虽仍有数量限制，但审批权部分地下放给地方，从而也增加了竞争性。再次，尽管对制成品的进口采取了一些保护或进口替代政策，但国际市场终究逐步对国内市场产生了巨大的影响。有些商品的进口供给通过禁止性关税或高关税进行限制，但过分高的关税往往会促使我国漫长海岸线上走私活动的猖獗，关税越高的商品，走私就越严重。大量走私对那些本来用高关税可以保护住的国内价格带来明显的冲击，使这一类价格下降。最后，由于政策允许三资企业，特别是生产高技术产品和进口替代品的三资企业进入国内市场，所以在国内市场上带来了价格竞争，目前这种竞争已变得相当重要。这几个方面的改变，使进口引入的竞争变得相当显著。

出口方面的竞争对国内的价格结构产生了更加明显的作用。凡是价格偏低的产品，主要是初级产品及其粗加工制品，不断地出现出口的"收购大战"，直到把价格抬高到接近于国际市场价格。目前我国农副土特产品和矿产品中的相当大部分的价格已在这种出口竞争的作用下变得相当接近国际价格了。在出口的制成品方面，过去国内价格比较高，出口容易发生亏损，有关企业不得不在国际市场竞争中不断改进产品的质量和花色品种；同时在原材料、零部件方面力求节约，使成本降低，从而改变了生产的投入品的结构。这两种变化使制成品的价格，特别是相对价格逐步降低。目前，由于市场压力使初级产品价格上升，初级产品的收购大战已经越来越少，因为能拿到额外利润的商品种类已越来越少。另外，随着通货膨胀的发生，制成品出口换汇成本也有所上升，但总的来说，上升幅度明显低于物价总水平的上升幅度。同时由于不断开发深加工制成品，改进品种，也由于竞争的压力使整个制成品的价格上涨相对较小，现在已有很多的机电产品出口由亏损变为盈利，粮油产品、土特产品、中药材等相当一部分初级产品的国内价格水平超过制成品（与国际市场比价相对照），还有一部分正在以较快的速度赶上制成品的平均价格水平。

总之，由于可贸易商品与世界市场对接的影响，我国传统价格体系的一个主要扭曲——初级产品价格偏低和制成品价格偏高的问题，已经得到相当程度的缓解。再者，世界市场上的激烈竞争，使国内企业痛感需要改进经营管理，提高产品质量，降低产品成本，否则难以生存。例如，过去我国内地的某些产品，如水果、蔬菜在港澳地区的市场上是占统治地位的垄断供给者，主要采取限制国内企业竞争的办法"限量保价"。但是近来市场逐渐被其他国家的产品所挤占，甚至被完全逐出市场。为了重整旗鼓，我国企业逐渐认识到，不能躺在国家限量保价的办法身上吃现成饭。要提高竞争能力，必须进一步扩大微观经济单位的自主权和改善企业经营管理。这就促进了国内经济体制的改革。此外，三资企业参加出口方面的竞争，也对国内市场产生了强大的传递作用。如国内某些产品的生产由于三资企业的进入强化了竞争。由于三资企业在市场经济中采取自主企业的管理办法，包括自由地选择国内或国外的投入品，自由地选择新工艺、新技术和人才等，这对国内出口同行产生相当大的压力。过去那种产品款式陈旧、质量低劣、数十年一贯制的状况，目前由于有了合资企业的竞争，国内企业不得不加快改变。

3. "地区推进"策略

另一种在改革开始时期行之有效地分解困难的办法是地区横向分解。这就是说，先选择一个足够大的地区，如在一个省或数省的范围内进行企业、价格、财税等改革，使对外开放、对内搞活的商品经济体系能够在该地区的范围内有效运转，然后，逐步扩散，最终形成囊括整个国民经济的完整市场体系。

从改革开始时起，我国就采取了允许一部分地区先活、先富的政策。目前我国从山东到广东的沿海一带已经涌现了一大片具有很大经济活力的地区，商品货币关系有了较大的发展。在内地，也出现了不少搞活了的地区。在这种情况下，只要采取得力措施，整合目前还比较零散和不太规整的市场，一个大面积的竞争性的市场就会出现，它们的经济也将迅速进入"起飞"阶段。如果能够首先在这类地区，如长江三角洲和珠江三角洲实现这一点，使它们的市场经济体系运转起来，通过它们的示范和带动，全国的市场经济体系将能够较快形成。

采取这种方案的一个棘手问题是在短期中地区间的收入差距有可能拉大，地区间的矛盾也有可能有所发展。看来，即使采取了缓冲措施，领导上也要准备承受由于各地区间发展差异拉大带来的种种责难与风险。但是我们应该相信，只要中央政府采取措施帮助落后地区加强"硬件"和"软件"方面基础设施的建设，改善投资环境和"造血功能"，利用市场经济的生产力和财富扩散效应，落后地区是能够较快地赶上来的。全国人民共同富裕这一目标是可以比较快地实现的。

需要注意的是，采取以上从"体制外"到"体制内"的策略，为的是减少改革的阻力，缩短改革的进程，目的还是建立统一的市场经济体系，而不是无谓地迁延时日，更不是保持"体制内"部分的僵滞状态。需要明确，以"体制外"改革带动"体制内"改革的做法，只是一种改革的战术安排，改革的领导必须审时度势，根据主客观条件提供的可能，尽量加快"体制内"的改革。由于国有经济是社会主义各国经济的骨干力量和国家财政收入的主要来源，如果两部门改革反差极大的"双重体制"久拖不决，不仅整个国民经济难以腾飞，而且在改革过程中会不可避免地存在着出现大的经济波动乃至根源于经济波动的政治动乱，造成旧体制的复辟和改革夭折的巨大可能。因此，不论从何处开始，对旧体制的主体部分进行"攻坚"都是不可避免的。由于改革在初始阶段采取由"体制外"开始的战略，在从旧体制到新体制的转变过程中，就必然存在一个新旧体制并存的过渡时期。目前，我国经济正处在这个过渡时期的中后期，一方面，旧的命令经济体制已经在多方面被突破，原来用行政命令分钱、分物、分指标、分项目的中央计划机关不再能够令行禁止了，而新的经济体制却没有作为一个系统建立起来，特别是没有在作为我国经济骨干力量的国营经济中建立起来，这不能不造成资源配置机能的混乱，导致许多严重的消极后果，成为我国公共部门（包括国营企业和国家财政）陷于困境的主要根源。社会主义国家改革的经验证明，在旧体制向新体制的过渡过程中，双重体制并存的过渡时期不宜拖得过长，而要尽可能地缩短。否则由于国民经济中已搞活的"体制外"部分和仍在很大程度上受传统机制约束的"体制内"部分之间的摩擦，由于双重体制下存在的众多漏洞，经济不可能具有较高的效率。这种状况久拖不决，会对经济的持续、稳定、协调发展造成危害，即使出现了经济繁荣也难于长期保持，有的国家的经济形势甚至发生了严重的逆转。所以，针对我国目前两种体制并存、在公共部门中谁也不能有效地发挥配置资源的整体功能的状况，我们应当争取尽快走出双重体制对峙的状态，把支持新经济系统运转的主要支柱建立起来。这已经成为摆脱困境、走向繁荣的当务之急。

第七章　我国国有部门改革战略的回顾和展望

　　1978 年中共十一届三中全会以后我国传统社会主义经济的主体部分——国有经济的体制改革，是和农村经济体制改革几乎同时起步的。然而嗣后两者进程的差异十分巨大：后者进展顺利，从广大农村中成长起来的家庭经营的农业经济和集体经营的乡镇企业，成为支持国民经济发展和市场力量进一步成长的强大基地；而前者进展迟缓，直到 20 世纪 80 年代末期，仍然没有走出决定性的步子。总结国有部门经济改革以往的教训，规划未来的举措，成为当前一项紧迫的任务。

　　追溯历史，从 1956 年以来，中国的国营经济已经进行过多次经济改革的尝试，特别是近十年来的改革，取得了不小的成就，也创造了丰富的经验。由于国有经济在我国国民经济中至今仍然占有重要地位，总结这些经验，制定改革的正确方针，对于中国今后改革的顺利推进和经济的稳定发展，具有决定性的意义。中国作为一个人口众多、经济落后的社会主义大国，国有经济改革战略选择问题显得特别复杂。在长时期讨论中，对于什么是改革的目标以及如何推进改革，意见十分纷纭，不过，如果按照基本观点来说，除基本上肯定原有行政社会主义（集中计划经济）的思路外，主张对旧体制进行改革的人们可以大体上划分成两种不同的思路：

一种思路的要点是：① 传统社会主义经济体制的主要弊病，在于决策权力过分集中，抑制了地方政府、生产单位和劳动者个人的积极性；② 改革的要点，在于扩大各级地方政府、各生产单位和劳动者的决策权力和加强对他们的物质刺激，以便调动他们的积极性；③ 因此，一切有利于调动各方面积极性的放权让利措施，都是符合改革大方向的，对于所有这类个别措施都应给予支持。

另外一种思路的要点是：① 旧体制的多种弊病的根源，在于用行政命令来协调经济和配置资源，由于信息结构和动力结构上的根本缺陷，这种配置资源的方式是不可能有效率的；② 唯一可能替代行政命令方式的，是基于市场机制的资源配置方式；③ 因此，改革要以建立有管理的市场制度为目标，同步配套地进行，只有那些有利于这种市场制度形成的改革措施，才是符合改革方向的和应当加以支持的。

事实上，三十余年来各个历史阶段上有关经济改革及其战略选择的争论，大体上是在以上两种基本思路之间进行的，只不过每个阶段各有它们自己的特点罢了。

20 世纪 50 年代中期对传统体制的诊断和改革的初步尝试

在社会主义各国中，中国是最早提出经济改革的国家之一。早在 1956 年，党的领导就作出了必须进行经济管理体制改革的决定。作出这一决定，是源于对传统行政社会主义体系运行状况所作的批判性分析。

"古典的"行政社会主义，是一种集权的行政社会主义。从中国共产党建立时起直到中华人民共和国成立初期，它都是一种占绝对支配地位的社会主义经济理论。如前所述，马克思、恩格斯关于公有制建立以后的社会将不借助于市场机制，曾经在很长时期中被认为是社会主义的天经地义，而以高度集中的行政协调为特征的计划经济，则成为社会主义的经济的标准蓝图。中华人民共和国成立以后，在"苏联专家"的帮助下，对教学、科研人员和政府官员进行了经济学的"再教育"，使斯大林主义的政治经济学成为唯一通行的经济学。

与此同时，按照苏联当时的模式建立了中国的国有经济体系，在国有经济中实行严格的指令性计划制度，从而使中国能够从 1953 年开始实施第一个五年计划。在第一个五年计划期间，几乎消灭了一切非社会主义经济成分，使以国有制和准国有的集体所有制为主要形式的公有制成为整个国民经济的唯一基础。在这一基础上，整个社会经济活动都由中央计划机关通过指令性计划进行行政性协调。

由于中国长时期是一个小农充斥的国家，正如马克思所说，在这样的国家里，"行政权力支配社会"形成牢固的历史传统。中国第一个五年计划期间的经济体制较之苏联经济体制具有更加集中、更加依赖于行政协调的特点。连布鲁斯认为天然地应当分散进行的"个人决策"，如消费选择、职业选择等，在中国也在很大程度上由行政机关集中掌握。因此格鲁齐（Allan Gruchy）把它称作"动员型的命令经济"（the mobilized command economy）。由于这是一种"超稳定"的经济体系，特别是由于它便于集中运用稀缺资源满足政府的偏好，发展为增强国家实力需要发展的部门，对于力争"赶超"西方国家的发展中社会主义国家，就更富有吸引力，以致时至今日，每当改革中的经济出现某些混乱和困难时，部分官员和劳动者还会缅怀第一个五年计划时期的"好时光"。这种情况在中国今后也会发生。例如，在经济困难的情况下，对旧体制改革的进程往往会出现暂时的逆转。

不过，这种高度集权的行政社会主义体制的弊端是有目共睹的。20世纪50年代中期它刚刚在全国全面建立，就遭到众多的批评。

1955年年底，为准备预定在1956年秋季召开的中国共产党第八次全国代表大会，中国政府指令各个经济部门对第一个五年计划前几年的工作进行总结。在总结时发现，20世纪50年代初期建立起来的这一套经济体制，虽然能够动员资源，集中用于重点建设，使以重工业为重点的工业化能够较快地进行，但也有不少缺陷需要消除。当时对于传统体制弊病的认识，集中地反映在1956年4月毛泽东在中共中央政治局的讲话《论十大关系》[①]中。毛泽东指出：苏联体制的弊病，主要在于"权力过分集中"。他说："我们不能像苏联那样，把什么都集中到中央，把地方卡得死死的，一点机动权也没有。"又说："把什么东西统统都集中在中央或省市，不给工厂一点权力，一点机动的余地，一点利益，恐怕不妥。"毛泽东根据他关于"世间一切事物中，人是第一个可宝贵的""在共产党领导下，只要有了人，什么人间奇迹也可以造出来"[②]，因此关键在于"调动人的积极性"的理论，给经济体制改革提出的方向是：① 在中央和地方的关系上，应当扩大地方的权力，给地方更多的独立性，让地方办更多的事情；② 在国家、生产单位和个人的关系上，各个生产单位都要有与统一

---

① 毛泽东（1956）：《论十大关系》，见《毛泽东选集》第5卷，北京：人民出版社，1977年，第267—288页。

② 毛泽东（1949）：《唯心历史观的破产》，见《毛泽东选集》第4卷，北京：人民出版社，1966年，第1449页。

性相联系的独立性。同时，毛泽东也提到要适当关心群众生活，使工人、农民在增产的基础上增加收入。毛泽东在《论十大关系》中阐述的这些原则，以后成为长时期中国经济改革的指导方针。

与此同时，陈云也针对旧体制的弊病，提出了在坚持对国民经济的主要部分实行计划调节的同时，对一部分小商品采取选购和自销，让许多小工厂单位自由生产和开放一部分自由市场的"三为主、三为辅"的方针①，但是这一方针在引起人们的热烈讨论和个别试行一段时间以后，也被看作 1956 年"双百"时期的短期政策而退居不重要的地位。

当时也有个别经济学家对有关问题考虑得比毛泽东更深刻。例如，后来被定为"资产阶级右派分子"的顾准在当时已经指出，可供替代的体制，是由企业自由地根据市场价格变化来作出决策。②换句话说，应当进行市场取向的改革。可是这种意见似乎没有引起仍然拘囿于传统的社会主义政治经济学之中的大多数经济学家的注意。

根据毛泽东提出的方针，中国在 1958 年开始了社会主义经济建立后的第一次经济改革，不过，在这次改革中，对 1956 年提出的方针作了一些修正。由于 1957 年中国国内的"反右派"运动，以及同时开始的对所谓国际"修正主义"逐步升级的批判，"物质刺激"和"企业自治"都被看作"修正主义倾向"，在后来的中国改革中不再被强调，而把重点放到了在各级行政机关之间划分权力和利益上，

---

① 陈云：《社会主义改造基本完成以后的新问题（1956 年 9 月 20 日）》，见《陈云文选（1956—1985）》，北京：人民出版社，1986 年，第 13 页。

② 顾准（1956）：《试论社会主义制度下的商品生产和价值规律》，《经济研究》，1957 年第 3 期。

形成了在比较经济学中称之为"行政性分权"的改革思路。按照这种思路，进行了类似于苏联 1957 年的改革。它的主要内容，是扩大各级地方政府对于企业的管辖权，以及对物资供应、投资、信贷等的决策权，包括：

（1）下放国有企业的管辖权。除少数重要的、特殊的和试验性的企业外，其余原来由中央各部门管理的企业层层下放。

（2）下放计划管理权。将原来由国家计委统一平衡、逐级下达的计划制度改变为以地区为主，自下而上逐级编制和进行平衡的制度。

（3）下放固定资产投资的管理权。对地方实行投资"包干"制度，即中央向地方下拨一部分资金，地方政府可以在这部分下拨资金和自筹资金的范围内自行决定兴办各种类型的项目，包括限额以上的大型项目。

（4）下放物资分配权。大大减少由国家计委统一分配和由各部管理的物资的品种和数量，其余下放给各省、市、自治区管理。

（5）下放财政权和税收权。把过去财政"统收统支"的体制，改为"分级管理、分类分成、五年不变"的体制。同时，给予地方政府广泛的减税、免税和加税的权限。

（6）下放信贷权。改变原来高度集中的信贷制度，实行"存贷下放、差额管理"的办法。

与此同时，在以下方面采取了扩大企业自主权的措施：① 大量减少指令性计划指标；② 将原来分别不同行业按固定比例从利润中提取"企业奖励金"（厂长基金）的制度，改为一户一率的"全额利润留成"制度；③ 扩大了企业的人事安排权和机构设置权；④ 部分资金可以由企业调剂使用，企业还有权增减和报废企业的固定资产。

　　在保持命令经济行政协调的总框架不变条件下实行这一套层层分权措施所形成的分权的行政社会主义体制，和农村的人民公社一起，形成了"大跃进"的组织基础。按照国家经济体制改革委员会的一批高级官员所著《当代中国的经济体制改革》（1984）一书对于这个时期的经济体制改革所作的描述，这次改革的特征，一个是"盲目地下放管理权"，另一个是"在国民经济管理混乱的情况下扩大企业管理权限"。① 显然，这是1958年中国经济生活陷于混乱的重要成因。

　　1958年的经济混乱，给人造成了错误的印象，以为社会主义经济注定了不能实行分散决策。于是随着"大跃进"的失败，中国采取了一系列措施，在财政、信贷和企业管辖权等方面实行重新集中化。但是，事实上并没有能够完全做到这一点。1958年形成的这一套"行政性分权"的思想和实际做法，在中国影响深远。一方面，中国的各级地方政府拥有较之其他命令经济国家更大的权力，而中央计划的约束力很弱已形成为一种传统，以致某些中国经济的研究者称其为在上下级之间一切都可以讨价还价的"谈判经济"；另一方面，虽然命令经济的固有弊病使进行改革的任务始终摆在议事日程上，但由于意识形态的障碍，市场取向的改革（被称作"市场社会主义"）很难在政治上被接受。进行改革时，行政性分权几乎成了唯一可能的选择。因此，在1958年以后，仍然多次进行过类似于1958年的行政性分权改革。这类"改革"，如1970年以"下放就是革命，越下放就越革命"口号的大规模经济管理体制改革②，又总是以造

---

①　周太和、高尚全等：《当代中国的经济体制改革》，北京：中国社会科学出版社，1984年，第70—79页。

②　周太和等在《当代中国的经济体制改革》中把这次"以（转下页）

成混乱随后重新集中告终，形成了所谓"一放就乱、一管就死"的"改革循环"。

1979—1984 年改革的成就和不足

经过多年的沉寂，中国在 1978 年 12 月党的十一届三中全会以后再度兴起改革之风。这次中央全会发表的《公报》重申毛泽东在《论十大关系》中提出的基本认识和基本方针，指出旧经济体制的"严重缺点是权力过于集中""应当有领导地大胆下放，让地方和工农业企业在国家统一计划的指导下有更多的经营管理自主权"，以便"充分发挥中央部门、地方、企业和劳动者个人四个方面的主动性、积极性、创造性，使社会主义经济的各个部门、各个环节普遍地蓬蓬勃勃地发展起来"。这就决定了改革的主要内容，一是将更多的决策权下放给地方政府和生产单位；二是给地方、企业和劳动者个人以更多的利益。二者的目的都是要调动地方政府和生产者的积极性。因此，1979 年以后的改革，在中国又被称为以"简政放权"或"放权让利"为基本思路的改革。

这一改革的基本思路同 1956 年提出的改革相比较，就它们都提出"放权"和"让利"原则这一点说，彼此是有类似之处的。但

（接上页）盲目下放为中心的经济体制的大变动"的内容和后果，概括为以下三个方面："1. 盲目下放企业，加剧了生产经营管理的混乱状况"；"2. 实行财政收支、物资分配和基本建设投资的'大包干'，没有取得预期的效果"；"3. 简化税收、信贷和劳动工资制度，削弱了经济杠杆的作用"（见该书第 134—146 页）。

是，放权让利原则的应用范围，又有极大的区别。这种区别主要表现在：① 1958 年改革的特点，是"行政性分权"，而 1979 年以后则比较注重扩大企业的自主权；② 1958 年改革主要在国有部门中进行，而 1979 年以后的改革大大扩大了范围，首先在农村中进行，并扩及对外经济关系。当时的许多改革者，包括笔者在内，都希望能通过以上措施多方面地引入市场机制，以便取长补短，把命令经济同市场经济的优点结合起来。

由于改革扩及国有经济以外的广大范围和采取了更为彻底的措施，1979 年以后的改革取得了过去的改革所无法比拟的成就。

首先，农村改革采取了两项主要措施：① 通过大幅度提高农产品的国家收购价格和减少国家收购数量，增加了农民收入；② 用实际上将土地长期租赁给农民经营的"家庭承包责任制"代替集中经营、统一分配的人民公社制度。这两项措施的落实，使农民从事生产和经营的积极性迅速提高。与之相适应，由过去 20 年总额达数百亿元的国家资金投入和每年上亿小时农民劳动投入形成的、过去由于农民缺乏积极性而未能发挥效能的农田水利基础设施，其潜力也充分发挥出来了。这样，农村改革以后，一反过去农业生产停滞不前、农村经济萧条枯萎的局面，走向了普遍繁荣。

其次，在城市和乡村，多种经济成分的发展得到政府的大力倡导。1979 年年初，政府明确宣布摒弃"割私有制尾巴"的"左"倾政策。允许个体经济的存在和发展，允许私人进行长途贩运。从那时以来，城镇集体经济和私人经济发展很快，从 1979 年到 1987 年的 9 年中，在城镇集体企业新就业人员达 1800 万人，私人经济从业人员由 1978 年的 15 万人增加到 1987 年的 569 万人。在农村中，集体所有制和私人经营的非农产业更是蓬勃发展，在目前中国的 8.9 亿农村劳动力中，已有 8000 多万人在这类企业中就业。

最后，实行对外开放的政策。欢迎国外投资者与中国创办合资企业。同时，决定设立深圳等经济特区，鼓励国外投资者前来投资，积极从事补偿贸易、来料来样加工、来件装配等业务。对外贸易体制也作了某些变革，主要是将原来由对外贸易部（后为对外经贸部）统一出口的部分商品，下放给地方、部门或企业经营，扩大了地方政府对引进外资、进口商品等的审批权，给予地方政府和企业一定数量、可供它们支配的外汇留成，等等。这些措施，大大提高了各级地方政府经营进出口贸易的积极性，使进出口贸易额迅速增长。

以上种种改革措施，造成了中国经济的繁荣，但是，它们主要表现为，对农村集体经济进行家庭承包经营改革，以及"网开一面"发展非国有的集体经济、个体经济、私营经济和外资企业；至于国有部门，则改革远远落后。然而，人们在 20 世纪 80 年代的初期已经发现，社会主义国家改革的成功，在很大程度上取决于作为国民经济骨干和领导力量的国有大工业、大商业等的体制改革。而到 20 世纪 80 年代中期为止，这方面的改革始终是不尽如人意的。

1978 年 9 月，李先念在国务院召开的经济工作务虚会上指出，过去 20 多年的经济体制改革的一个主要缺点，是把注意力放在行政权力的分割和转移上，由此形成了"放了收、收了放"的"循环"。他指出，在今后的改革中，一定要给予各企业以必要的独立地位，使它们能够自动地而不是被动地履行经济核算效益，提高综合经济效益。[①] 后来，这一思想被概括为"搞活企业是以城市为重点的经济

---

① 周太和、高尚全等：《当代中国的经济体制改革》，北京：中国社会科学出版社，1984 年，第 164—165 页。

体制改革的出发点和落脚点"，而"搞活企业"的主要方式，则是扩大它们的自主权，使之成为"相对独立的商品生产者"。这些想法，成为 1979—1984 年城市经济改革的指导方针。

为了"搞活"企业，1978 年四川省选择若干工厂进行扩大企业在生产和销售超计划产品、提取和使用利润留成、任命企业下级干部等方面权力的试验。1979 年 7 月，国务院发布了扩大国营工业企业经营管理自主权、实行利润留成等五个文件，要求各地、各部门选择少数企业试点。1980 年，这种"扩权"试验扩及全国 6600 个占预算内工业产值 60%、利润 70% 的国有大中型企业。"扩权"显著提高了试点企业的积极性。不过由于其他方面的改革，尤其是价格改革的配合不足，拥有某些自主权的企业并不处在市场公平竞争的约束之中，也不处在能够反映商品稀缺程度的价格体系的引导之下，因此，企业处在某种"包盈不包亏"的状况之下，它们的"积极性"的发挥往往并不一定有利于社会资源的有效配置。加之，当时对发展工业要求过高过急，增加投资的压力很大，造成了总需求失控。因而没过多久，这种以"放权让利"为主要内容的国有经济改革，已经成为强弩之末。

与此同时，在中央和地方关系方面，除继续把原由中央管理的工业企业下放到省、市管理外，从 1980 年开始，在大部分省份用"划分收支、分级包干"（分灶吃饭）或"大包干"的财政制度取代过去的"统收统支"制度，确定地方同中央分成比例或上缴（补助）定额，一定五年不变。地方由于超额完成计划和在预算外自筹增加的收入，地方政府可以统筹使用，不必报请上级财政部门批准。这种财政体制，大大提高了各级地方政府兴办地方国营企业和扶持本地农村企业的积极性。地方国营企业和乡镇企业如雨后春笋般在全国范围内，尤其是在沿海某些省份中发展起来。但是，这种做法对于国有经济的机制转换和市场形成，并未起到积极作用。

　　对于以"放权让利"为主要方式局部运用市场机制的改革办法的弊病，人们早已有所觉察。1980年，当时国务院体制改革办公室的一位负责人、中国著名的经济学家薛暮桥就指出了这种改革的局限性，主张把改革的重点放到"物价管理体制改革"和"流通渠道的改革"方面去，逐步取消行政定价制度、建立商品市场和金融市场。[①] 但在1982年发生了计划经济与市场调节的争论、重新强调"计划经济为主"以后，有些政府官员不把1979—1980年中国经济中出现的问题归结为改革工作中的缺点，即在放权让利的同时，没有建立起竞争性市场和以市场为依托的宏观调节体系，却认为困难是由过分强调商品货币关系引起的。于是，采取了一系列行政措施来克服由于缺乏市场约束而导致的偏差，限制企业参与市场活动，并且从政治上否定了"社会主义经济是商品经济"的提法。在这样的气氛下，虽然"承包"等"扩大企业自主权"的试点仍在继续进行，深化以强化市场机制为导向的改革的问题就很少有人提起了。

1985—1986 年城市改革新战略的拟定

　　经过1981—1983年的短暂曲折，改革在1984年重振势头。这年5月，国务院发布了《关于进一步扩大国营工业企业自主权的暂行规定》，

[①] 薛暮桥（1980）：《关于经济体制改革的一些意见》，《人民日报》，1980年6月10日；《关于调整物价和物价管理体制的改革》，见《当前我国经济若干问题》，北京：人民出版社，1980年，第164—179页。

明确规定国有企业有以下权利：① 在完成国家计划的前提下自行安排、增产市场需要的产品；② 自行销售企业分成产品、超计划生产的产品、试制的新产品、购销部门不销的产品；③ 规定自销产品的价格；④ 选择国家统一分配物资的供货单位；⑤ 自行支配企业利润留成基金；⑥ 出租和有偿转让闲置资产；⑦ 在上级确定的编制范围内自行确定企业内的机构的设置；⑧ 任命厂内中层行政干部；⑨ 选择工资形式、分配形式和支配由利润提成形成的奖励基金；⑩ 有权参加跨部门、跨行业的联合。

为了给企业"松绑"，国务院还在 1984 年 8 月批准了国家计委《关于改进计划体制的若干暂行规定》，缩小指令性计划，扩大指导性计划和市场调节的范围。根据这个规定，① 在生产计划方面，除国家计委对粮食、棉花等 7 种关系国计民生的大宗农产品的收购，和对煤炭、钢材等 11 种主要工业品的生产实行指令性计划，部门、地方也可对某些重要产品下达指令性计划外，都实行"指导性计划"或"完全由市场调节"。② 在固定资产投资计划方面，国家只对预算内投资实行指令性计划，地方和部门的自筹投资，由它们自行负责，国家计委只实施"有弹性的总额控制"，地方政府对建设项目的批准权也大大扩大。③ 在物资分配方面，国家只对煤炭、钢铁、木材、水泥等少数重要物资的一定部分实行计划分配，这些物资的其余部分以及其他物资，由地方政府和企业安排生产和销售。

以上这些改革，改变了旧体制下国有企业仅仅是被动地完成指令性计划的生产单位的状况，使它们普遍具有积极经营的主动性，发展意识、竞争意识和盈利意识都大大增强。指令性计划范围的缩小，市场的部分放开，都增加了经济的活力。这样，工业增长率逐年增高，1983 年超过了 10%，1984 年和 1985 年分别达 14% 和 18%。不过，增长率的提高，特别是国营工业增长率的提高，很少在较小的程度上是靠提高效率实现的。同时，通货膨胀率提高和财政赤字增加的趋势也日益明显。特别是到了 1984 年年末，货币供应量急剧增加，现金（M0）流通量一年增加 49.5%，中国的国民经济面临通货膨胀的严重危险。

面对着这种矛盾的现象，中国经济学家作出了不同的判断。于是从 1984 年年末开始，中国经济学界就各项发展和改革政策的成败得失进行了热烈的讨论。

一些改革者认为，工农业生产的高速增长，说明前一阶段的改革战略取得巨大的成功。由于它给予地方和企业以权力，增进了劳动者的利益，已经调动起地方、企业和劳动者个人的积极性，从而促成了中国经济的"起飞"。各发展中国家的经验证明，在"起飞"时期，货币供应的超量增长，是有利于经济增长而没有危险的。

另外一些改革者（笔者也在内），则作出了完全不同的判断。他们认为，1984 年以后的经济波动以及 1985 年经济调整未能收到预期效果的深层原因，是"现有的经济结构和经济体制存在某些根本性的缺陷"。就经济体制而论，主要表现为由行政管制和市场定价并存造成的价格"双重扭曲"，以及由行政性分权造成的总量失控和市场割据。而这种缺陷，绝不是单靠各种形式的"放权让利"所能弥补的。[①] 它们的克服只能依靠深入的、系统的改革。以"放权让利"为主要内容的改革虽然能够大大提高地方、企业和生产者的积极性，

① 吴季（吴敬琏、胡季）、张军扩、岳冰、李剑阁（1986）：《论经济增长的有效约束》，《经济研究》，1986 年第 6 期；吴敬琏、胡季、张军扩（1986）：《目前流动资金问题及对策》，《财贸经济》，1986 年第 8 期。

但是仅此并不足以解决改善经济结构、提高资源配置效率（allocative efficiency）这个首要的经济问题，也不能依靠竞争的压力保证微观的营运操作效率（operational efficiency）持续提高。在农业生产还在很大程度上带有一家一户自给自足性质的条件下，调动了农民家庭经营的积极性，就能使整个农业情况完全改观。但是对分工复杂、生产单位之间密切依赖的城市经济来说，如果仅仅有个别生产者的积极性，而不能做到资源的优化配置，就不能取得良好的社会整体效果。

在社会化程度很高的现代经济中，依靠指令性计划和对指标完成情况的考核形成资源有效配置机制及对企业和个人的激励机制，或者依靠市场机制和利润刺激做到这一点，二者只居其一。一个竞争性市场未能建立、价格体系很不合理的货币经济（在中国的正式说法是"商品经济"），是无法有效运行的。在目前的中国经济中，不仅要素市场未能建立，商品市场也不能说真正建立了。这主要表现在：① 价格体系存在"双重扭曲"，使结构恶化，资源的配置效益和微观的运作效益都不能得到提高。这几年，一方面由于几十年行政定价制度造成了各种产品之间的相对价格（比价）不合理，越是短缺的资源（如农产品、原材料、能源、运输通信、技术管理人才、社会资本），相对价格越低；另一方面，由于目前定价制度的"双轨制"，造成了一物多价、差别悬殊的状况，使各种经济计算无法进行，微观运作效益无从提高，分配不公正的状况日益严重，而且使利用支配资源分配的行政权力牟利的腐败行为盛行。② 行政性的地方分权，促成了市场割据和保护主义的发展，妨碍统一市场的形成并使宏观总量（包括财政收支总量、信贷收支总量和外汇收支总量）失去控制。中国经济经历了几年顺利发展后面临的新的挑战是：旧的命令经济体制已经在多方面被突破，而市场机制又没有作为一个体系建立起来，在经济中就出现了两种体制哪一个都不能有效地发挥整体功能、经济体系难于协调地有效地运行的情况。在双重体制胶着对峙的情况下，经济管理的漏洞很多，资源不能得到有效配置，增加了抑制扩张冲动和需求膨胀的难度，同时，"放权让利"又要求国家财政，特别是中央财政增支减收，国民收入向个人收入"倾斜"，这就使中国经济面临很大的财政赤字和通货膨胀的压力。

面对着危险正在地平线上出现的形势，一些对是否应当继续沿着"放权让利"方向前进持有怀疑态度的经济学家从各自的研究中得出了大致相同的结论。这就是：中国目前经济结构和经济体制中存在的许多问题，都与迄今为止的改革不够系统和未能配套有关。救治之策在于推进配套改革，使新经济体制的主要支柱较快地建立起来。于是，逐渐形成了配套改革的思路。这种思路力求从中国的实际出发，把现代经济学家理论同世界各国经济发展和经济改革的经验，包括本国自己的经验紧密结合起来，发展有关经济改革的理论和政策体系，较快地实现由集权的行政社会主义向有计划商品经济，或社会主义市场经济的初步转轨。他们的主张主要是：

（1）"有计划商品经济"，或者说有宏观管理和计划指导的市场经济，是一个体系。这个体系主要是由自主经营自负盈亏的企业、竞争性的市场体系和主要依托市场进行调节的宏观管理体系三者组成。作为一个体系，以上三个方面互相联系、互相制约、密不可分。因此，需要"三环节同步配套改革"[①]或"企业改革和价格改革双向推

[①]　吴敬琏：《单项推进，还是配套改革（1985年7月15日）》，（转下页）

进"①。只有通过这类配套改革实现经济体制的初步转轨，这种经济体系才能有效运转。

（2）正如国际经验反复证明了的，通货膨胀既不利于发展，也不利于改革。同时，考虑到社会的承受力，进行经济体系，包括价格体系的全面改革，要以总需求同总供给比较协调、经济环境比较宽松、国家财力有一定的余地为前提，以便保证在重大改革措施出台时不致出现严重的通货膨胀。因此，党和政府应当采取果断的态度，抑制需求，改善供给②，在环境得到一定程度的治理的条件下，迅速推出配套改革的第一批措施，让新经济体制运转起来，促使国民经济尽快转入良性循环。在1985年的讨论中，以上两个论点逐渐

（接上页）见《经济改革问题探索》，北京：中国展望出版社，1987年，第268—269页。

① 中国社会科学院"经济体制改革中期纲要"课题组：《中国经济体制中期（1988—1995）改革设想》，《中国社会科学》，1988年第4期。

② 刘国光是这种"良好环境论"或"宽松环境论"的主要代表。他在《略论经济调整与经济改革的关系（1979）》（参见《论经济改革与经济调整》，南京：江苏人民出版社，1983年，第10页）、《再论买方市场（1983）》（参见《刘国光选集》，太原：山西人民出版社，1986年，第434页）、《关于发展社会主义商品经济的问题》（参见《中国社会科学》，1986年第6期）中，反复申述了为改革创造"宽松环境"的必要性。笔者也认为，"为了保证经济改革能够平稳地进行，首先需要有一个宏观经济关系比较协调，市场不太紧张，国家的财政、物资后备比较宽裕的良好经济环境"（参见吴敬琏：《再论保持经济改革的良好经济环境》，《经济研究》，1985年第5期）。这样，就需要采取"坚决而有效的措施在短时间内把总需求继续膨胀的势头控制住，造成出台较大的改革措施也不致发生严重通货膨胀的相对宽松的环境"［参见吴敬琏、周小川、楼继伟等：《争取尽快地走出相持阶段，开创改革的新局面（1987年7月）》，见《中国经济改革的整体设计》，北京：中国展望出版社，1988年，第63页］。

为人们所广泛接受，特别是 1985 年 10 月中共全国代表会议通过的《中共中央关于制定国民经济和社会发展第七个五年计划的建议》，确定以坚持社会总需求和总供给的基本平衡，避免经济生活的紧张和紊乱，为改革创造良好的经济环境作为"七五"的指导思想；并要求在此基础上，进行企业、市场、宏观调节体系的配套改革，"力争在 5 年或更长一些的时间内，基本上奠定有中国特色的社会主义经济体制的基础"。

根据中共中央关于第七个五年计划的建议的精神，中国政府确定 1986 年经济工作的方针，是继续加强和改善宏观控制，抑制需求，改善供给，从各方面作好准备，使改革能够在 1987 年迈出决定性的步子。[①] 接着，国务院所属方案办公室就着手拟定"七五"时期以价格、税收、财政、金融和内外贸为重点，其他方面，包括企业经营机制改革配合进行的改革方案。价、税、财、金、贸改革的主要内容是：① 采取"先调后放"的方法，用两三年的时间实现主要原材料、能源、交通运输价格的改革，竞争性部门的价格基本放开；② 与价格改革相配合，用增值税代替产品税，建立包括资金税、土地使用税费、矿产资源税费等的资源税体系，以便为各类型的企业创立大体平等的竞争环境；③ 在价、税改革的基础上和明确划分各级政府职能的前提下，分步骤地用"分税制"取代目前按企业行政隶属关系征交收入、各级政府包揽过多微观经济职能的财政体制；④ 建立适合于市场经济的金融制度，基层银行实行企业化经营，中央银行广泛运用经济手段调节资本供求，保证货币稳定；⑤ 将物资

---

① 参见赵紫阳（1986）：《当前经济形势和今年经济工作的任务——在全国经济工作会议上的讲话》，1986 年 1 月 13 日。

调拨改为批发贸易，实现内外贸的放开经营，组建批发贸易市场，建立有管理的浮动汇率制；等等。预期实现了这些改革以及其他方面的配套改革，再经过几年的补充和改善，就可以在"七五"末期或"八五"初期建立新体制的初步框架，使有宏观调节的市场机制发挥国民经济调节者的作用。

1986—1987 年的改革战略转变

1986 年 3—8 月制定的方案，在 8—9 月间得到我国党政领导的批准，但后来没有付诸实施。主要的原因是：

首先，配套改革思路在经济和政治上的正确性和可行性受到怀疑。对于改革是否应当总体设计、配套实施，历来是有争论的。有一部分改革者认为，新体制的建立是一个自然发育过程，不可能预先设计，而只能"什么好改改什么，走到哪里算哪里"。对于把价格体系、税收制度和财政体制作为改革的重点，反对的人更多。反对1985 年制定的改革战略和 1986 年制定的价、税、财、金、贸配套改革方案的经济学家的主要论点是：

（1）供不应求的状态，是社会主义经济的常态。在中国这样一个发展中的社会主义国家，国民经济在可以预见的时期中，将始终处在总需求超过总供给的"非均衡"状态之中，"供给略大于需求缺乏现实性"。如果想人为地用宏观控制措施压制需求和限制货币供应量，不但不利于高速增长，并且会损害各方面的利益，从而招致人们对改革的支持减弱。因此，"紧"的宏观经济政策是不可取的，相对宽松环境在全部改革，特别是企业改革实现以前，也绝无可能出现①，而应当采取一种"用适度通货膨胀支持高速度增长"的方针②。

（2）价格改革意味着巨大的利益关系调整，不能普遍地给各个社会集团带来好处，难度和风险都太大。而且目前价格以及其他方面的"双轨制"，已经使市场机制能够发挥作用，不必急于改变。目前中国经济的主要问题在于企业的财产关系不明确。应当"绕开"价格改革，优先实现企业"所有制改革"或国民经济的"微观基础再造"。③

---

① 参见厉以宁（1986）：《关于经济改革中急待研究的几个理论问题》，《经济发展与体制改革》，1986 年第 5 期；同见厉以宁（1986）：《社会主义政治经济学》，北京：商务印书馆，1986 年，第 466—471 页。

② 参见程万泉：《首都经济学家座谈物价问题》，新华社 1988 年 4 月 7 日专稿；又见程万泉：《物价上涨的原因及平抑物价的对策——首都经济理论工作者的意见》，《人民日报》，1988 年 4 月 8 日。

③ 厉以宁教授是"所有制改革先行"战略的最重要的倡导者。他从 1986 年以来一再指出了在当前和今后一段时期中进行价格改革的有害性："中国的改革如果遭到失败，可能就失败在价格改革上；中国的改革如果获得成功，必然是因所有制的改革而获得成功。"（参见《北京日报》，1986 年 5 月 19 日；《科技导报》，1989 年第 1 期）他认为，"我国唯一可以选择的途径是：绕开价格改革，先进行所有制改革，在所有制改革取得成就的基础上，使市场体系逐步趋于完善，然后再着手全面的价格、工资体系的改革"（参见《金融时报》，1988 年 1 月 18 日）。实现所有制改革大约需要 8 年、15 年，甚至更长一些（参见《理论信息报》，1986 年 11 月 3 日；《金融时报》，1987 年 12 月 3 日）。在此期间，要采取一系列"绕开价格改革的具体办法，主要是采取非均衡对策，即数量调节手段。例如，企业承包时采取非规范化的承包基数确定方法……又如，在金融方面，以信贷量调节为主，而不以利率调节为主，等等"（参见《金融时报》，1988 年 1 月 18 日）。由于"非规范的承包制可以绕开价格不合理的难点，按行业、企业定基数"，在价格不合理的情况下，企业改革必须包含承包的内容。厉以宁教授的"基本观点是：规范化的产权关系（股份制）与非规范化的承包制的结合"，"先包后股"或"先股后包"（参见《金融时报》，1987 年 12 月 3 日）。

（3）行政性分权或地方分权，是中国改革的必由之路。在中国这样一个错综复杂、地区差异极大的发展中大国，如果"走统一市场的道路"，"生产布局会全面恶化"。而且在中国，"整个社会的经济活动，既不能由中央计划包打一切，也不能靠市场机制独步天下"。因此，必须克服经济性分权——"'要么中央管，要么企业管'这种脱离现实的幻觉"，不是直接由企业，而是地方政府"承接"中央政府下放的指令性计划权力。[①]

以上观点在1986年逐渐居于优势。首先，1986年2月工业生产增长速度下降到0.9%以后，越来越多的人要求放弃"紧"的宏观经济政策。1986年3月中央银行决定放松对工业贷款的控制，货币供应从第二季度起急剧增加。结果1986年度广义货币M2的供应约增加25%，大大超过了当年国民收入的7.4%的增长率。

1986年第四季度，价、税、财、金、贸配套改革的方案被放弃，改革的重点转向推行以"承包经营责任制"为主要形式的"所有制的改革"或"企业改革"。按照一些论者的说法，1986年的一项重大成就，就在于摆脱了"加快过渡的气氛和压力"，做好了进行"几代人努力的长期准备"，完成了决策思想的"历史性转折"。由于实现了这一转折，从1986年中期起，中国经济开始"稳定好转"，"出现稳步发展的势头"。[②]

---

① 华生、何家成等：《经济运行模式的转换——试论中国进一步改革的问题和思路》，《经济研究》，1986年第2期；同见北京青年经济学会理论组（1987）：《加快改革步伐，全面深化改革——论中国经济改革的任务和道路》，《中国：发展与改革》，1987年第9期。

② 何家成、张学军、华生、罗小朋、边勇壮：《中国：经济稳定好转与改革历史性转折——北京青年理论工作者论述去年经济形势与今年对策》，《世界经济导报》，1987年1月19日。

虽然中国的改革者中有一部分人对于放弃 1985 年确定的改革战略持有异议，但他们在很大程度上丧失了对决策的影响。他们的观点，受到了主流派的激烈批评。这样，从 1987 年春季开始，中国公共部门（国有企业和国家财政）的改革思路转向全面推行承包制。从 5 月开始，在国有企业中普遍推广了承包制度。承包制度对于企业增产增收有强大的刺激作用，因而 1987 年中国工业生产以递增的加速度增长。主流派由此得出结论，增加货币供给、提高增长速度、企业改革先行、价格改革从缓的战略，已在 1987 年年初见成效，它将在一二年中"大见成效"。利用通货膨胀政策支持高速增长和在相当长的时间（比如 15 年）中绕过价格改革推进企业改革，可以使中国改革的目标稳步地得到实现。

　　配套改革论者不同意继续进行行政性分权和企业改革单项突进的战略。在笔者看来，公有制企业组织形式和经营机制的改革，包括国家机关作为社会经济调节者职能与所有者代表职能的分离，以及公有制法人持股为主的股份公司的建立等十分重要，应当立即着手进行。但是，这不应成为"绕开"价格改革的理由。因为在价格没有理顺、市场体系没有建立、公平竞争的环境没有形成的条件下，企业不可能真正摆脱对上级行政机关"纵向从属"，行使决定产出结构、安排购销关系和作出投资决策的自主权。在这种条件下，企业虽然能在一定范围内参加市场活动，但它们所面对的是一个有强烈行政干预、很不完善的市场，交易条件是根据所谓"非规范调节"原则由行政主管机关决定的。它们只能如科尔奈所说，"一只眼睛盯着市场、一只眼睛盯着上级"，而在中国的条件下，则主要是盯着上级。在不正常的市场环境下，相当一部分企业的行为会偏离靠改善经营管理来取得盈利的正确的方向，而像提高经济效益、抑制通货膨胀、实现较公正的分配，以及控制从差价牟取暴利的"倒爷"活动和以权谋私的腐败行为的蔓延等问题，却不易得到解决。因此，旨在建立市场机制的配套改革越是向后拖延，对发展和改革越是不利。东欧一些社会主义国家改革的经验说明：在开始改革、逐步破除旧体制以后，如果不能在较短的时期内使市场制度初步运转起来。那么，就会形成某种继续以行政协调方式为基础，而不是以市场协调方式为基础的货币经济。这是一种既不能有效配置稀缺资源，也不能改善微观运作效益，而只能导致停滞膨胀的经济体制。在这种体制下，经过少则三五年、多则十几年的相持阶段，这些国家的经济改革和国民经济发展无一例外地陷入了进退两难的困境。我们指出，中国经济面临的形势是严峻的，应当立即采取更坚决的措施治理环境，推进改革，以期避免东欧某些国家已经陷入的困境。①

---

① 反映主张对国有部门配套改革的人们的想法的代表作有：吴敬琏的《关于改革战略选择的若干思考》（参见《经济研究》，1987 年第 2 期）；吴敬琏、胡季、李剑阁的《十一届三中全会以来建设和改革经验的研究》（参见《中国经济改革的整体设计》，北京：中国展望出版社，1988 年，第 415—437 页）。笔者在《关于改革战略选择的若干思考》（1987）这篇引起了强烈反应的论文中，提出了以下六个战略选择问题来进行讨论，它们是：① 继续把"放权"和"让利"作为改革的主要内容，还是把主要注意力放到建立有宏观管理的市场经济体系上来；② 是边走边看地进行单项突进式的局部改革，还是进行总体设计、分步实施同步配套的改革；③ 中长期目标选择，是原始的市场经济，还是有宏观管理的市场经济；④ 在国民经济的总量管理上，是实行命令经济框架下的"行政性分权"，还是依托于一体化的国内市场进行统一调节；⑤ 是靠扩张性的宏观经济政策来支持增长、改革，还是采取偏紧的宏观经济的政策来保证稳定增长、改革的顺利进行和体制的有效运转；⑥ 应当让当前这种"双轨价格"并存、双重体制对峙、新经济机制不能有效发挥作用的状态长期延续，还是采取果断措施，在较短的时期内（转下页）

基于以上观点对经济形势所作的分析当时受到了权威方面的严厉批评[1]。批评者认为，我们对近年来国有部门改革失误提出的批评，是对中国改革的"不公正的评价"。他们强调指出，在近几年的改革中，中国政府"走了一条适合中国国情的特殊道路，其中最显著的是以计划、物资、价格的'双轨制'为特征的渐进转轨方式"，如果不是走这条道路，而是企图"用别国的经验和理论来裁剪中国的实践"，"寄希望于总体配套和一揽子转轨，只能导致改革的夭折"。

尽管直到 1988 年春季，一部分主流经济学家对中国经济改革的现行战略仍然具有完全的信心，对经济发展的前景持有极为乐观的预期[2]，但通货膨胀升级[3]、经济秩序混乱、分配不公加剧、腐败现象蔓延等消极现象的急剧升级，说明运行中的经济体制出了较为严重的毛病，需要对原来的改革战略和部署作出调整。这促成中国领导人在 1988 年 6 月作出了加快价格改革的决断，计划在 1989—1993 年分步骤地实现价格、工资等项改革。但是，当时通货膨胀的压力

（接上页）形成社会主义商品经济的基本框架，使新经济机制能够发挥主导的作用。

[1]　批评者的部分论点可以参看：上海部分青年经济工作者座谈纪要：《对中国改革发展应有历史公正的评价》（参见《世界经济导报》，1987 年 4 月 13 日）；署名"北京青年经济学会理论组"的《加快改革步伐，全面深化改革——论中国经济改革的任务和道路》（参见《中国：发展与改革》，1987 年第 9 期）等。

[2]　当时中国权威方面的论断是：1987 年出现的超高速增长是"健康的"，物价指数稍高于计划，只是由于"食品生产"的结构性问题，中国经济已经出现了"微观搞活与宏观控制相互促进，速度与效益相互统一，改革、发展与稳定相互推动的局面"。（参见《人民日报》，1988 年 3 月 21 日）

[3]　1988 年年初中国通货膨胀明显升级，第一季度中国政府公布的零售物价指数上升到两位数（12%）的空前水平。

十分强大，居民的通货膨胀预期正在形成，在宣布 1989 年开始进行以价格改革为重点的配套改革的同时，受到流行的"通货膨胀无害论"[①] 的牵制，未能采取抑制需求、收缩通货的措施，结果发生了 1988 年 8—9 月的抢购风潮。根据这种情况，1988 年 10 月召开的中共中央十三届三中全会决定把稳定经济（治理经济环境）作为今后几年的主要任务。于是，中国经济进入了一个新的调整时期。

1988 年以来面临的新抉择

经过一年的治理，到 1989 秋季，导致 1988 年物价暴涨的浅层原因——以货币 M0（现金）供应量为代表的现实购买力的膨胀，已经得到初步的控制；从这个意义上说，总量控制已经到位，因而物价涨势趋于平缓，过热的经济迅速降温；但是，经济结构和经济体制等方面的问题基本没有受到触动，这些深层问题亟须解决，否则今后经济的发展将会步履维艰。以上两方面的情况说明，调整国民经济，即治理、整顿和深化改革的工作进入了一个新的阶段。

这次调整国民经济，是从抽紧银根即控制货币供应总量入手的。从 1989 年年初到 10 月末，银行没有作新的货币（现金）投放；10 月末市场货币流通量比 1988 年 10 月末只增加 10%，接近于同期 GNP 增长。由于购买力疲软，1—9 月社会商品实际零售总额下降

---

① 参见程万泉：《首都经济学家座谈物价问题》，新华社 1988 年 4 月 7 日专稿；程万泉：《物价上涨的原因及平抑物价的对策——首都经济理论工作者的意见》，《人民日报》，1988 年 4 月 8 日；王建：《如何认识当前的物价问题》，《光明日报》，1988 年 7 月 9 日。

8%，不仅电视机等耐用消费品大量积压，钢材等长期紧缺的生产资料也开始出现滞销现象，物价涨势迅速回落。与此同时，由于销售不畅和企业资金紧张，工业生产 9 月和 10 月连续两月负增长；工业企业开工不足，有的工厂处于停产半停产状况，只能发给职工部分工资；由于清退部分合同工和新增劳动力就业困难，待业率呈上升趋势。

以上情况说明，原定的调整国民经济的总量紧缩目标至此已经初步实现。但是，调整国民经济的使之能够持续稳定协调发展的最终目标还远未达到。因为我国经济近几年未能实现持续稳定协调发展，出现经济困难和严重通货膨胀的深层根源，在于结构和经济体制的严重缺陷，而这些缺陷，是不可能仅仅靠总量紧缩得到解决的。在 1989 年年初讨论治理通货膨胀的策略问题时，我们曾经提出"标本兼治"的口号，希望兼顾控制总量和改善经济体制以便优化经济结构这两方面的要求。但是，后一方面的问题在前一阶段的调整中显然没有得到解决。而如果不良的经济结构不能得到优化，稀缺资源的配置效益不能得到提高，总量紧缩势必导致生产的萎缩，而要在这样的经济结构的条件下保持一定的增长速度，又会引起严重通货膨胀的再次出现。因此，一些经济学家提出，既然总量紧缩已经"到位"，就应当改变调整国民经济的策略，在大体保持当前的紧缩力度的前提下，把工作的重点从总量紧缩转变到深化改革、调整经济结构、提高经济效率、改善有效供给的"治本"的方面去。[1]

但是，当时有些同志否认现实需求的总量紧缩已经"到位"，认为首要任务仍然是进一步压缩货币总量，以便进一步减少有购买能

---

① 吴敬琏（1989）：《经济发展面临以改革促调整的新阶段》，《改革》，1990 年第 1 期。

力的需求。笔者认为这种判断不一定切合实际。那些同志认为总需求量仍需进一步紧缩的理由之一是：原来规定 1989 年固定资产投资削减 20%，实际上只削减了 7%，远未达到原定指标，故需进一步压缩。事实上，名义投资压缩 20%，加上货币贬值 20%，意味着按实物量计算的投资量减少 36%。1989 年 1—10 月名义投资减少 7%，加上货币贬值 20%，意味着实际投资比 1988 年同期减少 25.6%，这应当说是不小的缩减了。如果一定要在 1989 年实现 36% 的缩减，势必造成生产的不必要萎缩。另外，1989 年对 1988 年同期的物价指数仍保持较高水平，全年各月平均对 1989 年各月平均的社会零售物价总指数仍高达 20%。但这一指数包括 1988 年下半年和 1989 年上半年涨价的因素，不能说明 1989 年最后几个月的物价态势。事实上，1989 年 1—9 月的物价涨势逐月趋缓，第四季度零售物价上涨年率，在 0 上下徘徊。最后一种物价指数反映了居民在当前时点上实际感受到的物价上涨幅度。当时只要使 2%—3% 这样的物价增长幅度得以保持，甚至进一步降低，人民是会满意的。

当时还有同志认为，应当采取"注水入泵"的对策，用大量增加贷款、注入货币的办法来促使市场销售和工业增长率回升。事实上，用总量扩张、人为创造有购买力的需求的办法支持增长，是一种治标不治本、拆东墙补西墙的办法，虽然可以在短时期内缓解企业和各级财政的困难，但接踵而至的却将是新的一轮膨胀。1986 年我们已经有过这方面的教训，殷鉴未远，不应重蹈覆辙。目前企业存在严重的流动资金困难，究其原因，并不是流动资金供应总量过少，而是因为在"七长八短"、产需失衡的经济结构下，必然有大量资金以原材料储备的形式，以及在制品、成品资金和商业库存等形式"拘束"或"沉淀"于资金循环周转的各个环节。在资金总量与可供资源总量相适应的情况下，循环周转会发生阻滞。而如果要使循环周转顺畅进行，就必须注入过量的货币。少量的货币注入不足以推动一个体制失灵、结构极差的经济，以便把它的增长率提高到中等水平；而如果大量发放贷款、注入货币，直到资金能够顺畅地流动，则货币供应必定过量。因此，如果在结构不良、效率很低的条件下简单地采用放松银根的办法促使增长率回升，当增长率达到中等水平时，严重的通货膨胀已经来到了门口。

调整经济结构，要依靠能够有效运行的经济体制和以这种经济体制为依托的一整套经济政策。我们过去已经分析过，近年来我国经济结构恶化和经济效益降低的深刻体制根源，在于由经济改革不系统、不彻底和一些根本性改革迟滞造成的既非高度集权的命令经济，又非有管理的市场经济的混乱经济体制。它的主要的表现是：

（1）"行政性分权"造成了"政出多门"和"市场割据"状态。第一，在这种体制下，不论在命令经济下还是在市场经济中都应由中央有关部门集中调节的财政收支、信贷收支和外汇收支等宏观总量调节的机能，被层层切块下放给各级地方政府行使。"政出多门"使中央政府和中央银行的宏观调控能力严重削弱，很难有效保持上述总量的平衡和宏观经济的稳定。第二，在政企依旧不分的基础上实行的中央权力的过度下放，使各"大包干"单位（包括各级地方政府和各级政府所属部门），都成了政企合一的实体。它们竞相铺摊子，建立自己的独立经济体系，而且利用行政权力，垄断定价过低的原材料，兴办自己的加工工业，这种与"扬长避短，发挥优势"的方针背道而驰的做法，使各单位经济"同构化"，恶化了地区经济结构。同时，这种体制促使或迫使各地区和部门采取地区保护主义和部门保护主义政策，对别的地区和部门实行封锁，给予"自己的"

企业特殊优惠，支持它们进行不公正竞争。这造成了严重的市场割据，也使资源的地区配置状况恶化，促使一些地方和部门在采取"以邻为壑"的涨价等措施上互相"攀比"，加剧了宏观经济的混乱。

（2）**对价格的管制只是部分放开，特别是国有大中型企业的"计划内"生产仍然保持行政定价制度**。这种"双轨制"的价格体制造成了价格信号的严重扭曲。第一，大约占商品价值总额一半以上的产品继续保持计划价格。越是重要的和紧缺的产品，计划价格所占的比重越大。而在计划价格体系中存在越是稀缺紧俏的产品，其相对价格越低的反常现象。这刺激了获利丰厚的加工工业盲目发展，新增生产能力成倍地超过合理需求，浪费了大量资源，与此同时，农产品、原材料、能源、交通等的缺口越来越大，使大量生产能力因停工待料、停工待电、停工待运而不能发挥，拖了整个国民经济的后腿。而"双轨制"的投资体制和负利率使有限投资难于流向效率最高的部门和企业，引致投资效益下降。第二，"双轨制"下差距悬殊的多重价格，为利用分配权力和各种差价（包括价差、利差、汇差、地价差等）牟利的活动提供了基础，扰乱了经济秩序。同时，它使经济核算无从正常进行。由于从取得低价原材料、低息贷款和官价外汇乃至倒卖票证、批文得利，较之从改善经营管理得利要容易得多，就使企业管理人员不得不用主要精力找门路、求特权，"跑步（部）前（钱）进"，而改革要求的"奖优罚劣""优胜劣汰"等却难以落实。以权谋利的活动盛行，不但大大加剧了分配不公，而且严重腐蚀了党和政府的肌体。

（3）**国有经济产权界定不清，市场发育不良，因而多数国有企业并不真正具有独立性**。这几年的企业改革，主要是在缺乏竞争性市场和政企依旧不分的条件下向企业放权让利，同时实行下级对上级"层层承包"的管理体制以及"工资同'效益'（产值或利税）挂钩"的分配办法。这既不能使企业经理人员真正获得自主权，又缺乏迫使企业努力改善经营管理和进行技术革新的竞争压力，结果出现了"负盈不负亏""工资（包括奖金）侵蚀利润"的现象。

前文已指出，主要依靠行政手段，运用一套高度集权的指令性计划体系来实现结构调整，在当前条件下是不可行的。在我国的历史上，有过运用高度集权的指令性计划体制在短期内实现结构调整的先例。例如，在1958年"大下放"和"大跃进"导致经济危机以后，1961—1962年就是凭借这样的体制实现经济调整的。特别是1962年春季贯彻"七千人大会"关于"反对分散主义"和"加强集中统一"的精神以后，随即发布了一系列文件，将原来下放给地方的企业管理权、财政收支权、信贷权、物资分配权收回中央，从银行系统、物资系统到统计系统都实行"完全彻底的垂直领导"。凭借这种高度集权的体制，按照"条条"的划分进行了行业调整，一大批"大跃进"中"大办"起来的企业被"关、停、并、转"，数十万个小高炉废弃不用，基本建设项目大批"下马"，2000万已经进城就业的劳动力"招之即来，挥之即去"地回到了农业第一线。再辅之以放开"高价商品"等吸收购买力的措施，在短短几个月内就扭转了形势。虽然这种做法从长期看，由于集中太多、管得过死，影响了经济的活力，但在一段时期内效果是好的，因此，对于亲身经历过这一次挽救国民经济战役的人们来说，至今还有美好的回忆。但是，正如前面已经指出的，不仅强化集中的行政权力的做法有悖于改革的方向，即使作为恢复时期的过渡办法也是不妥的，而且我国目前也并不具有重建高度集中统一的指令性计划体制的条件。

出路在于推进改革，以便在大力增强中央宏观（总量）调控能力的同时，充分运用市场竞争的力量来实现经济结构的优化，换言之，就是要深化市场取向的改革。深化改革的基本方向是：

（1）同紧缩性的总量政策相配合，进行宏观管理体制，即财税体制和银行体制的改革。

（2）推进企业改革，通过变"基数"为"系数"和行业标准化等步骤，使国营企业的承包逐步规范化为利税分流、照章纳税、税后还贷、按盈取奖的适合于社会主义商品经济的企业财务体制，与价格改革相配合；全面推广大中型企业股份制改革。

（3）有步骤地进行价格改革和推动市场的形成。首先，尽快建立商品和服务市场。对能源、原材料、交通运输等生产资料价格采取"调"和"放"两种办法较快地放开。粮食等农产品价格可以利用两年大丰收和"市场疲软"的时机，一步调整到位或直接放开；同时，下大力气发展以有资格限制的商品交易所为枢纽的生产资料批发市场，培育商业组织；还要加强公正竞争的立法和执法，消除对一般商品的经营垄断和其他的妨碍公平竞争的行为。要素市场（包括劳动市场、技术市场、经理市场、土地市场、货币市场和资本市场）的培育，也要抓紧进行。

当时，我们曾经指出，采取这种进一步调整国民经济的策略的好处是：它既有助于克服眼前由现实购买力不足引起的困难，又能通过经济机制的改善，使经济结构和经济效益有明显的改善，从而消除通货膨胀和经济困难的深刻根源。当然，实施这种设想也不是没有困难和风险的。它的主要困难和风险可能在于：强化竞争会使现有利益格局发生变动，因而出现某些社会问题；同时，任何不谨慎的措施都会诱发潜在购买力出笼，出现抢购风潮。不过，要从延续多年的"一收就滞、一放就胀"的"怪圈"中脱身，舍此恐怕别无他途。而且，可能发生的上述严重问题是完全可以依靠细致的准备工作、周密的实施方案设计，采取某些疏导、缓冲和防范措施加以防止和克服的。而管住总量和放开市场的"两手政策"是提高效率、防止陷入"滞胀"的有效手段，是早经二战后各国反通货膨胀的历史所反复证明了的。这对中国也并不例外。

可惜的是，由于当时对改革的方向认识尚且不一致，对具体的实施步骤更难于取得共识，因而贻误了一些时机。但是即便在这种情况下，虽然通货膨胀的压力已有所增大，只要精心设计，同时采取适当的保护措施和缓冲措施，在三五年的时间内顺利地实现价格改革仍然是可以做到的。因此在当前，当大步推进市场取向改革的政治障碍已经大体消除以后，就应当精心设计、精心施工，抓紧目前千载难逢的机遇，迅速实现体制转轨，为 21 世纪实现中国经济腾飞打下坚实的基础。

公共部门改革战略的若干思考

回顾我国公共部门（国营企业和国家财政）改革的历程，可以得到如下的结论：

第一，当市场经济在"体制外"得到一定程度的发展，因而给原有的国有经济的体制转轨提供了支持力量以后，应当当机立断，抓紧有利时机，尽可能快地实现公共部门整体性的改革，使整个国民经济运作能够建立在统一的市场经济的基础之上。

第二，当然，公共部门的"整体配套改革"并不是说各方面的改革都要"齐步走"，鉴于问题的复杂性，由旧体制向新体制的过渡必然是分阶段进行的，各方面的改革也有一个由浅入深、由低级到高级的发展过程。但是，由于"人是每天都要吃饭的"，供给不可一日或缺，经济体系具有不能"停机修造"的特点，因此，过渡过程应力求其短，而且在过渡时期的每一个阶段上，都要保证当时的经济体系能够大体协调地运行。这样，就给改革进程的设计提出了两项基本的要求：一是保持各项改革的合理顺序，率先进行的改革为随后进行的改革创造条件，而不致为后者设置障碍；二是力求各个关系密切的经济环节的改革同步地进行，使经济系统在整个过渡过程中保持某种程度的协调。做到了这两点，各项改革措施就能前后有序、左右配合地得到实施，从而保证经济体制在一个较短的时期中相对平稳地从旧模式过渡到新模式。

根据这样的要求，我们可以设计出各方面的改革既是分步骤又在每一个阶段大体同步的改革实施方案。拿企业改革来说，公有企业财务预算约束的硬度，即企业自负盈亏的程度是可以分阶段地逐步提高的，所有权与实际控制（经营权）的分离也可以分为从初步分离到完全分离的若干步骤。例如，在最初的阶段，企业可以仍然作为行政机关的下属单位，实行所谓"完全的经济核算制"：以收抵支，按盈取奖。进一步，则可以实行政府的调节权、政府代表的公有所有权和企业的实际控制（经营权）分开，建立各种国有资产经营部门分散持股的股份公司。最后，成为以各类法人持股为主、个人持股为辅、股票可以自由转让的股份有限公司。拿竞争性市场体系来说，应当首先力求货物市场较为完善，然后再及于要素市场。其中，金融市场在初期也要把建立短期融资市场（货币市场）放在首位，在此基础上才谈得上发展长期融资市场（资本市场）。而资本市场的发展在相当一段时期内也宜于掌握三条原则：① 外部融资为主，内部融资为辅；② 间接融资为主，直接融资为辅；③ 先有成熟的一级市场（发行市场），然后才有成熟的二级市场（流通市场）。至于国家的宏观管理和行政指导体系，在初期还将较多地兼用直接手段，以后相机逐步取消。

在各方面改革的相互关系上，企业独立经营的程度将与竞争性市场体系的发育程度相配合。一般来说，企业短期决策权（日常经营决策权）的放开程度，应与货物市场的发育程度相适应，而企业长期决策权（投资决策权）放开的程度，应与金融市场的发育程度相适应。这样，整个市场经济体制的成熟程度就由低向高地发展。先把社会主义市场经济的基本框架建立起来，使它得以初步运转，然后在此基础上加以提高和完善。

各个系列的改革，都应**循序前进、从基础做起，**但是，要**加快每一步骤的进行速度**。前些年，有些经济学家提倡一种市场体制逆向发展，或者叫作"猴子倒爬楼梯"的改革战略。就是说，以高级形式市场的发展带动低级形式市场的发展，以便迎头赶上发达的市场经济国家。例如，以期货市场（期货合同买卖市场）的发展带动一般货物市场的发展，以股票流通市场的发展带动金融市场，特别是资本市场的发展等。

实践经验证明，这种逆向发展战略是不大行得通的。以货物市场的发育为例，期货市场，即期货合同的买卖市场，在市场体系中当然是非常重要的。期货市场上的套期保值乃至投机活动，起了分散风险和按未来的供求情况引导资源配置的作用。但是，在不存在正常的现货市场、现货市场价格不是自由形成而是由行政机关管制或受行政定价很大影响的情况下，完全无法对未来供求和价格走势作出预测，期货合同的买卖是无法正常进行的。在我国，曾经决定在粮食供销和价格实行双轨价的条件下在郑州建立粮食期货市场，但是在实际上，建立起来的并不是一个期货市场，而是一般的粮食批发市场。

以资本市场的发育为例，二级证券市场（由证券公司代理在证券交易所进行交易的证券转让市场）上的交易活动对于整个资本市场的发育起着促进作用（虽然西方经济学近来的研究否定了过去关于证券市场对有效配置资源和约束经理人员的巨大积极作用的估计）。但是，第一，这种二级市场只有在比较健全的一级市场（即股票、债券的发行市场）的基础上，才有可能发育起来。例如，如果没有足够数量的上市股票，没有合乎法律规范、正常经营、账目清楚、财务公开的股份有限公司，要让股票市场起重要作用是不可能的。第二，在中等发展程度的经济中，一般居民积蓄不多，而对于储蓄的安全性和流动性（liquidity，即变现能力）要求却比较高，同时，他们判断企业经营状况、预测股市走向的能力很低，在这种情况下，要把股票市场上的直接融资当作主要的融资方式也是不现实的。因此，在亚太国家中发展起来的、以通过银行中介的间接融资为主、在资本市场上直接融资为辅的融资模式，是很值得我们借鉴的。而且即使在采取这种模式的情况下，鉴于其他国家的经验，也要注意防止在我国出现发达的市场经济中普遍发生过的证券市场投机哄抬所造成的"金融舞弊""泡沫经济""股市崩盘"等消极现象对经济的冲击。

第三篇　深化市场取向改革的主要任务

　　既然改革的目标是用社会主义的市场经济体制取代原来的行政社会主义的产品经济体制，改革就不只是一场破除旧体制的深刻革命，而且是一项建设新体制的宏大工程。为了制定正确的改革战略规划，首先要对我们所要建设的新经济体系作出分析。

　　前面已经说过，通过市场机制配置社会资源的经济运行方式有三个基本要素：① 参与竞争并对价格信号作出灵活反应的企业；② 自由竞争、能够提供正确价格参数的市场；③ 以通过市场中介的间接调控为主的宏观调节体系。

　　与此相对应，经济体制改革就必须包含以下三项主要任务：

　　第一，用独立自主、自负盈亏的企业取代旧体制下作为上级颁发的计划指标的消极执行者（或者说，上级行政机关拨一拨、动一动的"算盘珠"）的生产单位。这些单位的功能，不是从事熊彼特所说的"创新"活动，而是不折不扣地执行上级机关的计划指令。国家同它们之间的关系，是科尔奈所谓的"父子关系"（paternalism）。

这种关系包含两方面的内容：一方面是行政主管机关对自己所属的企业施加襁褓般的束缚，另一方面是它们对自己所属的企业给予慈父般的庇护。这就使企业"外无压力、内无动力"，缺乏应有的活力。而在新的体制下，企业是追求利润最大化的市场主体，它们要根据市场信号自主地作出经营决策，同时对经营后果负完全的责任。

第二，用竞争性的市场体系取代分钱、分物、分项目的行政管理体系。所谓市场，无非是商品交换关系的总和。不过，并不是任何状态下的市场都能符合有效配置社会资源的要求的。例如，在中世纪的欧洲和我国的封建制度下，市场已在不同的范围内出现，但是，由于封建统治者总是利用自己的行政管辖权，对商业实行国家专卖或官商垄断，市场价格也要根据习俗或行政当局的命令确定。因此，这是一种缺乏必要的竞争、价格信号存在扭曲的市场。显然，这样的市场是不能充当社会资源的有效率的配置者的（在当时的社会条件下，由于生产的社会化程度低下，也不存在对社会资源进行全面配置的需要）。根据前述"市场经济"的定义，它所需要的市场是竞争性的市场，即通过足够的竞争者和潜在竞争者之间的竞争，形成能够灵敏地反映资源稀缺程度的相对价格体系的市场。而且，这种竞争性的市场不仅要在货物和服务的交易中存在，而且还要在各种生产要素，如土地、资本、劳动、专业人才、技术等的交易中存在。也就是说，不但有竞争性的商品市场，还要有竞争性的要素市场，形成一个竞争性的市场体系。

第三，以适合于市场经济、通过市场中介的以间接调控为主的宏观调节体系取代主要用行政手段进行资源配置的传统社会主义经济体制。这种体制，是一种所谓"宏观、微观大一统"的体制。在这种体制下，宏观范围内的社会资源配置决策和微观范围内的企业资源配置决策，都是由中央行政当局作出的。因此，当时的"宏观调节体系"，是"一杆子插到底"的，实行诸如"统收统支"这样的制度，通过对企业下达指令性计划，直接决定企业的资源配置。而在新的经济体制下，市场机制才是社会资源的基本配置者，企业内部的资源配置，由企业经理人员根据市场信号独立自主地作出，行政当局应当尽量避免进行干预。当局对于国民经济的调节，也应当适合市场经济的性质，运用自己的财税政策、货币政策和收入分配政策，通过市场中介进行。为此，就要建立适合于市场经济条件的财税体系和金融体系，靠这些体系的运作，保持国民经济的持续、稳定、协调和高效发展。

第八章　企业体制和产权制度

目前，我国国营大中型企业的组织形式，已经到非改不可的时候了。从整个国民经济的情况看，改革以来，我国经济的活力有了很大的提高，人民生活也有不小的改善。但是，不同经济成分之间发展的差异很大。公共部门（包括国营经济和国家财政）的改革相对落后，活力也就比较差。20世纪80年代中期，继农业转移到家庭经营的基础上而蓬勃发展的非国有部门同仍然在转轨的道路上徘徊的国有部门之间发展上的明显差异已经显露出来。1988年秋开始"治理经济环境"并在1989年秋季初步实现经济稳定之后，出现了"市场疲软"、购买力不足的现象，这时，非国有工业企业在所谓"衰退的优化效应"的作用下，比较快地进行了调整，在半年内就出现了强劲回升；而国营大中型企业缺乏应变能力，以及多年来积累起来的设备老化、技术进步缓慢、管理不善等缺点却充分暴露出来了，因而经过多次贷款"启动"，仍然回升乏力。虽然政府运用自己掌握的手段加以多方救治，始终少见起色。到1991年年末1992年年初，非国有工业已经进入高涨时期，仍有相当数量的国营企业开工不足，产品大量积压；而且在预算内国营工业企业中，有三分之二处于亏损状态（包括"明亏"和"潜亏"）。由于全民所有制经济是国民经济的骨干力量和国家财政收入的主要来源，它的不景气，使整个国民经济难以顺利实现持续、稳定、协调的发展。大量事实说明，国营大中型企业缺乏活力，从根本上说是个机制问题，靠更多地"加强计划管理"和"输血"，是很难解决问题的。看来，有效的解决办法，还是从进行彻底的改革中找出路。

几个基本的理论前提

为了研究企业改革问题，首先需要明确几个理论的前提。

第一，什么是企业，为什么要有企业？

最简单的回答是：企业是完成一定生产功能的单位。但是，为什么社会要划分为"企业"这样的单位呢？这要从生产的基本问题——稀缺资源的有效配置谈起，按照最低成本、最高效益的原则进行分析。现代生产是社会的、协作的生产，为了协调当事人之间的经济行为和有效地配置资源，社会必须作出一定的组织制度安排和设定一定的竞技规则。前面已经讲到过，组织生产和处理经济关系，有两种基本的方式：一种是行政命令，另一种是协议买卖。与之相对应，也有两种组织形式：企业和市场。在协调人们之间的相互关系时，是要付出成本，即交易成本的。在什么场合用什么协调方式，选择的标准是哪种方式的交易成本最低。同样，选择组织形式的最基本的准则，也是谋求成本最低、效用最大。企业这种组织形式的特点，是通过市场交易合同取得各种投入品资源，然后在内部用行政命令的方式来组织这些资源的利用。既然现代生产得益于规模经济，企业规模愈大，效益也愈大。但是，企业规模过大，用行政办法调节的交易成本太高，不如用市场调节，即通过协议买卖交易成本来得低些。所以企业应当保持在一定规模上，不能过小，也不要过大。用行政方式的交易成本刚好等于用市场方式的交易成本的地方，就是企业的边界所在。

由此看来，企业是组织生产、配置资源的基本单位，它是在产权明确界定的基础上、通过经理人员的行政管理和协调熊彼特（J. Schumpeter）所说的各种"创新活动"，实现资源的有效利用。

第二，产权的功能。[①]

早期的经济学家把企业看成一个生产函数，即一方面投入各种生产要素，另一方面产出自己的产品，只有生产成本，而没有交易的耗费。后来人们发现，在协作生产中，把这些生产要素组织起来，是需要一定的成本的，在不同的体制下这种组织的交易成本不同。首先，如果没有明确的产权制度就会发生"搭便车"（free rider）等损人的行为，各个经济主体都会倾向于尽量使用属于"大家"的资源来取得自己的好处，而资源的过度消耗则作为"外部性"（externality）由别人来承担。所以，明确各种要素的产权，是确保当事人行为优化的前提。其次，企业各种合约的联结，通过由合同约束的市场交易，企业取得各种生产要素和销售自己的产品，但是，监督这些合同的履行也是需要支付成本的。这样，就产生了一个合同的严格履行与自身的经济利益息息相关的监督人，否则它们就不可能得到严格执行，或者在监督时"偷懒"。这个合格的监督人，只能是企业本身的产权所有者。因此，明确界定企业产权，是建立真正企业的前提。

在传统体制下，企业为什么缺乏活力？

---

① R. H. 科斯：《企业、市场与法律》，盛洪、陈郁译校，上海：上海三联书店，1990 年；科斯等：《财产权利与制度变迁》，上海：上海三联书店、上海人民出版社，1991 年。

社会主义各国传统的国有经济，是按照马克思关于"社会大工厂"的设想和列宁的"国家辛迪加"模式建立起来的。在这里，整个社会成为一个规模无比巨大的企业，全体公民都成了国家的雇员，个别生产单位纵向从属于既掌握所有权，又作为社会经济调节者的行政机关。企业既没有决策上的自主权，也没有财务上的相应责任，这就使它们难以作为独立的经济主体，有效地配置它们所掌握的资源。因此，一些经济学家正确地指出，在传统体制下，只有若干类似于现代企业中的车间、班组等的生产单位，而不存在本来意义上的企业。①

在这种情况下，生产单位的主要任务，就不是发挥"活力"进行创新活动，而是严格执行上级下达的指令性计划，准确地完成各项指标，"令行禁止"，服从上级的意志。由于这个无比巨大的"企业"的规模远远超过了企业的合理边界，要维持其正常运转，交易成本几乎可以说是无穷大的，换句话说，根本无法有效地加以管理。

第三，国有企业怎样才能有活力？

如果上述分析是正确的，要使在传统体制下作为社会大工厂中一个执行上级意志的行政单位的国有企业具有活力，就必须把它改造为一个真正的企业，也就是在竞争性市场上自主经营、自负盈亏，并对市场信号作出自主的、灵活的反应的经营主体。

市场经济对企业的要求

企业要成为这样的独立自主的市场主体，应当具有以下的性质：

---

① 小宫隆太郎：《日中企业的比较》，《经济社会体制》，1986 年第 3 期。

第一，企业产权界定清楚。现代产权经济学的分析告诉我们，每一个经营单位（不管是自然人还是法人）的产权边界必须有明确的界定，否则会由于外部性的存在而造成资源的过度使用和"搭便车"等偷懒行为。

第二，应有充分的自主权，包括生产品种和产品组合的决定权、定价权、自由进入和退出的权利，并有权拒绝任何人在法律规定范围外的个别干预。

第三，要以经营单位的个人财产或法人财产对企业债务负完全责任或有限责任。

传统的国有制"企业"组织不符合市场经济的要求，主要表现为以下几个方面：第一，产权关系不明确，在名义上的所有者——全体人民并不能行使所有者的职能的同时，实际上的所有者（政府）及其代表（官员）只是作为一种企业之外的政治力量掌握企业但不承担直接经济责任；第二，所有"企业"都属于同一个主人，归政府垄断地占有，因此缺乏竞争性；第三，经理人员的行为准则，是尽力完成上级下达的计划指标，而不是追求盈利的最大化。

在过去我国的改革中，政府采取了一系列扩大国有企业自主权的措施，有关的"扩权"规定多达数十条。但这些措施着重于对企业"放权让利"，而没有从企业的内部组织制度和外部经营条件两方面进行根本性的变革。在价格体系严重扭曲、缺乏公平竞争的市场环境、政企又没有分开、企业仍然是行政主管的附属物的情况下，企业实际上很难真正具有经营上的自主权和财务上的独立性。在最好的情况下，也只能造成一种"负盈不负亏"的格局。在这种情况下，为了避免企业间的"苦乐不均"和保持宏观经济的稳定，往往"放"了一段时间以后，又不得不加强政府对企业的直接干预，把已交还给企业的自主权——收回。

几种可能的选择

国有企业改革的难点，不在中小型企业，而在大中型企业。对于中小型国营企业来说，多数经济学家主张分别用"包""租""卖"的办法，将它们改造为民有民营或国有民营的独立自主的经济实体。① 大型企业的情况要复杂一些。对于国营企业的改革，主要有以下的思路：

第一种思路的要点，是通过国家这个"最终所有者"同企业经营者之间的**产权分割，实现企业的自主经营和自负盈亏**。持这种看法的人认为：要使经营者有权有责，必须"赋予经营者以经济上的所有权"，或者叫作"在国家这一级实现两权分离，在企业这一级实现两权合一"。也就是说，为了克服传统国有制的弊端，有必要通过产权分割，把部分所有权移向经营者，以此来调动经营者的积极性。但是，在笔者看来，这是一条同现代化工业组织形式发展趋势相悖的道路。现代大型企业的资金需要量很大，不是个别家族或少数人集资就足敷应用的；同时，它们的管理极为复杂，需要由专业的经理人员来承担。因此，随着现代大型企业的发展，发生了产权和经营社会化，即股权分散化和"所有与控制分离"（或称"所有权与经营权分离"）的过程，而且非如此就不能适应大规模生产和大规模流

---

① 笔者认为，在"包""租""卖"这三种形式中，一般来说，"包"不如"租"，"租"不如"卖"。（参见吴敬琏：《"两权分离"和承包制概念辨析》，《经济学动态》，1988 年第 1 期）

通的要求。这一点在采取股份有限公司形式的大型企业中表现得最为明显：所谓产权的社会化，表现为股份有限公司面向社会公众募股（go public，在我国通常译为"上市"）；至于经营社会化，则表现为股份有限公司通常并不是由财产的所有者（出资人），而是由支薪的经理人员负责经营的。即使有些公司规定高层主管人员（CEO）应持有本企业的股票，或给予一定数量的购股期权（options），目的只在于建立经理人员同经营结果之间的某种直接联系，其份额也是极小的，远不足以控制公司。即使在一些新兴工业化经济（NIEs）的大型企业中，所有与控制分离的趋势也是十分明显的。总之，所有与控制分离的股份有限公司已成为现代大型工业企业的基本组织形式，我们也不应逆潮流而行，回到所有者、经营者、劳动者合而为一的经济发展的早期组织形式上去。

按照这种思路提出的具体方案包括：

第一，**实行职工共有的"企业所有制"**。在经济改革早期，一种有影响的看法是：企业问题的关键在于全体劳动者的所有权没有落实，职工不认为自己是企业的主人，缺乏主人翁精神。因此，应该把国有企业改变为本企业全体在职职工共同占有的企业。南斯拉夫职工共有的"自治所有制"模式，曾被认为是一种既符合于共产主义意识形态前提，又有效率的企业组织形式。但是在这种制度下，产权关系较之过去并不是更清晰，而是更加模糊了，因为"在职职工"是一个成员不断变动的集团，实行在职职工共有，仍不能解决产权界定的问题，资产到底归谁所有仍不清楚，或者像南斯拉夫宪法所说：既是大家所有，又不属于哪个人所有。在这种情况下，企业的目标函数是在职职工收入的最大化，所以就会产生"少扣多分"、不愿投资扩大再生产的短期行为。①南斯拉夫等国的实践已经表明了这一点。

第二，**实行承包制**。1987 年后我国普遍实行了企业承包制，这实际上是产权分割的企业改革思路的另一种表现形式。实践证明，实行企业承包责任制，只是在政企职责尚未分开、市场竞争环境尚未形成的条件下，给予企业某种程度自主权的一种过渡性办法。它仍然是一种行政协调方式，只不过不是由中央行政机关进行，而是按照等级原则由各级行政权力进行分散的协调。企业承包制在刺激企业增产增收的积极性的同时，也存在一系列消极效应，概括地说，有以下几个方面：

其一，承包制在稳定国家财政收入的同时，损害了财政收入的基础——长期经济效率的提高。企业按照事前承诺的基数完成上缴税利的任务，稳定了财政收入的来源，而且企业若是增收，国家也可以分成，这是承包制的正效应。但从稍长一点的眼光看，承包制也具有明显的缺点。一是承包制推动企业追求数量增长。在企业效益不能迅速提高的情况下，企业要多创利税、多发奖金，只能靠增加投入、扩大产量，所以依然像在指令性计划体制下一样，具有追求数量增长的行为倾向。二是有期限的承包使一些企业产生忽视长期发展、追求眼前利益的行为短期化倾向。三是承包后企业的涨价冲动更强烈。这些负效应随着时间的推移会更加明显，对长期发展的损害也更大。

其二，承包制不仅不能彻底解决政企不分的问题，反而使下级生产单位对上级主管部门的行政隶属关系更加紧密了。同原有的指

---

① 这种短期行为症候群，往往按照美国加州大学 B. 沃德教授所建立的职工共有制模型，即所谓"伊利里亚（南斯拉夫古称）模型"，而被称为"伊利里亚综合征"。

令性计划相比，情况有了一些变化。一是承包时企业可以向上级讨价还价，不像指令性计划时那样得无条件地绝对服从。二是承包期间企业家有了比原来更大的自主权和机动权。这一方面为企业自主经营创造了条件，另一方面也使企业有可能为其自身的短期利益与政策法令相抗衡。三是企业追求利益的动机比以前强烈。但是企业依然缺乏独立承担风险的机制，往往出现"只负盈不负亏"的状况，仍然能吃国家的大锅饭。而且，承包的基本内容主要是确定上级行政部门给下级生产单位什么权利，企业对上级行政机关承担什么责任和义务；承包当事人双方不是平等的商品生产者的关系，而是行政上下级关系；承包基数不是由招标市场上的竞争决定的，而是在行政上下级之间一对一讨价还价的基础上确定的，承包者同发包者之间往往形成紧密的"纵向从属"关系。总之，承包引起的这些的变化有利有弊，很难说通过承包，企业对行政的从属关系削弱了，或能自负盈亏了。

其三，承包制固化了现有体制，加大了进一步深化改革的难度。"包死"即硬化承包指标是承包制得以成功的基本条件，但其必要前提是外部环境大致稳定。这一要求与改革及其所必然伴随的社会经济结构、利益关系的剧烈变动是完全相悖的。"包了改不了，改了包不了"表明了"包"与"改"的矛盾。即使通过对既得利益的照顾和补偿仍能逐步走向新体制，也必然大大增加改革的成本。因为"包死"以后，只要新的改革触动了原有的利益格局，政府与企业就会面临着新一轮利益摩擦，必然增加改革的难度。

其四，承包制阻碍了经济结构的调整和优化。承包制隐含着一个前提，就是承认现有的所有企业，不管长线或短线，不管效益高或低，都有存活和取得留利的权利。这样好坏一锅煮，无法实现优胜劣汰和结构调整。即使我们假定现有的结构在当前是合理的，在一个不断创新的世界里，将它固化也意味着停滞和不进自退。从这个角度看，即使承包制调动了企业增产增收的积极性，也极有可能使经济结构趋于老化和恶化，降低整个社会的资源配置效益。

最根本的问题还在于，在这种体制下，产权界定不是更加清晰，而是更加模糊，因为给予企业承包者（经理人员或全体职工）以分享盈利的"剩余索取权"（residual claimant right），意味着在同一份工业资产（它和土地财产不同，具有不断磨损和易于损坏的特点）上有两个事实上的所有者：一个是在场的所有者（present owner），即拥有占有、使用、处置权的"企业"（实际上往往是指企业的经理人员），另一个是不在场的所有者（absent owner），即号称掌握着"最终所有权"的国家。这种情况会使相互侵权的行为普遍发生：某些企业经理人员会用少提、不提或挪用折旧，不恢复固定资产原值，甚至用掠夺式经营对资产过度耗用等办法，来扩大虚假的利润，以便增加自己的收入，这种"短期行为"实际上侵害了资产所有者的权益；而上级行政主管机关则采取对抗行动，用增加附加的承包条件、增收各种摊派等办法来实现自己的产权，把企业束缚得更死。因此，这不是一种同市场经济相适应、应当长期实行的制度。

另外一种思路是通过**法人化**（corporatization）实行**股份公司制度**。这一思路的主要设想是：① 将现有的国营大中型企业改组为股份有限公司，由各种公有制法人（包括各级政府的投资公司和保险公司等金融组织、其他企业、养老金基金会、捐赠基金会等）分散持股；② 法人组织建立以后，出资者不再保持对已入股的财产的直接控制，而是将法人财产的经营权交给由他们挑选出来的经理人员（指挥劳动者）行使；③ 在公司内部，实行将经理人员的工资同经营绩效联系起来的激励—约束机制，保证经理人员努力改善经营管理，谋求公司盈利的最大化。

笔者认为这一思路是可行的。这是因为：

其一，法人化以后，公司的法人资产就从全民拥有的总资产中独立出来，与全民拥有的其他资产之间有明确的界限。公司以其法人财产承担有限民事责任（可以"破"这一部分资产的"产"）。同时，公司制度从公有制的实现形式上消除了政府行政机关直接干预企业的基础，给实现所有与控制的分离和专家治理提供了前提。

其二，它打破了传统国有制同私有制二者只居其一的思维方式，在公有制为主导的所有制框架下设计了一种发展市场经济的新的所有制形式。因为股份公司这种企业组织形式，使公司法人按照追求收益最大化的行为规则运转，而与出资者（持股者）本身的身份和性质无关。把这种组织形式移到社会公共占有的所有制基础上来，就可以创造出公有制的新的实现形式。有人认为，只有保持传统体制下国有国营的企业组织形式，才能巩固社会主义公有制。经验证明，这种看法并不正确。12年来，全民所有制经济的所有制改革进展甚微。可是正因为如此，国有经济缺乏效率，已使国营工业同非国营工业产值的对比日趋下降。这说明固守传统体制绝非出路，必须进行制度创新。当然，我们对于公共所有制的认识，也应随着时代的变化而有所发展。事实上，现代公有制概念同马克思时代已经有很大不同。马克思所说的公共所有制（public ownership），专指全社会公众的共同占有，而后来人们把部分劳动者的排他性的集体占有，也纳入公有制的范畴。显然，公众控制的基金、基金会及其他金融组织，也应当视作公有制法人。

其三，这一思路排除了划分国家股、企业股的非规范的股份制形式，使股份制一开始就以现代形式起步。有一种意见主张，股份制要以政府持股为主、由主管机关直接任命高级主管人员，以确保社会主义全民所有制的性质。但实际上，如果政府持股、直接任命主管人员，很难避免陷入两难境地：干预少了，难以保证股本增值；干预多了，又导致政企不分，行政干预，可能的结局是政府与企业的"父子关系"依然如故。

还有一种意见认为可以搞一部分企业股。笔者以为这种做法会搞乱财产关系，会在企业中出现两个利益主体，一个是大概念的"企业"，即法人本身；另一个是小概念的"企业"，即法人之外的一部分（经理或在职职工集体），经营者有了双重身份，行为易于向小概念"企业"利益倾斜，扩大自己一方的"剩余索取权"，损害全体股东这个大概念的"企业"的利益。同时，股份公司发展的经验已经证明，公司法人拥有自己的股票流弊很大，各国法律已有严格限制。日本商法明确规定，这是一种违法行为。美国商法则规定，股份公司在增资时可保留一部分股票暂不出售，但这部分股份，一无投票权，二不能按股分红。至于我国企业中由于近几年由利润留成再投资所形成的那部分资产，笔者认为可以采取别的形式来处理，比如，建立职工同人福利基金会，作为一个法人来持有由这部分资产演化出来的股权，而不要作为"企业股"，由公司的经理人员作为法人代理人。

"两权分离"的两种不同含义

社会主义公有制条件下所有权同经营权的分离，即通常所说的

"两权分离"问题，是目前中国经济学界讨论的一个热点。然而，对"两权分离"的理解却是多种多样的。目前经常出现把不同含义的"两权分离"混在一起的情况，从而造成对经济体制改革中试行的承包制、租赁制和股份制等的经济关系实质的不同解释，并给讨论增加了困难。

公有制条件下的"两权分离"，是不少社会主义国家在经济改革过程中都提出过的命题。中国经济学界早在 20 世纪 50 年代末期就讨论过这个问题。1984 年《中共中央关于经济体制改革的决定》明确指出："根据马克思主义的理论和社会主义的实践，所有权同经营权是可以适当分开的。"对于国有企业经营机制改革的这项基本原则，国内经济学界几乎是一致同意的。不过在将原则付诸实施时，理解却因人而异。这不能不引起实际工作中的很不相同的做法，甚至引起混乱。

细细想来，对于"两权分离"其实有两种完全不同的含义，实在有加以辨析的必要。

对于"两权分离"的**第一种理解，是传统政治经济学的理解，即所有权同占有、使用、支配权的分离。**

在中国，1959 年就有几位同志专门写文章讨论了"两权分离"的问题，认为"两权分离"的实质就是所有权和占有权、支配权、使用权属于不同的主体。后来孙冶方根据苏联学者的研究，肯定了这种解释，并把这样理解的"两权分离"，即"所有权属于一个主体，占有、使用、支配权属于另一个主体"作为他所设计的"全民所有制经济管理体制"的基础。①

----

① 孙冶方说："有一位外国的法学博士认为，从太古以来，（转下页）

我国经济学家为论证这种理解，举出了两条主要的依据。一条是马克思在《资本论》第 3 卷第 5 篇讨论生息资本（借贷资本）和产业资本之间的关系时作出的分析。马克思指出，借贷资本家把他所拥有的货币借给产业资本家从事经营，于是，发生了"货币资本家"与"产业资本家"，或者说**"资本所有权"与"资本职能"之间的分离**。另一条根据，是列宁在 20 世纪初对土地国有条件下农业经营问题的论述。列宁在《社会民主党在 1905—1907 年俄国第一次革命中的土地纲领》和《十九世纪末俄国的土地问题》里都指出过，土地国有化并不排斥土地的私人经营，这里存在着**土地所有者同土地经营者之间的分离**。这种分离在旧中国也是司空见惯的。例如，在封建时代的地主与佃农之间，所有权（"田底权"）的拥有者和占有、使用权（"田面权"）的拥有者之间，都存在这种分离。正是根据以上的经济事实和马克思主义古典作家的分析，许多经济学家认为，所谓"两权分离"，也就是所有权同占有、使用、支配权之间的分离。或如孙冶方所说：

"经营管理权问题，也就是法学者所说的所有权中的占有、使用和支配权的问题。""马克思在《资本论》……中就曾详细论述过借贷资本家和企业资本家，即所有者和经营管理者的分离问题。在旧

（接上页）人类就懂得谁是著名的三位一体者（占有、使用和支配权），谁就是所有者。而当劳动人民掌握了政权，就截然不同了，他们以世界上从未有过的方式来建立自己的全民财产。在全民所有制之下，占有、使用和支配权是一个主体，而所有权是另一个主体。国营组织……对固定给他们的国家财产行使占有、使用和支配之权。而这些财产的所有者是国家。"［参见孙冶方（1961）：《关于全民所有制经济内部的财经体制问题》，见《孙冶方选集》，太原：山西人民出版社，1984 年，第 241 页］

中国，在许多地方存在过田底权和田面权的分离，所谓田底权就是所有权，田面权或永佃权就是经营管理权，田底权和田面权曾经是可以独立买卖和转让的。"①

从以上的说明看得很清楚，这里所说的"两权分离"，**是所有权在不同主体之间的分割**。例如，在生息资本的情况下，正如马克思指出的，资本所有权同资本职能分离的实质是：借贷资本家**在一定期间让渡自己的所有权**，产业资本家则在一定期间内购买这个所有权。这使产业资本家取得了在借入期内对借入资本的完全的支配权，他可以用这笔钱来经营自己的实业，将本求利。正因为这样，马克思才把这种"两权分离"既称为"资本所有权同它的职能之间的分离"，又把它称为"资本的法律上的所有权同它的经济上的所有权分离"。② 至于"田底权"与"田面权"分属于两个独立的所有者，更是不言自明的事情。

问题在于，我们过去对于这种"两权分离"实际上是所有权分割这一点没有给予充分的注意。可以说，过去我国绝大多数经济学家都对"两权分离"的实质作这一种解释。拿笔者自己来说，直到20世纪80年代初期写的文章③里仍是这样说的。据笔者最近的接触，

---

① 孙冶方（1961）：《关于全民所有制经济内部的财经体制问题》，见《孙冶方选集》，太原：山西人民出版社，1984年，第241页。

② 马克思（1861—1863）：《剩余价值理论》，见《马克思恩格斯全集》第26卷（Ⅲ），北京：人民出版社，1974年，第511、510页；马克思（1867—1883）：《资本论》第3卷，见同书，第25卷，北京：人民出版社，1974年，第418—420页。

③ 如吴敬琏（1981）：《关于我国现阶段生产关系的基本结构》，见《经济改革问题探索》，北京：中国展望出版社，1987年，第52—75页。

苏联和东欧的一些著名学者似乎也都用这种解释来说明他们改革中的"两权分离"做法。但是近来笔者越来越觉得，这种理解是有问题的。

问题的症结是，我们在改革中之所以要提出"两权分离"问题，是为了使国有企业的经营机制适合于社会化大生产的要求，而上述传统意义上的"两权分离"，同现代大经济中普遍实行的"两权分离"，却并不是一回事。

在大工业发展初期的所谓"企业主企业"（the entrepreneurial enterprise）[①]中，所有者和最高层次的经营者是合为一体的。但是，随着社会化程度的提高和企业规模的扩大，所有者往往难于执行最高经营者的职能。特别是在股权分散的股份公司中，所有者（股东）越来越与实际经营相脱离，而实际控制权（包括短期决策权和长期决策权）则被交给董事会领导下领薪金的经理，由他们负责经营。这样，就发生了**第二种意义，即现代意义上的"两权分离"或者叫"所有权与控制权的分离"和"所有权与经营权的分离"**。

马克思早就觉察到了近代大企业中指挥、监督职能脱离所有权独立化的现象，而把这种现象看作第一种意义的"两权分离"（资本所有权与职能分离）的进一步深化。他在《资本论》第 3 卷中指出：

"资本主义生产本身已经使那种完全同资本所有权分离的指挥劳动比比皆是。因此，这种指挥劳动就无须资本家亲自担任了。"特别

---

① Chandler Jr, A. D. (1977). *The Visible Hand: the Managerial Revolution in American Business*（《看得见的手：美国企业的经理革命》）. Cambridge, MA: Harvard University Press. 钱德勒在这本书里把"企业主企业"与"经理人员企业"（the managerial enterprise）相对比。同见该书中译本北京：商务印书馆，1987 年，第 1—14 页。

是"股份公司的成立。由此……实际执行职能的资本家转化为单纯的经理，即别人的资本的管理人"。"经理的薪金只是，或者应该只是某种熟练劳动的工资。"而"资本所有权这样一来现在就同现实再生产过程中的职能完全分离，正像这种职能在经理身上同资本所有权完全分离一样"。①

西方经济学对这种现象的考察相对地晚一些，然而随着股份企业的发展，他们的考察也更具体一些。美国经济学家贝利（Adolf Berle）和米恩斯（Gardiner Means）在30年代初首先指出了资本主义大企业中"所有与控制的分离"（the seperation of ownership from control）的事实；②随后另一位美国经济学家鲍莫尔（William Jack Baumol）把它称为"所有与经营的分离"（the seperation of management and ownership）③。在这类"两权分离"的股份公司里，股东雇用经理来经营企业，并雇用董事来监督经理。董事和经理都是具有专业能力的经理人员，企业的实际决策权是在这些经理人员手中。

需要指出的是，马克思从来是把第二种"两权分离"同第一种"两权分离"严格区分开来的。和前一种分离（所有权在独立的主体之间分割）不同，后一种分离并不发生在两个独立的所有者之间。马克思把后一种分离的实质确定为"管理劳动同自有资本或借入资本的所有权相分离"；在这种场合，经营者并不是第一种"两权分

①　马克思（1867—1883）：《资本论》第3卷，见《马克思恩格斯全集》第25卷，北京：人民出版社，1974年，第435、493—494页。

②　Berl, A. & Means, D. (1968). *The Modern Corporation and Private Property* (*Rev. ed.*)（《现代公司和私有财产》）. New York: Harcourt, Bruce world, Inc.

③　Lipsey, R. G. & Steiner, P.O. *Economics* (6th ed.)（《经济学》第六版）. New York: Harper and Row Publisher, 320–322.

离"情况下用"借入资本"经营的产业资本家，而只是别人的资本（不论是"自有资本"还是"借入资本"）的管理人；他所取得的收入，既不是"利息"，也不是"利润"，而是"监督劳动和指挥劳动"的"工资"。[①] 总之，经理不是资本的拥有者，而是被所有者用薪金和奖金（bonus，有时也译为红利）雇用来管理企业，并随时可以解雇的工薪劳动者。

现在的问题是，在我们这里，常常把上述两种不同的"两权分离"混在一起了。这样一来，在讨论如何在国有企业，特别是国有大企业中实现"两权分离"时，就不免发生混淆乃至混乱。例如，对于国营企业承包经营的经济实质的解释，笔者觉得就有这样的问题，因为同样是肯定承包制乃是实现"两权分离"的好形式的经济学家，对它属于哪一种意义上的"两权分离"，也有不同的认识：

有的经济学家认为，这种承包制的实质是，发包者（国家）保持着法律上的所有权，即取得上缴税利的权利，承包者（集体或个人）则在承包期中实际占有、使用和支配生产资料。显然，这里所说的"两权分离"，是第一种意义上的。然而，由此也就产生了一些需要研究的问题。首先，在这样的情况下，经营者是否也是一个独立的所有者或马克思所说的"经济上的所有者"呢？既然用第一种含义的"两权分离"来解释承包制，就不能不承认承包者在承包期

---

① 马克思（1867—1883）：《资本论》第3卷，见《马克思恩格斯全集》第25卷，北京：人民出版社，1974年，第431—439页。在我国，也有的经济学家从这个见地解释"两权分离"，如晓亮在《所有权与经营权是分开好还是合一好》一文（见《经济学周报》，1987年1月11日）中就是这样做的。

间是财产实际上的（经济上的）所有者。然而这样一来，又等于否定了在企业内部存在所有与经营的"两权分离"。正是在这种情况下，有的经济学家明确地把国有企业承包制解释为"两权在国家一级分离，在企业一级重新统一"。笔者觉得，后一种说法由于逻辑一贯地使用第一种意义上的"两权分离"，就使问题明晰得多了。它说明，在国有大企业实行承包制的场合，经营者并不是所有者的雇员，而是借入资金从事独立经营的所有者，从而应对经营的后果负完全责任，即直接负盈和负亏。然而这又产生了一个问题，即这种经营形式是否适合于社会主义的大企业？我国的经营者是否有能力来承担这种大企业的亏损？从现代大生产的发展历史和我国个人财产的实际情况看，答复恐怕都只能是否定的。

另一些经济学家则用第二种意义的"两权分离"来解释现行的承包制。他们说承包者并不拥有所有权，而只是受托进行经营，按经营情况取奖。因此，它既不影响以国家为代表行使的全民的所有权，又能调动经营者的积极性。这种解释的优点是，它更符合于现代大经济对企业经营机制的要求。但是，它又与我国目前某些地方承包制的实际做法有一定差异。例如，现行制度规定：① 在承包合同规定的承包期间，承包者对于资产具有完全的支配权。在此期间，不论经营者实际表现出来的经营能力如何和盈亏多少，发包者（所有者）都不应加以干涉，更不能中止承包合同。② 承包者要以自己的私人财产担保，直接承担亏损责任（虽然承包者的财产往往不过几万元，实际上无法抵偿通常拥有几百万、几千万资产的国有企业可能发生的亏损）。这些做法，都是与现代大公司即第二种意义上的"两权分离"的通常做法不相一致的。在现代大公司中，决不会对支薪经理采取这样的制度，因为没有哪一个大公司敢于把自己的巨额财产长期"包"给一个雇来的经理人员去全权处理，也不会在此期间不对公司的经营和财务情况进行严密的监督，不会在已经出现严重经营失误迹象的情况下由于经理"任期未满"而不予撤换，也不可能在破产以后对经理提起诉讼，让他用自己的家产抵偿。所以，用第二种含义的"两权分离"来说明承包制，也有与实际不相吻合的缺点。

另外需要廓清的一个概念是"承包"本身。人们常说，所谓承包，是发包者（上级主管机关）同承包者（集体或个人）之间用合同或契约固定下来的权责利关系。因此，它较之传统体制中那种命令与服从的关系更符合于市场经济的原则。

说承包制是发包者与承包者之间的一种合同或契约关系，当然是正确的。然而，在不同的社会关系背景下，合同和契约反映的具体经济关系是不同的，我们应当仔细加以区分。例如，欧洲中世纪所谓社会契约，确定的是雇主和附庸各自的权利和义务。从古代罗马法以来民法所说的契约，所确认的则是平等的商品所有者之间的关系。

市场经济国家的经济学家常常感到难于准确地把握我们的承包制。因为承包制在英语中被译为 contract system。而西方人一提起 contract（也就是合同、契约），所提到的是市场经济中平等的商品所有者之间的契约关系。因为在这种经济中，合同和契约无非是由国家法权所保护的商品所有者之间等价互换所有权的关系。在现代市场经济中，大公司常常把它的部分建筑工作量、零部件和其他业务分包给别的公司，而且可以层层分包。在这种情况下，分包（contract）和转包（subcontract）指的都是两个独立、平等的商品生产者之间用合同固定下来的稳定的供需关系。这种关系和目前国有企业的承包制有很大的区别，因为后者不是发生在平等的商品生产者之间，而是发生在行政主管机关和下级企业之间。这种关系在相当大的程度上属于马克思所说的"支配与从属的关系"①，科尔奈则称为"纵向从属"或"垂直依赖"（vertical dependence）关系。②混同这两种性质不同的合同或契约关系，不仅会产生语言上的歧义，以致在讨论时发生混淆，而且还会影响对承包制在市场取向的改革中的地位与作用的评价。

各种经营形式的比较研究

以廓清上述两对概念为前提，笔者想从改革的目标模式的角度简单地谈谈对各种经营形式的看法。

首先，在我们的中小企业里实行第一种意义上的"两权分离"是有益的。除了六七千个大企业以外，所有的国有企业都不但可以包（即高级所有者同低级所有者之间的契约关系）和租（即所有权在不同所有者之间的分割或定期让渡），而且可以卖（所有权的永久性让渡），这都不会损害公有制经济的主导地位。不过在笔者看来，卖比租好，租比包好。因为在我们当前的"分包""承包"关系中，包含有"纵向从属"或者"支配和从属的关系"，而租是两个平等的商品经营者之间的市场行为，卖更是如此。因此，后者更有利于改

① 马克思（1857—1858）：《1857—1858 经济学手稿》，参见《马克思恩格斯全集》第 46 卷（上），北京：人民出版社，1979 年，第 102—106 页。

② J. 科尔奈（1985）：《国营企业的双重依赖：匈牙利经验》，《经济研究》，1985 年第 10 期。

革目标模式的实现；而"纵向从属关系"的保存和扩展，会对社会主义企业间商品货币关系的发展带来消极影响。①

至于社会主义的大企业能不能采取第一种意义的"两权分离"，是值得怀疑的。小企业内部关系简单明了，在明确财产关系的基础上使经营者同所有者合一，是有好处的。但对大企业却并不是这样。世界工业发展的历史证明，在大企业的经营中所有者与经营者合一常常是缺乏效率的。在资本主义工商业萌发时期的个体经营中，所有者、经营者、劳动者是三者合一的，后来三者逐步分离；第一步的分离是劳动者与所有者的分离，第二步的分离是经营者与所有者的分离。现在还看不出来在大生产的进一步发展和社会主义条件下三者有重新合一的必然性。

以后一步分离，即第二种意义上的"两权分离"来说，之所以发生这种分离在经济上的原因是：① 企业规模扩大和股权分散化以后，股东人数众多，不可能都来直接经营企业；② 经营大企业必须要有专门的知识和才能，而所有者并不天然具有这样的能力。显然，在社会主义国有大企业中也并不存在否定这种分离的经济依据。加之如同前面所说的，目前我国个人财产的情况也使经营者根本不

---

① 不仅某些"纵向从属"的具体形式不利于社会主义商品经济的发展，而且一般说来，任何"纵向从属"关系都不符合改革的方向。正因为如此，南斯拉夫经济学家拜特（A. Bajt）甚至认为，南斯拉夫20世纪70年代起由企业以契约形式向上级机关承包社会义务的"契约经济"（contract economy）"与市场经济相矛盾"，"在某种程度类似于封建式的经济管理"［参见 A. 拜特（1986）：《南斯拉夫经济体制改革的经验》，见中国经济体制改革研究会编（1986）：《宏观经济的管理和改革——宏观经济管理国际讨论会资料汇编》，北京：经济日报出版社，1986年，第97页］。

具有承担大企业面临的巨额风险的能力。让承包者用几万元的家产去担保数以百万计的国有资产，无异于把全民财产置于巨大的风险之中，而经营者在事实上只能负盈而不能负亏。因此，对于在社会主义大企业中运用所谓"产权理论"，必须采取十分审慎的态度。即使一定要对大企业实行承包的话，最好是先在小范围内试行。范围不要太大，而且最好各种情况都试一试，不能靠给特殊的优惠条件，揠苗助长，否则产权的风险太大。

与此相联系，目前在中国，有一种强烈的要求，就是不但要把所有者同经营者结合起来，而且要把劳动者同所有者、经营者结合起来。笔者觉得，这种三位一体的经营形式对小企业是合适的，然而对大企业却未必尽然。前面已经讲过，资本主义大企业经过几百年形成了所有者、经营者、劳动者三者既互相分离，又互相联系的所谓制衡关系（check and balance）。这种关系的形成，既有社会阶级关系方面的政治原因，又有大工业内在要求的一般原因。因此，撇开资本主义条件下资产者和无产者之间的阶级对立，西方股份制企业内部的制衡关系仍是可以借鉴的。而在社会主义企业中如果不建立这种制衡关系，而建立三者合一的在职职工所有和自主管理体制，就有可能出现某些被称为"行为短期化"的消极现象。有的经济学家认为，当在职职工共有企业、成为主人的时候，他们的投资意愿就会强化，"少扣多分""分光吃尽"的现象就会消除。但是，理论和实践都没有证实这种论断。从理论上来说，正如前面所指出的，B. 沃德教授在他提出的"伊利里亚"模型中已经确切证明，当企业的目标函数是在职职工收入最大化的时候，会产生扩大再生产的意愿低落、消费膨胀和"行为短期化"等倾向。多数人对这一点认识是一致的。南斯拉夫等国的实践也为我们提供了殷鉴。正如南斯拉夫经济学家所说，"社会所有制"，实际上是一种"没有所有者的所有制"。

看来，我国大企业唯一的出路是实行第二种意义上的"两权分离"，其具体形式则是股份制。对于如何从目前的国家所有、直接经营过渡到国家作为主要持股者的股份制，有多种可能的做法。例如，一些经济学家建议，把政府调节国民经济的职能与作为所有者代表的职能分开。[1] 世界银行的经济学家曾经建议：① 建立各级政府的国家资产部，向企业分散参股；② 设立若干个互相竞争的国家投资银行或持股公司，向企业分散参股；③ 由各种社会基金会，如社会保险基金会持股。[2] 其中②和③都是由营利性的或非营利性的法人持股。当我们的社会主义公有制过渡到第②特别是第③阶段以后，将会形成可以称为"法人所有制"的社会主义企业组织形式。目前还有一种做法，就是在国家股、"外单位股"、个人股之外还搞一种"企业股"。笔者在前面已经指出，这种办法会搞乱财产关系，是不可行的。以上四种按持股者划分的持股形式中，所谓"外单位股"也就是法人持股，其性质取决于法人本身的性质。至于个人股，只要不是"权力股""后门股""干股"等变相瓜分国家财产的形式，比重和数量又不足以操纵企业的经营，也没有问题。问题在于一旦设立"企业股"，在企业中就出现了两个利益主体，一个是大概念的"企业"，即法人本身，另一个是小概念的"企业"，即前述法人以外的个别人或一部分人；而经营者就有了双重身份，一方面是大概念的

---

① 金立佐（1986）：《审势·反思·选择——对我国现阶段经济体制改革的战略考虑》，《经济社会体制比较》，1986 年第 2 期。
② 世界银行 1984 年经济考察团：《中国长期发展的问题和方案》（主报告），北京：中国财政经济出版社，1985 年，第 220 页。

"企业"的"法人代理人"（agent of the corporation，在我国有时译为"法人代表"），另一方面又是小概念的"企业"的代表；在这种格局中，经营者显然会受到很大的压力，使他的行为向小概念的"企业"的利益倾斜，而会损害全体股东这个大概念"企业"的利益。有人说，在我国的情况下，企业股只是小头，在企业经营中不起支配作用，所以后果不会像南斯拉夫"自治社会主义"条件下那么严重。其实未必尽然。因为如前所述，现有的体制势必使经理的行为发生扭曲，益"小公"损"大公"，而"小公"的利益又会促使企业产生短期行为的倾向。在对经理人员缺乏监督的情况下，这个"法人代表"甚至会采取各种非法手段损害最大的所有者——国家的利益，也就是损害亿万人的利益。

综上所述，看来我国只能实行第二种意义，即现代意义上的"两权分离"，走股份公司制度改革的道路。

法人化（公司化）：大中型企业改革的必然选择

国营大中型企业的市场取向改革，是整个经济改革的一个难点，也是有关经济改革理论争论的一个热点。争论的焦点，在于公有制注定了不能同独立企业和商品经济兼容。如果它们不能兼容，那么，或者肯定公有制、否定商品经济，或者肯定商品经济、否定公有制，二者只居其一。

认为二者不能兼容的人们的论点是：市场经济要求众多相互分离的独立企业的存在，因而只能建立在私人排他地占有的产权关系的基础之上，是同社会主义公有制基础相对立的。如同一位经济学家所说，"市场经济以私有制为基础""典型的、全社会范围的市场经济，就是资本主义经济"。[①]

但是，上述公有制同市场经济不相容的说法，正像前几年关于公有制同商品经济不相容的论断一样，是一个未必能够成立的命题。

应当承认，在古典的企业形态下，即在所有权经营权合一的企业形态下，市场体制同资本主义私人占有制度不可分离的命题是正确的，因为在这种企业形态下，企业的最高决策人必定是企业产权的所有者，因此，只有私有制才能成为市场经济的基础。作为企业最高决策人的私人资本家追求他的资本收益最大化的行为规则，成为市场运作和实现资源的有效配置的前提。

不过，当生产社会化的发展已经为所有权同控制（经营权）的分离提供了一种新的企业组织形式，即股份有限公司的时候，情况就有了改变。股份有限公司这种企业组织形式，使公司法人按照追求收益最大化的行为规则运转，而与出资人（持股者）本身的身份和性质无关。

在市场经济的数百年发展中，逐渐形成了企业制度的三种基本类型，这就是：① 单个业主制（single proprietorship），或称个体企业；② 合伙制（partnership）；③ 法人（corporation），即公司。

在通常的情况下，市场经济中存在大量单个业主制的小企业，但是，数量虽少、规模巨大的公司却占有支配地位。据统计，1977年美国大约有 1500 万家企业，其中绝大多数是个体企业，不过每个企业的平均年营业额只有 3.5 万美元；公司只有 224 万家，但他们的

----

① 卫兴华（1989）：《中国不能完全实行市场经济》，《光明日报》，1989 年 10 月 28 日。

平均年营业额高达 183 万美元。①

单个业主制企业，或个体企业。企业是业主的个人财产，由业主直接经营。业主享有该企业的全部经营所得，同时对它的债务负有完全责任。如果经营失败，出现资不抵债的情况，业主主要用自己的家财来抵偿。

个体企业一般规模很小，结构简单，几乎没有任何内部管理机构。它的长处是，建立和歇业的程序十分简单易行，产权能够较为自由地转让；经营灵活，决策迅速；经营者与产权关系紧密直接，因而精打细算、勤俭持家是个体企业普遍具有的优点。它的弱点则在于：① 本身财力有限，而且由于受到偿债能力的限制，取得贷款的能力也比较差，因而难于从事需要大量投资的大规模工商业活动。② 企业没有独立的生命。如果业主无意经营或业主死亡，该企业的业务就要中断。因此，这种类型的企业通常在零售商业、"自由职业"、个体农业等领域中活动，由零售商店铺、家庭农场、开业律师和医师等组成。②

当个体企业需要扩大规模时，业主往往招进其他业主来与他合伙。

合伙制企业是由两个或两个以上的个人联合经营的机构，合伙人分享企业所得，并对营业亏损共同承担责任。它可以由一位合伙

---

① S. 费希尔、L. 唐布什（1983）:《经济学》上册，庄巨忠等译，北京：中国财政经济出版社，1989 年，第 177 页。

② 沈四宝在《西方国家公司法概论》中引用加拿大 1978 年税务统计表，列出全加各类个体企业的产数：小商号，285000 户；农场主和渔户，162000 户；医生、律师等专业人员，77000 户（参见沈四宝：《西方国家公司法概论》，北京：北京大学出版社，1986 年，第 37 页）。

人经营，其他合伙人仅仅出资并共负盈亏，也可以由所有的合伙人共同经营。多数合伙制企业的规模较小，但有的合伙制企业规模很大，甚至有几百个合伙者参加，例如，在美国的 J.P. 摩根银行，梅里尔—林奇证券行在改组为公司以前，以及某些大型律师事务所和会计师事务所，就是一些巨型的合伙制企业。

合伙制企业是否为独立的法律实体，这是一个有争议的问题。一方面，合伙企业可以以合伙人集体的名义拥有和转让财产，签订合同，进行诉讼等；另一方面，合伙企业经济行为的法律责任，归根结底是要落实到合伙人（无论是自然人还是法人），由他们各自承担的。从后一种意义上说，它不具有法人的性质，因此，英、美等国的民法和经济法不承认合伙企业为法人组织（公司）。[①]

合伙制的优点是：① 由于可以从众多的合伙人处筹集资金，也由于合伙人的共同偿还责任减少了银行贷款的风险，它的筹资能力较单个业主制企业大大提高；② 合伙人对企业盈亏负有完全责任，意味着他们以自己身家性命来为企业担保，因而有助于提高企业的信誉。

合伙制有两个主要的缺点：

第一，合伙制企业是依据合伙人之间的合约建立的。每当一位原有的合伙人退出或死亡，一位新的合伙人被接纳，都必须重建一个全新的合伙关系。这样，合伙制企业接纳新的合伙者，就有很大

---

① 英国和美国不承认"一般合伙"和部分股东负有限责任的"有限合伙"企业为法人；大陆法系国家如法国、德国则承认其是法人，分别称之为"无限公司"和"两合公司"。在现代，这类企业不具有重要性。例如，1980 年中国台湾地区有 25.8 万家公司，其中无限公司只有 22 家，两合公司只有 12 家（参见吴新平、高旭晨：《台湾公司法》，北京：中国对外经济贸易出版社，1991 年，第 12 页）。

的法律上的复杂性，从而筹集资金的能力也就很有限。而且，由于所有的合伙人都有权代表企业从事经济活动，同时重大决策都需要得到所有合伙人的同意，因而很容易造成决策上的延误和差错。

第二，所有合伙人对于合伙制企业所负债务，具有无限责任，而不以他投入的那部分资本为限。如果某一合伙人在企业中所占份额为 1/10，当企业经营失败时，他应当赔偿亏损的 1/10。但是，如果其他合伙人无力赔偿他们应当承担的那一部分亏损，他还应当用自己的财产予以补足，直到清偿全部欠款为止。这就使并不能对企业的经营活动单独行使完全的控制权的合伙人面临相当大的危险。

由于合伙制企业有以上的优点和缺点，一般来说，规模较小、资金需要量较少，而合伙人个人信誉具有很大重要性的企业，如律师事务所、会计师事务所、诊疗所等，常常采取这样的组织形式。[①]至于在规模要求较高的部门，特别是那些迅速扩展中的企业，由于需要筹集大量资金和不断接纳新的投资者，就以建立法人组织更为合适。

法人组织：公司。法人是包含一个以上成员、为完成某项事业依法成立的实体。拥有自己的财产，享有和自然人同样的民事权利，承担相同的民事责任，有权举债、签订合同，能在法院起诉和应诉。法人组织存在着多种形式。大陆法系把法人分为两种：社团法人和财团法人。前者是指为达到某种目的而由自然人（和法人）组成的法人；后者则是由用于特定目标的财产组成的法人。[②]以盈利为目的的社团法人组织，就是公司。

① 美国法律还规定，律师事务所和会计师事务所必须为合伙制企业。
② 常见的财团法人是各种由捐赠款项组成的基金会，基金会的财产用于特定的社会目标，而不以自然人或其他法人作为最终所有者。

公司的产权分属于股东。股东有权分享公司的盈利。与合伙企业不同，公司股东并不对企业债务负无限责任，而只在他投入的股本的范围内对债务负责；同时，公司股东不能退股，而只能转让他们的股权。因此，公司可以脱离它的所有者而具有独立的生命。

公司最初的股东是公司的发起人。这些发起人以货币或其他资源（如产品生产、技术发明）入股。此外，公司可以通过募股取得资本。公司股东通过两种途径获得投资报酬：第一，公司定期向股东支付股利。股利有两种形式。一是以事先约定的利率向所谓"优先股"股东发放的，称作股息；二是完全依企业盈利状况为转移，向普通股东发放的，称作红利。第二，通过资产增值获得投资报酬。当股价上升时，持股人就获得了这部分增值价值。

公司的最高权力机关是股东大会。股东大会的例会一般一年举行一次。由于一年一度的股东大会无法适应及时作出具体经营决策的需要，它就选举出一个有少数董事（一般为十几人到几十人）组成的董事会，在股东大会休会期间代表股东大会经营。股东大会在作出人事安排、收入分配等方面的决定时，通常采取"一股一票"的原则进行表决。

现代股东公司发端于中世纪末期为大量筹资而建立起来的公司。在16世纪末17世纪初重商主义统治下的英国、荷兰等国出现了一批以从事海外贸易和殖民地开拓为目的的贸易公司。最早的公司，如英国东印度公司（1600年建立）、荷兰东印度公司（1602年建立）是根据国王或国会恩准给予的特许权设立的。英国在17世纪上半叶的詹姆士一世统治时期确立了公司是独立法人，是有和自然人相同的民法能力的观点，把公司同作为自然人的个体企业和合伙企业区别开来。17世纪下半叶，在英国出现了稳定的股份公司组织，股本变为长期投资，股权只能转让而不能退股，定期发放股利。到 19 世纪时，对公司法颁发特别法令的办法被废止，公司的建立由普遍适应的公司法来调节。一切符合公司法要求的公司，都可注册开业。

同合伙制企业相比较，公司的最突出的优点是：股东们只对企业债务负有限责任，即只在他们缴纳的股金的范围内对企业的债务负责，一旦公司破产，债权人只能对公司的资产提出要求，而无权向股东起诉，也不能要求股东用股金以外的财产来抵偿公司债务。这样，公司股东的顾虑要比合伙人小得多。这就使股份公司成为筹集大量资本的良好企业组织形式。

公司的另一项优点是具有独立生命，除非破产歇业，它的生命是"永远延续"的。公司一旦建立，其业务不会因为股东死亡或股权转手而终止。同时，在业务决策上，只需多数同意而不需要一致通过。在通常的情况下，由股东遴选董事组成董事会，董事会聘任总经理和其他高级主管人员代表股东经营企业。和合伙人不同，公司经理人员在作为股东的代理人行使职权和承担财物责任时受到有关法律的严格限制。这样，保证了公司决策的连续性和及时性，减少了差错。

公司这种组织形式的缺点是：① 公司的设立程序复杂，不像个体企业那样，随时可以建立和歇业；也不像合伙制企业那样，仅仅由合伙者的协议决定。公司法人地位的确定，需要政府的认可，歇业也要通过一定的法定程序。因而公司的组建不像其他两种企业形式那样方便灵活。② 股东购买股票，只为取得股利和从股票升值中取利，对公司缺乏个体企业和合伙制下所有者同企业之间的血肉相联的关系。同时，由于经营者往往不是拥有股权的股东，他们同企业在利益上的关系，也不像个体制和合伙制下那样紧密，并由此产生了委托人（出资者）和代理人（经理人员）之间的复杂的授权与控制的关系。

公司有两种基本的形式：① **有限公司**（即有限责任公司 limited liabilities company）；② **股份有限公司**［company limited by shares（英），或股份公司 share corporation（美）］[1]。

前者与后者的主要区别是前者规模较小，股东人数较少，股票一般不得随意转让，股东可以作为公司职员直接参与公司管理，董事由大股东兼任（所有权与控制—经营权合一）；后者则规模较大，股东人数没有上限规定，其股份可以自由转让，上市买卖，董事往往不是由股东中选拔，而是在社会上聘任（所有权与控制—经营权分离）。

股份有限公司向社会公众出售股票（go public）[2]，便于大规模筹集资金；而且，由于股票易于迅速转让，提高了资本的流动性。当股东认为公司的前景不妙，或者需要抽出资本另作他用时，他可以把自己拥有的股票出售给别的投资者。由于众多的股东出售股票可能导致某些对现有经理人员"怀有敌意"的收购者接管公司和撤换

[1] 美国不用有限责任公司的说法。在美国，小规模、封闭性、不向社会募股的公司也采取股份公司形式，称为封闭公司（closed corporation）或私人公司（private company），在我国通常译为非上市公司；否则称为公共公司（public company），在我国通常译为上市公司。

[2] 股份有限公司的股票在得到证券交易委员会的批准以后，可以在证券交易所上市买卖。但在市场经济各国，证券交易委员会对上市交易的控制很严，能在交易所上市的股份有限公司的数量不多。例如，20世纪80年代初期，在美国约260万家股份有限公司中，在纽约证券交易所上市的只有1500家左右；80年代中期，日本约110万家股份有限公司中，在全国各地的证券交易所上市的只有1800家左右（参见奥村宏：《日本的股份公司》，北京：中国展望出版社，1988年，第4—5、124—125页）。

主要经理人员，公司股东的这种"用脚投票"，也是对公司经理人员的有力约束和鞭策。

股份有限公司的优点，使它成为市场经济中大型企业的主要组织形式。1980年美国有159家雇员人数超过5000人的公司。这些公司的总就业人数为2080万人，接近美国全部劳动人口的20%，在社会销售总额中占有很大比重。与之相反，1100多万家个体企业的销售额，只占美国销售总额的不到20%。[①] 1980年在中国台湾地区的25.8万家公司中，有限公司为18.3万家，股份有限公司只有7.5万家，但这7.5万家公司在整个经济中占支配地位。

把股份有限公司这种组织形式移到社会公共占有的所有制基础上来，就可以创造出公有制的新的实现形式。

有的经济学家认为，只有全社会共同占有，才能叫作公有，哪怕公有法人持股为主的股份公司，也应看作私有制企业。这种说法似乎说服力不足。应当承认，在古典作家描绘的公有制形态，即全社会"自由人的公社"共同占有的条件下，因为不存在独立的企业，当然也就不会有商品交换和市场经济。但是，我们现在对于公有制的理解已经有了发展。现在大家都同意，部分劳动者的公共占有，也是公有制的一种形式。在这种情况下，对公有制的多样性和它的实现形式显然已有较多的选择。

法人化改革的第一步，可以是将原来的国有资产划分为归各级政府的资产经营部门（投资公司、持股公司等）代表持有的股权。这种以各级政府资产经营部门持股为主的股份公司也应大体做到政

---

① S. 费希尔、L. 唐布什（1983）：《经济学》上册，庄巨忠等译，北京：中国财政经济出版社，1989年，第180页。

府所有和专家治理的"两权分离"。但是，政府的主要经济职能应该是对整个国民经济的运行进行调节管理，如果它同时以国有权代表人的身份出现，就可能重新出现政府直接经营企业的弊病。因此法人化改革的第二步应当是更彻底地实现政府职能同所有者职能的分离，进一步实现股权的分散化。也就是说，要更多地由国家行政机构以外的法人组织，如金融中介机构、保险公司、信托投资公司、互助基金会、养老金基金会、捐赠基金会等代表公众持股。而且在股份公司建立以后，即可着手将国有股的相当部分，出售给别的企业（企业相互参股）和各种基金来自民间或政府捐赠的非营利性的公益基金会，也可以出售给居民个人。这样就可以把原来由政府代表社会掌握产权和直接经营的公有制企业，改造成为以各种法人组织代表公众持股为主、公众个人持股为辅，实行股权分散化，允许股权自由转让和委托专业人员全权经营的法人化企业（公司）。

按照这一思路进行改革后，我国社会的所有制结构将会出现一种新的格局：在中小型工商企业这一层次，个体的、私营的和集体经济成分将得到充分的发展；竞争性行业的大中型骨干企业，将被改造成一种公有制为主导、多元化的所有制形式，股权可以在各种所有者之间自由转让；那些天然垄断部门，如某些基础设施部门，虽有可能较多地保持各级政府的产权占有，但基本上也要实行股份化和所有与控制的分离。

企业家阶层的形成

作为当代先进生产力代表的企业家阶层，历来是推进各国现代化的中坚力量。中国当前以促进现代化为目的的经济体制改革，它的一项重要的任务就是造就一支宏大的企业家队伍。而社会主义国家在党的领导下进行的自上而下的社会经济改革，如果得不到企业家阶层的支持和响应，就难以深入并取得最终的成功。改革在呼唤着企业家。

目前人们普遍认为培育和造就企业家阶层对于我国的经济体制改革具有决定性的意义。但是，我们的现代化事业究竟需要一个什么样的企业家阶层？对于这个问题的回答却有相当大的差异。一种观点认为，企业家必须是财产所有者。因此在我国目前的条件下，只有私人企业的老板和乡镇企业的承包人才有可能成为企业家。至于我国的社会主义大中型企业，则只有在实行私有化或租赁承包经营的前提下，才能从中涌现出大批企业家来。

由于在我国原有的所有制结构中政府直接经营的国家所有制经济极度膨胀，私人的、公私合营的和其他形式的所有制形式发展严重不足，在改革中需要调整所有制结构，扩大非国有成分，包括将部分中小型国有企业改归私人和集体经营。在个体和集体经济大量出现的情况下，如果其他条件具备，无疑会从中产生出一大批企业家。问题是，在作为我国工业骨干的一万家国有大中型企业中如何培育出具有社会主义商业文化观念的新型企业家。如果前述理论是正确的，要使我们的企业负责人成为企业家，就必须实现国有企业的私有化或集体所有化。而只要继续保持公有制的主导地位，大中型企业的经理（厂长）就不能成为企业家。他们只能在现代化进程中居于次要的或被动的地位。

我们不同意这种观点，因为它既不符合各国国有企业组织形式发展的历史实际，也与我国的主客观条件不相协调。

诚然，在英、美等国经济发展的初期，所有者和经营者是合为一体的，小业主和资本家直接经营企业。但自 20 世纪初以来，老板直接经营的工场和家族企业日益衰落。财产权和经营权分离，由互相制衡的股东大会、董事会和经理组成的股份公司成为现代工业社会最为基本的组织形式。经营者阶层（包括董事和经理）不是凭借所有权，而是凭借经营管理的专业知识和才能取得了管理企业的充分权力，成为企业家阶层的主体，而单纯的所有者只是股息和红利的追求者。就现代经济组织的一般形式而言，企业家并不必然是资本所有者。

根据以上的分析，社会主义企业经营方式改革的基本任务和主要方向，是在公有制为主导的基本框架下，寻找财产权与经营权分离，企业自主经营、自负盈亏的组织形式，而不是首先简单地将现有的国家所有制企业租赁、拍卖，变公共占有为私人（自然人）占有；然后再跨第二步，走西方现代企业两权分离的道路。因此，绝不应把我国企业家阶层的形成放到所谓"将财产关系落实到人"以后，推向遥远的未来。

人们也经常把那些受到行政权力支持和庇护、享有特殊优惠，或者由于运用各种非正当手段包括金钱贿赂得到低价物资供应、官价外汇额度、减免税赋或其他好处，因而获得巨额盈利的企业的领导人称为企业家，这就更加错误了。这类人之所以发财致富，靠的不是经营管理的本领，而是依靠特权，依靠不平等竞争，因此，他们称不上是企业家，充其量只是行政权力的附庸和受惠者，其中有少数人甚至是侵吞国库自肥的蛀虫。

我国现代化事业所需要的企业家，应该具有以下特征：

（1）作为发展市场经济的主角，不是纵向从属于行政权力，而是遵循和服从优胜劣汰的市场规则，靠善于经营和勤于管理开拓自己的事业。

（2）拥有现代科学技术和经营管理的知识和才能。他们必须是经商办实业的专门家、创新精神的体现者。

（3）独立自主地经营企业，不仅拥有企业生产什么、怎样生产、为谁生产的基本决策权，而且对生产要素进行新的组合，开发新产品，采用新工艺，开辟新市场，获得新原料，建立新组织，以不断的技术创新和制度创新推动社会前进。

（4）他们的行为受社会主义商业文化的引导和制约，这种商业文化包括一整套适应商品经济发展需要的价值观念以及在此基础上建立起来的人际关系。具体来说是：以增加企业利润（既包括对有效经营的报酬，又包括风险报酬）为荣；建立在中华民族传统美德基础上的艰苦奋斗、自强不息的献身精神；信奉机会平等和自由不可侵犯；不求做官、诚实经营、廉洁奉公；以敬业乐群的态度对待本职工作和人际关系；重承诺、守信用、履合同；如此等等。

虽然在私人经营发展较快的地区（如温州），在部分乡镇企业中，在极少数的国有企业中，已经产生了一些企业家，可是从整体来看，上面所说的中国现代企业家阶层至今尚未形成，特别是其中的骨干力量——立足于国有大中型企业的企业家力量微薄，根源要从中国不发达的经济社会政治文化结构中去寻找。

中国在历史上曾几度出现过商品货币经济繁荣发达的局面，如春秋、战国、唐、宋等。明、清时期出现了市民阶层。但是，中国的封建主义文化发展到了既牢固又精巧的高度，封建专制政权或者对市民阶级横加摧残，使商品货币经济花败叶落，甚至枝枯根死；

或者用收归官营、官督商办一类办法使之成为官僚社会结构的附庸。在夹缝中生存的商人市民阶层十分脆弱，要么投靠封建官员寻求庇护，要么成为他们鱼肉的对象。20世纪上半叶，在一些主要城市中逐渐涌现出一批自主自立、非官僚（或者已经摆脱了旧羁绊从官僚地主阶级脱身出来）的企业家，正是他们和劳动人民一起推动了中国现代产业的发展，创造了第二次世界大战前后上海、香港地区等华人社区经济发展的"奇迹"。

中华人民共和国的成立，本来应为企业家阶层的发展壮大开辟广阔的道路，但是由于"左"的错误，旧的企业家并未能改造成社会主义的企业家，他们大多在政治运动中消失；留存下来的，其企业家精神也所余无几。在国营部门，本来以政府定价、指令性计划、实物调拨为主要内容的各种行政干预已使中国长时期地只有工场而没有企业，对"专家治厂"的一次次批判，更使苏联、东欧国家那样的由技术专家组成的"准企业家"阶层也难以产生。

重"义"轻利、重官轻商的中国传统文化及其"官本位"的现代表现形式，引导人们一齐向官看，追逐权力、地位，这是企业家阶层形成的又一障碍。传统文化根深蒂固，渗透到社会各阶层人们的心灵，能将外来的现代文化意识同化改造。在这种文化的影响下，连本应开风气之先的知识分子，其中奔走于官僚门下以谋求一官半职的也大有人在。历史上甚至不乏为皇权统治和暴民专政出谋划策的文人墨客，却绝少有为商人、企业家请命的大家鸿儒。这种民族性上的缺点，既造成了中国知识分子和市民阶层孤掌难鸣、两败俱伤的悲剧，也延缓了整个民族经济和文化振兴的进程。

以追求利润为目的的商业活动需要法律制度的保障和维护。西方国家在古代已经出现了调节商品交换中各种利益关系、被恩格斯称为"商品生产者社会的第一个世界性法律"①的罗马民法。而中国却是一个人治的社会，无法治的传统，这不能不影响企业家的形成。实际上，中国维系官僚政治的刑法是相当严密和发达的，但历代却一直没有一部调节财产关系的健全民法和商法。在这种情况下，商人企业家的基本自由权利就得不到法律保护，只得仰承行政官僚的鼻息，从而终难逃脱遭受摧残的厄运。

1979 年以来的改革运动就是要彻底改变上述政治经济文化的格局，为发展社会主义市场经济、为社会主义企业家阶层的成长创造社会前提。中国企业家的命运同改革联系在一起，国有大中型企业现有的和未来的领导人，将通过这次改革脱颖而出，成为中国现代企业家的中坚。但在这个过程中，企业界人士不能被人推着走，必须认清自己的历史使命，积极主动地参与改革，明确表示赞成什么和反对什么。由党和政府领导的自上而下的改革，有了企业界人士的支持，就扩大了它的社会基础，获得了前进的动力。这样就能从根本上排除重新退回到传统体制的可能性。

那么，企业家需要什么样的改革，或者说企业应该争取什么样的改革呢？

首先，商品货币关系或市场制度，是企业家得以大批产生的土壤，演出威武雄壮话剧的舞台。坚决支持和推进以取消指令性计划等直接行政控制和形成竞争性市场制度为基本内容的经济改革，是企业界人士的根本利益所在。

应当指出，直到目前为止，在我国指令经济和市场经济两种体

---

① 恩格斯（1886）：《路德维希·费尔巴哈和德国古典哲学的终结》，见《马克思恩格斯选集》第 4 卷，北京：人民出版社，1972 年，第 248 页。

制仍处于对峙状态，而且旧体制在国有部门中还占有某种程度的优势。在这种情况下，使新体制全面建立，发挥主导作用，是企业家阶层得以成长壮大的基本前提，也是我们需要为之奋斗的基本目标。

在目前，这种双重体制并存、旧体制占优势的状况的突出表现，一是在生产计划、物资分配、定价制度等方面采取对超计划部分"增量改革"的办法，形成了指令性计划和市场调节并存的双轨制；二是扩大企业自主权的进程发生"中梗阻"，变成了由"条条"或"块块"行使过去由中央行使的决策权的"行政性分权"。这二者都意味着行政权力对应由企业家全权处理的微观经济活动的干预，同时极大地妨碍了企业间进行公平竞争的市场环境的形成。在这种情况下，纵有千般经营本领，也难敌行政领导一纸命令、一张"批条"。因此，经常是有特殊地位，或者有"办法"、有"路子"取得特权者得益，而有经营才能的企业家反而无用武之地。

面对这种情况，有的企业界人士企图在不打破上述制度的条件下，用争取自己得到更多特殊优惠的办法来改善自己的处境，发展自己的事业，例如，争取享受某些特殊政策，减免税赋，增加补贴，争取较低的计划指标、较多的调拨物资、更多的低息贷款等。其实这并不是一条真正的企业家应当走的道路。因为这样做，即使本单位在短时间内得到一些好处，发展得比较快，却失去了企业的本色，只能败坏企业负责人作为真正的企业家的品质，使得他们成为靠行政长官恩赐度日的附庸。更何况一家企业所得正是别家企业所失，损害了竞争性市场的形成，也就从根本上破坏了作为一个阶层的企业家形成的条件。

当然，企业界人士应该有自己的经济利益追求。由于企业家是社会精英，是不发达经济中最为稀缺的资源，根据供求规律，企业家作为一个阶层，其薪金和报酬水平应当超过行政官员，在社会各阶层中居于领先地位。不过作为不同的个人，他们的收入是与所在企业状况相联系的，是因人而异的。经营失败的人将受到降薪、解雇、身价贬值，甚至被排除出"经理市场"，失去再当企业家资格等惩罚。

目前改革的某些具体做法，是与改革的上述基本目标不完全协调的。除包括行政性分权和形形色色的"双轨制"外，还有给各级领导批准和"蹲点"的试点单位"吃偏饭"，给某些部门、地区、某部分企业减税之类的特殊政策优惠等。这些做法都是不利于企业家阶层的形成的。之所以要反对这些做法，是因为它们违背了市场经济对所有买者一视同仁、让所有卖者在统一市场上公平竞争的基本原则，而在某种程度上受到按权力、身份分配物质利益的等级制原则的影响。例如，同质产品按不同价格卖给不同的对象，对不同类（包括不同地区、不同所有制、不同等级的领导人的"点"等）的企业采取不同的税率，就等于把它们分成三六九等。这是一种公开的、制度化了的、政治的或等级的歧视，不仅为商品经济的基本价值观念所不容，而且直接违背了任何一个发达的商品经济社会都必然具有的公平竞争和反垄断的基本立法。虽然有些措施以"改革"的形式出现，但绝不是企业家所需要、所应争取和支持的。

总之，为了使我国的社会主义企业家阶层发展壮大，当务之急在于争取企业家独立自主地进行决策的权利和进行平等竞争从而得以大显身手的市场环境。而要做到这一点，又必须在企业组织、计划方式、价格形成、财政税收、商品流通、银行信贷等方面迈出全面改革的步伐，有步骤、分阶段同时又是同步配套地推进改革。防止某些发展中国家出现过的那种以金钱贿赂润滑的官僚特权经济在我国出现。

其次，要积极推行价值观念的调整更新，促使社会主义商业文化的早日形成。社会主义商业文化的内容前面已经说到，这里需要指出，它是与社会化大生产紧密相联的，基本的要旨有二：一是每个人都可以在法定的活动范围内独立自主地作出决策；二是每个人必须对自己的决策的后果负全部责任。企业界人士有了这样的观念，就既会因为受到行政束缚和各种歧视而抗争，也会因为享受行政主管机关的特殊偏爱而羞耻。这种价值观念的完全建立固然需要一个较长的过程，但必须让这种文化价值观念逐步渗透到我国经济和社会政治文化生活的各个方面，成为指导企业和个人行为的准则。

第九章　放开价格，建立和培育市场

　　无论在何种体制下，价格对资源配置的效益和经济运行的绩效，都有着重要的作用。在市场经济中，价格在稀缺资源的配置中起枢纽作用。灵敏地反映着资源稀缺程度的价格，给出了确切的信号，使追求利润最大的厂商作出的决策符合于资源优化配置的需要。在市场机制不健全的发展中国家，价格扭曲造成资源的误配置，投资效益的降低和经济增长的减慢成为一个突出的问题。[①] 在传统的社会主义国家经济体制中，资源配置过程全部纳入行政命令的轨道，由以数量调节为主要手段的实物计划来左右，价格成了不反映稀缺程度和供求变化的计划固定价格。价格形式上的计划稳定掩盖了事实上的盲目性、任意性[②]，结果导致经济结构的恶化。在社会主义经济改革过程中，随着资源的行政配置方式的失灵，改变价格形成机制，纠正价格扭曲，就提上议事日程了。

[①]　Agarwala, R. (1983). Price Distortion and Growth in Developing Countries（《发展中国家的价格扭曲和经济增长》）. Working papers, No.575. Washington D. C. : World Bank.

[②]　Grossman, G. (Eds.). (1970). *Essays in Socialism and Planning in Honor of Carl Landauer*（《论社会主义和计划》）. Englewood Cliffs, New Jersey: Prentice-Hall.

中国传统价格体制及其改革过程

1. 经济改革开始前的价格体系

在中国传统的社会主义经济体制下，通过行政命令的方式，由以数量调节为主要手段的实物计划来协调经济，配置资源。价格体系的形成，不受供求变化的制约，而是适应强制增高积累的要求，由行政命令来规定。基本消费品价格为保证生活水平不下降而维持稳定，生产者价格也只是偶尔为了通货膨胀和财政收入的考虑而作调整。同样，价格结构既不反映各种资源的相对稀缺程度，也不反映国际市场的行情。农产品和初级工业品价格严重偏低，使这些部门成为国家积累的重要来源；房租、医疗及一系列公用事业收费又过低，成了国家弥补低工资制度的必要措施；土地免费使用和资金低价格（或无价格），则体现了国家对工业化，尤其是重化工业化的"政策倾斜"；而劳动者的低报酬与狭窄的消费领域，则是国家先积累后消费战略的集中体现。

在这种以实物量平衡和行政命令为主要特征的资源配置方式下，生产者最基本的动力结构不是最大利润，而是不计成本不惜代价地尽量超过生产计划。也正是在这种配置方式下，产生了集中计划体制生来就有的特征：持续性的需求过剩和资源短缺。波兰经济学家维尼克（J. Winiecki）曾对这种现象进行过分析，认为资源量短缺有五个原因：① 可能是以前报告的生产数量有假；② 可能是现有资源的品质不对路；③ 可能现有资源的类型不对路；④ 可能资源供给的时间不对路；⑤ 可能资源供给的地方不对路。前三条原因与制度特殊的动力结构有关，而后两条则是与传统社会主义体制中的组织结构和政策特征相联系。[1] 上述这些短缺形成了一个短缺的总气氛，又诱使企业进行囤积，增加不必要的库存，这就更增加了短缺。在我国，这些短缺形成了公开的通货膨胀（如 1958—1961 年）、隐蔽的通货膨胀（如企业采取多种非价格措施降低产品质量，从而使人民生活水平下降）和抑制性的通货膨胀（如物资匮乏、产品配给、消费者排队等）。持续性的短缺与三种形式的通货膨胀的同时存在，严重恶化了经济结构，降低了资源的配置效益。

市场取向改革（market-oriented reform）的核心是建立基于市场机制的资源配置方式，用利润作为企业的基本动力源，驱使企业更具竞争性，改善产品质量，提高经济效率。为使企业在追求利润的同时使整个社会获益，企业利润就应该反映体现资源相对短缺程度的价格结构。为此，就必须推进价格体系和价格形成机制的改革。

2. 十年改革中价格体系的变动

我国自 1979 年以来的价格改革，大体可以分为三大阶段：1979—1984 年为第一阶段，以"调"为主，用行政方法逐步改变价格结构；同时，有限度地放开小商品价格。1984—1988 年为第二阶段，以局部放开（liberalize）价格为主，同时继续调整一些产品的价格和收费标准。1988—1991 年为第三阶段，在维持现有价格体制格局的前提下，强化物价管理，同时通过调整价格，解决一些突出不合理的问题。

主要的调价措施有：

（1）从 1979 年起大幅度提高农产品收购价格。当年 18 种主要

---

[1] Winiecki, J. (1988). *The Distorted World of Soviet-type Economies*（《苏联型经济的扭曲世界》）. Pittsburgh, PA: University of Pittsburgh Press.

农产品价格平均提高 24.8%。到 1987 年，农产品收购价格总水平提高了近一倍。

（2）从 1979 年 11 月起提高八类副食品及其有关制品价格。

（3）对煤炭和一些重工业品价格进行调整（1984 年、1986 年、1990 年）。

（4）对烟酒、纺织品等工业消费品价格作了有升有降的调整（1981 年、1983 年）。

（5）对交通运价（1983 年、1985 年、1989 年、1990 年）和邮电价格（1990 年）作了局部调整。

（6）调整了各种差价，特别是规定和拉开了产品的质量差价。

（7）存、贷款利率随着经济环境的演化作了有升（1985 年、1988 年）有降的调整。

（8）开征土地有偿使用税或费（1990 年）。

（9）从 1979 年起普遍地提高工资，并调整了劳动报酬的结构，使城市职工获得更多实惠。

价格开放的主要措施有：

（1）工业生产资料实行双轨制价格。1981 年 8 月允许部分工业生产资料进入市场自由购销，这些生产资料包括生产企业在完成国家计划和物资主管部门优先定购的合同或协议之后按国家有关规定可以自销的部分、计划控制以外的工业生产资料等。1984 年 5 月 20 日国务院规定：工业生产资料属于企业自销（占计划内产品的 2%）的和完成国家计划的超产部分，一般在不高于或不低于国家定价 20% 的幅度内，企业有权利自定价格，或由供需双方在规定的幅度内协商定价。1985 年 1 月 24 日又规定：工业企业资料属于企业自销和完成国家计划后的超产部分的出厂价格，取消原定的不高于国家定价 20%

的规定。从此正式实行同种产品计划内部分行政定价和计划外部分市场定价的"双轨制"（dual-track pricing system）。据有关方面的初步统计，目前价格"双轨制"覆盖全部生产资料种类的40%，交易额占生产资料总额的75%以上，重要生产资料如煤炭、钢材、木材按市场价格供应比例已超过50%，水泥的非计划供应比例高达85%。[①]

（2）1985年年初，国家规定改革农产品购销体制，除个别品种外，国家不再向农民下达农产品统购派购任务，按照不同情况，分别实行合同定购和市场收购。放开城市蔬菜、肉类等主要副食品和除粮、棉、油合同定购以外的主要农产品的收购价格。

（3）1986年8月底，放开自行车、黑白电视机、洗衣机、收录机、中长纤维布、80支以上纯棉纱及其制品等七种消费品价格。

（4）1988年7月下旬，13种名烟和名酒价格放开。

价格改革所引起的良性变化

在价格形成方面，打破了单一计划价格的格局，使价格形成机制多元化，市场因素在价格形成中起着越来越主要的作用。在整个社会产品中，国家行政定价所占的比重，已由改革前的98%以上，下降为50%左右（表9-1）。[②]在价格形成机制中引进企业竞争，这

---

① 张卓元：《价格体制的改革》，见张卓元、黄范章编：《中国十年经济改革理论探索》，北京：中国计划出版社，1991年。

② 田源、乔刚主编：《中国价格改革：80年代回顾与90年代展望》，《中国价格改革研究（1984—1990）》，北京：电子工业出版社，1991年，第106页。

就在很大程度上改变了原有的单纯追求产量的企业动力结构。通过竞争，追求利润，投资行为受需求制约已经成为企业新的行为模式。特别是自 1989 年下半年开始至今的持续性市场疲软，在我国首次出现了投资需求不足的现象，这固然带来了许多问题，但它无可争议地向人们展示了消费者已经通过市场向生产者施加决定性的影响，市场机制的作用已成了无可辩驳的事实。过去由行政方式无法实现的关、停、并、转的许多项目，现在通过市场的抉择顺利地实现了。价格的涨落既是不同类型的消费者和生产者交互作用的结果，又是引导经济主体行为方式的指示器。价格形成机制的变化对整个经济体制改革的进程有着极为深远的影响。

表 9-1　国家定价在不同商品价格中所占的比重　　　　（%）

年份	1978	1988
农副产品收购价格	92	24
轻工业消费品价格	97	50
重工业品价格	100	60

资料来源：国务院发展研究中心市场流通部。

在价格结构方面，原来严重不合理的工农产品比价和工业产品内部比价也得到了一定程度的改善。1989 年与 1978 年相比，价格总水平上升了 103%，其中农副产品收购价格指数上升了 181%，工业品出厂价格指数上升了 66%。其中生活资料出厂价格上升了 59.6%，生产资料出厂价格上升了 68.8%（表 9-2）。

表 9-2　不同产品比价结构的变化　　　　　　　　（%）

	1989 年与 1978 年价格比
价格总水平	203

（续表）

	1989 年与 1978 年价格比
农副产品收购价格指数	281
工业品出厂价格指数	166
其中：生活资料出厂价格	159.6
生产资料出厂价格	168.8

资料来源：国务院发展研究中心市场流通部。

经过十年改革，随着工农产品比价关系的改善，重工业在工农业总产值中占的比重由 1978 年的 42.8%，降到 1989 年的 39.4%，农业和主要以农产品为原料的轻工业在工农业总产值中占的比重由 1978 年的 57.2% 上升到 1989 年的 60.6%，[①]一定程度上改善了我国以前向重型发展的经济结构。工业内部的比价关系也有所改善。1980—1984 年，工业品出厂价格总水平上升了 5.2%，轻工产品价格下降了 3.8%，而重工产品价格上升了 12%，其中，采掘工业品价格上升 33%，原材料价格上升 16.8%，而加工制造业价格仅上升 1.5%。[②]价格结构的这种变化，有利于抑制加工制造业的过快增长和盲目发展，有利于促进采掘工业和原材料工业的更快发展。

另外，资金价格与劳动价格有了很大的提高，价格弹性也明显增强，这对发展资金市场和劳动市场起了很大的推动作用。据计算，1988 年在居民金融资产存量中，手持现金从 1978 年的 45.2% 下降到 28.5%，储蓄从 54.8% 上升到 62.5%，证券保险类则从 0 提高到 9%。

---

① 国家统计局：《中国统计年鉴 1990》，北京：中国统计出版社，1990 年，第 59 页。

② 张卓元：《中国价格模式转变的理论与实践》，北京：中国社会科学出版社，1990 年，第 295 页。

居民金融资产结构的变化，特别是证券类从无到有近 10 个百分点的变化，显示了我国民间资金市场发展的速度与潜力。[①]

此外，人民币汇率的几次调整，也极大地促进了进出口贸易的发展，使进出口贸易占国民生产总值的比重由 1978 年的 8.6% 上升到 1988 年的 27.3%。[②]

现行价格制度对经济的不良影响

现在常常可以听到一种议论，把前几年改革经济学家在价格改革问题上的争论归结为"价格改革先行论"和"企业改革先行论"（或"价格改革主线论"和"企业改革主线论"）之争，说整体配套改革论者只主张进行价格改革，而不主张进行企业改革。其实，这种概括是不确切的。1986—1987 年关于改革战略问题争论的焦点，并不是"价格改革先行"还是"企业改革先行"，整体改革论者也并不反对企业改革。当时争论的焦点，是能不能像把自己称作"企业改革先行论者"的经济学家所主张的那样，先"绕过"价格改革，在目前的价格"双轨制"下进行若干年甚至几十年的所有制改革，等到独立的市场主体——自主经营、自负盈亏的企业普遍建立起来，再来进行价格改革。在笔者看来，这种主张是不大可行的。"绕开"

---

① 王育琨、刘志强：《发展居民金融资产：通货稳定与经济增长的战略选择》，《管理世界》，1989 年第 3 期。

② 国家统计局：《中国统计年鉴 1990》，北京：中国统计出版社，1990 年，第 20—22 页。人民币汇率 1978 年按 1.5 元人民币 /1 美元，1988 年按 3.72 元人民币 /1 美元计算。

价格改革进行企业改革，不但不可能达到建立独立自主的企业的目标，还会引致许多问题。

根据现代经济学的市场理论，为了保证资源向效率最高的地方流动，各种商品的相对价格必须反映它们各自的相对稀缺程度。如果没有这个基本的前提，独立的企业是无法运作的。因此，在我国经济改革的初期就提出了进行全面的价格改革的问题。但是在当时，这种主张遇到了某些政治思想上的障碍，为了保证已经逐步成长起来的"四外企业"（计划外、预算外、外向型、外资企业）能够通过市场方式取得投入品和销售产品，在 1984 年年初采取了一种迂回的办法：允许计划内企业的超计划产品按议价出售，于是形成了定价制度的"双轨制"。应当肯定，在当时的情况下，采用"双轨制"作为一种权宜之计，以便刺激国营企业的积极性，并为已有一定程度发展的计划外企业提供必要的投入品市场和产出品市场，是有益的。但是，当价格改革的政治经济条件已经具备，却以"双轨制过渡"是"具有中国特色的改革道路"为由，把价格改革推向遥远的未来，就不合适了。

价格以及其他方面的"双轨制"的确起了改革初期"体制外"改革为先导的改革战略，但是，它并没有像某些经济学家所说，"使得在整个庞大的运行体制转换结束之前就能冲决企业间不平等的'种姓制度'"，使"企业挣脱行政隶属和等级差别的羁绊"[1]；相反，它使市场参数严重扭曲，企业间交易条件极不平等，进而引致以下问题。

----

① 华生、何家成、张学军、罗小朋、边勇壮（1986）：《经济运行模式的转换——试论中国进一步改革的问题和思路》，《经济研究》，1986 年第 2 期，第 3—11 页。

第一，比价关系严重不合理，造成部门经济结构恶化。改革以来，价格对于各类企业决策的引导作用大大加强。但在"双轨制"下，失真的价格信号非但不能促使资源流向效率高的部门，反而发生"逆向调节"的作用。在"双轨制"下，价格体系正好同市场原理的要求相反：越是紧缺的产品，调拨部分的比重越大，平均价格水平也越低；反之，供给充裕的产品反倒价高利大。这不能不促使稀缺资源从"短线部门"流向"长线部门"。一方面，农业、原材料、能源、交通运输等瓶颈部门的产品越来越紧缺，卡住了整个国民经济的"脖子"；另一方面，大家却对那些价高利大的加工工业产品一拥而上，大量投资，重复布点，建成的生产能力大批闲置，浪费了大量宝贵的资源。

第二，不同的企业应用不同的价格，搅乱了经济计算，使平等竞争和"奖优罚劣""优胜劣汰"等都变成一句空话，并且迫使经理人员不得不把自己的精力用来"跑步（部）前（钱）进"，寻求特殊政策，而不是用来改善经营管理、降低成本、开发新产品、提高产品质量。

第三，加剧"分配不公"。目前分配不公的重要源泉，是利用多轨价格进行的"寻租活动"（rent-seeking activities）。在通货膨胀、价差拉大的情况下，"租金"总规模达到了惊人的程度。据有的经济学家估算，全国每年价差、利差和汇差总额达 2000 亿元（1987 年）至 3500 亿元（1988 年），约占我国国民生产总值的 20%—25%。[①] 这笔巨额财富中，有一部分被某些能够接近资源分配权力的"寻租者"

① 胡和立（1989）：《廉政三策》《1988 年我国部分租金的估算》，见《腐败：货币与权力的交换》，北京：中国展望出版社，1989 年，第 36—43 页。

所攫取。有"寻租收入"的单位和个人，能够依靠这种权力取得高出没有"寻租收入"的单位和个人几倍、几十倍、几百倍的收入。

第四，后果最为严重的是，它给腐败行为的滋生和蔓延提供了巨大的温床。既然在"双轨制"下资源分配权力具有在转瞬之间造就百万富翁的神奇力量，自然就会有人付出"寻租成本"力求接近这种权力。这类"寻租"活动诱致一部分掌握权力的行政官员堕落为腐化分子。因此，近年来腐败的日益加剧同"双轨制"的普及化有密切的联系。

"管住货币，放开价格"①

根据以上情况，长期保持"双轨制"对我国经济发展是极其不利的，必须抓紧时机进行价格改革，即通过"一步放开"或"先调后放"的办法，在尽可能短的时间内，把绝大部分商品价格放开。要素价格，包括汇价也要随之逐步放开，只有极少数产品的价格，主要是天然垄断部门产品的价格，才实行由有关部门定价的办法。

能够反映资源相对稀缺程度的相对价格体系是市场制度的枢纽。市场机制正是通过由竞争形成的均衡价格体系实现资源有效配置的。因此，建立竞争性市场体系的核心内容，是实现价格改革。

有一种观点认为，进行价格改革虽有一定的必要性，但是在现

---

① 在吴敬琏《再论保持经济改革的良好经济环境》一文（见《经济研究》，1985 年第 5 期）中，笔者根据 M. 弗里德曼对西德 1948 年货币改革和价格改革经验的概括，提出了以"控制货币，放开价格"作为价格改革的指导方针。

行计划价格严重偏离均衡价格的情况下，任何价格改革的较大动作，都难免引发严重的通货膨胀，因此不宜操之过急，还是以采取小步微调的办法为宜。笔者以为，这里有几个问题需要分辨清楚：

首先，价格总水平同个别商品的价格是既有联系又有区别的两回事。价格总水平的高低并不取决于个别价格的涨落，而是取决于总供给与总需求的对比关系。在总供给和总需求比较协调的条件下，个别价格的变动并不会引起价格总水平的波动。所以，无论是国际经验还是我们自己的经验都表明，只要能控制货币供应量，放开价格就不会引发通货膨胀。在1988年总需求急剧膨胀的情况下，企图不收缩通货就贸然进行价格改革是一个失着，而最近时期宏观经济的总势态是市场疲软，销售不畅。所谓市场疲软就是总供给超过了总需求。在这种情况下，即使有较大的价格改革动作，也不至于引发严重的通货膨胀。当然，我们在具体安排价格改革的实施方案时，必须审时度势，谨慎从事。特别是在潜在购买力大量积累的情况下，更需要在周密分析的基础上，作妥善的安排。大体上说，在宏观经济绷得比较紧，国家财力又显不足的情况下，那些改革成本不高、风险较小、促进经济效率提高的领域，例如，能源、材料、运输、通信等生产资料部门的价格改革宜于优先进行，而把那些同人民生活联系密切又须付出较大成本的领域，如房租—工资的联动改革，放在稍后一些。这样安排，可能更加稳妥且能加快整个改革的进程。

其次，也有的经济学家指出，价格改革的目标是市场定价，因此，实施价格改革的方法只能是"放"，而绝不能包含"调"的内容。的确，价格改革所要达到的目标，是把竞争性部门产品的价格放开，因为只有这样，它们的相对价格才能灵敏地反映各自的稀缺程度，所以只"调"不"放"不能称为改革。但是，在确定价格放开的目标已经确定的前提下，如何达到这个目标，是一步放开，还是又"调"又"放"或先"调"后"放"，则要根据各种商品的具体条件来决定，而不能一概而论。笔者认为，当一种产品的商品总量中调拨部分所占比重还比较大、计划价格又同市场价格相差悬殊而远离均衡水平时，一般来说，宜于采取先"调"后"放"的办法，否则，把它们的价格一步放开，就会由于"蛛网定理"的作用而造成巨大生产波动和资源损失。

最后，还需要注意的是，仅仅放开价格，并不足以形成健全的市场。与市场形成有关的另外一些重要工作，例如，改造现有的按照行政资源配置的要求建立起来的流通组织，建设市场贸易的基础设施，特别是培育从事大宗批发贸易的商社和建立有入场资格限制的批发贸易市场等，都需要抓紧进行。

培育市场体系

无论是理论推导还是改革实践，都告诉我们，我们要建立的市场，不仅包括商品市场，而且还包括各种生产要素市场，如资金、土地、劳动等市场。市场是一个完整的体系。正如党的十三大报告所指出的："社会主义的市场体系，不仅包括消费品和生产资料等商品市场，而且应当包括资金、劳务、技术、信息和房地产等生产要素市场；单一的商品市场不可能很好发挥市场机制的作用。"

建立市场体系，必须积极而稳妥地推进价格改革，理顺商品价格和各种生产要素价格。同时要有次序、有计划地做好各种市场的组织和培育工作。这里主要谈谈对商品、资金、土地市场的组织和培育，在第十三章里将结合就业、工资和社会保险制度等方面的改革对劳动市场的形成进行讨论。

1. 大力发展各种商品市场流通组织

发展批发贸易、建设城市生产资料市场，改造物资供应部门，增强商业企业自主经营、自负盈亏的能力。在放弃价格管制的前提下，还可建立一些大宗矿物原料的期货交易体系。

按照市场化原则，建立和发展农业产前产后服务的各种中间组织（其形式可以是私营的、合作制的、合股的等），疏通农产品收购和运销渠道，健全农用生产资料的供应和交易网络。

各类物资供应机构一律改组为各种专业的或综合的贸易公司，按商业原则经营生产资料。这些流通组织都要转变为自主经营、自负盈亏的企业。为此，应当调整经营差价，将风险基金摊入成本费用。同时还要清理和核定各单位的固定资产和流动资金，实施与其他工商企业相同的所有制改革。

配合商业体制改革，在取消计划分配的调拨体制后，必须建立起大宗商品的交易所体系，主要从事原料的远期合同交易。商品批发市场（交易所）是非官方机构，是由贸易企业自愿组成的自治团体，它必须建立协调管理组织和成员资格的审查制度。政府要对它进行监督。

在生产资料市场初步发育的过程中，政府应当充分发挥调节、监管、信息服务等作用。应设立专项基金，在全国范围内建立起吞吐余缺、平抑价格的体系和机制。坚决以法律、行政和经济惩罚手段打击违法经营和其他扰乱生产资料市场秩序的活动。建立覆盖全国主要大中城市和主要生产厂家、贸易组织和市场需求情况的生产资料信息网络，及时将存货和价格情况通报给用户。

在商品市场成熟阶段，政府对商品市场的管理主要通过法律手段来实现。必须对各类商品都建立起专门的质量标准和经营规则，以法律形式确定下来。商标问题、市场份额问题、价格歧视问题、消费者权利问题等都要有详尽的法律规范。

在现货市场已经较为健全的条件下，需要特别加以发展的是期货市场，即对期货合同的交易。在现货市场基本成型，合同订货成为大宗原料购销主要形式的条件下，期货交易的扩大显得非常迫切。应当在以往实践的基础上制定出期货交易法规，同时考虑将期货交易适当集中，鼓励不同地区的商品交易所合并。

此外，与商品市场发育关系甚大的一个方面，是进出口贸易制度的发展。价格体系的合理化和汇率、利率的调整，使得对外贸的直接控制在许多场合成为多余的或障碍性的东西。因此需要根据实际情况，缩小许可证和配额管理的适用范围，降低关税和非关税壁垒，取消外汇分成制度，进一步开放外汇市场。政府对外贸的调控，更多地依赖法律和以税收、信贷为主要手段的经济调节体系。

随着商品市场和要素市场的完善，外资、合资企业在使用土地、能源、设备等投入品和产品销售、税金缴纳等方面与国内企业享受同等待遇。

2. 资金市场

大力健全银行和非银行金融体系，发展间接融资。鼓励直接融资，加强中央银行的独立性。从长远来看，我国金融体系应当形成间接融资和直接融资并重的格局，但是根据经济发展水平和技术素质，在一定时期内仍应以发展间接融资为主、直接融资为辅的方针。因此，应当积极改造银行体系，同时鼓励非银行金融机构的建立和证券市场的建设，使两方面互相促进，协调发展。

必须对现有银行采取分解组合的改革措施。第一，区分一般商业金融体系和政策金融体系，前者按营利原则经营，后者为政策服务。原有的融资体系没有这种区分，弊端很多，不利于商业银行企业化。因此要建立起新的政府投融资体系和负责出口信贷的专业银行及外贸保险机构，为出口企业提供优惠贷款和担保，独立于民间银行体系和金融机构之外。第二，从组织上分离长期信贷和短期信贷业务。过去的专业银行同时从事两种业务，不利于业务发展和宏观管理。将各专业银行从事长期信贷业务的部门和附属的信托投资公司，调整组建成独立经营、相互竞争的投资银行或长期信用银行。第三，将专业银行改组为企业化的多功能商业银行，并加速实现它们之间的竞争关系，对城市信用社逐一进行资格审查，升格为商业银行。国际经验表明，商业银行是典型的中等规模经济，根据我国情况，地区性银行的规模，初始时可以设置在开户 20000 元人民币左右，以后通过市场作用调整到适度规模。

将工商银行和农业银行的全国性体系解体，组建为若干个各自独立、业务交叉、相互竞争的商业银行。同时，保留和建立交通银行一类的股份制商业银行，银行改革所包括的所有权明晰化的内容，采取与工商企业股份化相同的做法。为确保价格改革的顺利，银行体系的上述根本改革应放在价格改革出台后，形势大体稳定的情况下实施。

继续鼓励引导非银行金融机构的健康发展。首先，要加强对城市信用社和农村的互助金融机构的管理，建立起法律规范。其次，在深化社会保险保障制度改革的同时，进一步发展独立的养老金基金和保险公司，以法律界定清楚不同性质机构的投资范围和投资方式。再次，分解国家保险公司；允许民间保险机构的发展，形成门类齐全竞争充分的商业保险体系。最后，发展互助基金等信托投资组织，让它们在股份制改革中以法人身份持股。

按"调放结合"的方针积极理顺利率体系。实行复利制。利率的高低应追踪物价，重点调整一年期以下的储蓄存款利率，同时逐步提高定期存款利率，使同样期限的定期存款与储蓄存款利率相等。贷款利率应按不同风险、不同成本、不同期限拉开差别，风险大、成本高、期限长的贷款必须实行较高的利率。在存款利差的相对关系上，应适当缩小利差，以便为银行企业化创造条件。为保持金融市场的稳定和改革的顺利，中央银行仍然要对利率水平积极进行调节。

继续稳步发展金融市场，推动直接融资。直接融资不仅具有降低筹资成本，提供多种选择，加大资金横向流动，有利于形成明确产权关系等优良特征，而且对于传统金融机构扫除官僚习气、促进间接融资健康发展具有重要意义。在全国主要大城市建立证券交易所，经中央银行批准的企业可发行股票和债券，并上市交易，开辟国际市场，逐步形成灵活的交易制度。

发展票据市场。随着生产的发展，企业在产品销售方面的竞争加剧、赊销增加、商业票据增加，银行应逐步扩大票据贴现和抵押贷款业务，以此方式向企业提供资金，缩小完全信用性放款的范围。继续巩固完善同业拆借市场。中央银行建立起票据再贴现和债券短期买入制度，改变商业银行对中央银行在完全信用关系上的依附。

中央银行的独立性对于保证资金市场的健康发展具有非常重要的意义。为强化中国人民银行的中央银行职能，应将它从政府序列机构转变为直接对全国人大常委会负责、以保证货币稳定为基本职责的权威机构，通过法律程序将货币政策的决策权交给中国人民银行。中国人民银行行长实行固定任期制，任期内除有违法行为，不得以任何理由撤换。中国人民银行将充分听取政府对货币政策的意见，接受人民群众通过人民代表大会的监督。但是，中国人民银行由专家组成的中央银行委员会，将根据自己对经济金融形势的判断，独立地掌握货币政策，决定货币供应量的增长幅度、贷款和利率结构的调整。中国人民银行的决策一旦报经人大常委会审查通过，中国人民银行将独立地行使职权，不受任何干预。中国人民银行的分支机构不按行政区域设置，不受地方政府领导。

在完成了上述金融体制改革以后，应进一步推动专业银行实行企业化经营。银行的组织形式一般为股份有限公司，金融机构、企业都可以入股。董事会是决策机构，它代表股东行使职权。日常经营由董事会聘任的总经理全权负责。银行转入完全的企业化经营，其主要特征是：① 以利润为目标，完全承担经营风险和自我发展的责任；② 有独立的自有资金，成为完全意义上的法人，中央银行不负责其资金供应；③ 对具体客户贷与不贷、贷多贷少，银行有权自行决定，任何部门不得进行干预；④ 经济利益与经营效果完全挂钩。

利息率基本放开，形成以中央银行再贷款（再贴现）利率为基准的利率体系，商业银行贷款利率随基准利率的变动而变动，中央银行只管存款利率的上限和贷款利率的下限。但是中央银行仍然保留在特殊情况下规定固定利率或冻结利率的权力。

货币市场中承兑贴现市场成为重要组成部分。根据实际需要，成立或鼓励创设若干承兑贴现银行，成为连接商业银行和中央银行的桥梁。企业挂账形式的相互拖欠全部变为约期的票据形式，票据的承兑、贴现和中央银行的再贴现成为普遍的金融服务。

同业拆借市场真正具备"救急不救贫"的本来形态，即成为弥补银行同业间每天票据交换后产生头寸不足的"日拆"，保证银行调剂和利用资金的效率提高，从而使该市场成为反映全国银行储备资金松紧程度的敏感指示器，并成为中央银行货币政策发生作用的支点。

加强对"平行货币市场"的管理。主要的平行货币市场可能是：① 农村或地方上的非银行金融机构参与的短期资金市场；② 存单市场。对这类货币市场，中央银行只能通过对银行体系和主体货币市场的调控来影响，不可能也不必要干预太多。

在长期资金市场上，由于多种金融机构的出现和增加，交易设施和技术的完善，证券交易规模和范围得以迅速扩大。进入股票交易市场的将主要是养老金基金、投资公司、保险公司，以及企业和企业集团、公共持股机构，参与债券买卖的将是各类银行和金融机构、企业、居民。所有这些证券买卖都必须在证券交易所进行，由登记注册的专业证券公司或经纪公司代理经营，政府主管机关必须严格审核这些交易机构的信誉和素质。建立对证券发行的资信审查、价值评估的严密制度。政府管理逐渐从直接转变为间接，交易所最后成为从事证券交易业务的金融机构的联合自治体。

在证券市场中，国债市场必然占据举足轻重的地位。估计在我国市场经济体系初步建立以后，我国的国债总规模将达到当年财政收入的水平，二级市场的交易量也将大大增加。国债主要是中央政府发行的各种债券，必须严格限制地方政府发行债券。中央银行承担政府债券具体发行工作和调节管理国债二级市场。

可选择一两个金融发达地区，试办金融期货交易。金融期货市场的交易原则是，通过合同事先确定价格和购买数量，到约定时间买卖某种金融票证。这种市场对证券持有人不受因证券价格变动带来的损失和稳定证券价格有一定的积极意义。股票、债券、黄金和外汇均可作为期货进行交易，但一定要慎重实验，逐步扩大范围。

银行信贷仍将是投资的主要资金来源。必须加强银行竞争，分散资金风险，更好地发挥间接融资的优点。政府金融体系提供的资金，也主要采取信用形式。因此，各类金融机构的经营管理素质必须不断提高。应当加强政府和民间金融机构之间的业务交流、人员交流。

进一步完善和发展中央银行的调控手段，健全政府金融管理体系。第一，应建立金融系统的鉴别、立法机构。在人大常委会中设立一个金融政策委员会，组织有关专家设计、制定和修改金融法规。第二，完善金融秩序。建立起严格的金融机构登记审查制度，不符合条件者一律不得营业，违法者要依法加以惩处。第三，金融机构必须有明确的业务范围，未得到主管机构批准，不得从事超出注册业务范围的金融活动。第四，中央银行会同工商管理机构共同监督金融组织，它们也可委托金融联合会等自治组织进行监督活动。

3. 土地市场

改革原有土地制度，着手建立现代土地管理制度。当前的主要措施有：① 国土管理机构应对全国土地资源进行分等分级的调查；② 政府以社会经济管理者的身份征收各种土地税，以所有者的身份征收国有土地地租；③ 允许土地使用权转让，转租费由市场供求决定，政府征收交易税和增值税；④ 将农村土地使用权永久性地交给农户，政府保留有偿征用的权力，除非有特殊需要，国家不能收回对土地的直接经营权。土地使用权可以有偿转让，但是地价超出原经营者投入形成的附加价值之外的部分，归国家所有。土地分配和转移的管理由农村联合协会负责，大体上每个乡（镇）成立一个协会。

将全部农业用地分等划级，设置土地税。为鼓励农业发展，可以考虑免收绝对地租，但是级差地租应成比例地征上来。农用地分等划级是一件非常复杂的工作，只能由粗到细，逐步完善。

严格控制土地非农化。为此加征农田征用税，税率适当保持较高水平。整顿企业，选择条件较好的乡镇，作为农村工业发展的集中区域，鼓励在那里开办或向那里搬迁工业商业企业。

国家土地管理制度的规范化，是土地使用权自由转移的基本前提。原来占用土地的机构、组织和个人，必须向政府有关机构重新申请土地使用权，得到批准后才能继续有偿占用土地。新申请土地使用权的单位和个人，在获准后，须缴纳租金，或者采用连续付费形式，或者一次性购买使用权若干年。土地租费的确定以土地等级为基础，根据市场需求的变化不断调整。土地批租应实行招标制度，鼓励土地使用方面的自由竞争，提高土地利用的经济效率。

拥有土地使用权的组织和个人可以有偿转让土地的使用权。转让付费水平随市场行情确定。国家开征土地交易税。税率分为两种，即对原来购买使用权者出让土地征较低的税，对原来以连续付费形式占用土地者出让土地征较高的税。必须建立完备的土地交易法，对违法投机者给以严厉打击。

农业用地的使用权区分为地面权和地底权。农民可以自主支配的是地面权，地底权仍属集体所有。集体同样可以将地底权有偿转让给经济组织，并确定时间期限。经济组织交付租费相当于绝对地租。级差地租收益通过资源税部分上缴国库。

进一步健全和完善土地管理机构、土地的法律规范。政府土地管理机构及其委托管理机构代表行使土地所有者的职能。

第十章　政府职能的转变

市场经济中的宏观管理和行政指导

经济学的研究告诉我们，作为基本的资源配置方式，市场方式优越于行政方式，但是，市场也并不是万能的。现代经济学早已观察到所谓"**市场失灵**"（market failure）的现象，即市场在某些领域中不能发挥作用或不宜发挥作用的情形，论述了在一定范围内进行社会的**宏观（总量）管理**、政府的**行政干预**或所谓"**行政指导**"的必要性。在我国现行的条件下，因"市场失灵"而需要进行宏观管理和行政干预的领域大体如下：

第一，理想状态下的市场机制应当具有瞬时调节的性质，就是说，市场供求状况应即刻在价格上得到反映并决定新一轮的供给，但在事实上，市场调节是一种事后调节，从信号反馈到产品产出，也有一定的时滞，所以调节过程中往往会发生"蛛网定理"所描述的波动。这在那些生产周期较长的产业部门，如农业、饲养业中表现得最为明显。为了减少经济波动，保持稳定发展，除了要在市场制度的范围内寻求改进的办法，即进一步健全和完善市场，如建立期货市场以分散风险和加强预测外，国家还可以在中、长期预测的基础上制订宏观经济计划（正像中共中央十二届三中全会所说，这种计划"只能是粗线条的和有弹性的"），并提供其他有关经济当前状况和发展趋势的信息，为企业和其他经济行为主体的微观经济决策提供指导。国际经验表明，这种旨在改善市场的信息结构、减少经济活动的不确定性和校正市场协调失灵的"指示性"计划，比传统的指令性计划更能"熨平"经济波动。

第二，某些宏观经济变量，如财政收支总额、信贷收支总额和外汇收支总额对于市场经济的稳定运行具有决定性的意义。然而，这些宏观总量的确定和控制，却不是市场自身力所能及的，或不是市场力量能够单独决定的。它们只能由有关的宏观经济部门根据市场动态和稳定经济的需要进行管理，如财政收支总量由中央财政部门（财政部）负责管理，信贷收支总量由中央的货币部门（中央银行）负责管理，如此等等。许多国家，包括标榜自由主义的国家，如联邦德国，都由强有力的宏观经济当局对上述经济变量进行管理。这些宏观经济当局是运用法律赋予的行政权力进行管理的，但是，它们总是力求以适合于市场经济的方式来行使自己的职权，避免妨碍市场的运作和同市场力量处于对立的地位。以财政管理为例，财政当局一方面要严格执行法规：征集税款，分配支出；另一方面也要尽量与市场力量相协同。像在直接税的征缴上，要对一切纳税对象依率计征，以便保证它们之间的平等竞争；在间接税的征缴上，也要避免滥用倾斜政策，以免引起经济结构的扭曲。以信贷管理为例，中央银行主要采用准备金率、再贴现率和公开市场业务等间接手段来实施货币政策，同时辅之以贷款额度管理、"窗口指导"等直接手段，以便"松""紧"适度地调节货币供应量。金融市场越是成熟，直接手段就可以用得越少。

第三，市场机制能够保证稀缺资源得到有效配置的前提是：所有商品的市场价格都等于各自的个体边际成本，而个体边际成本又等于社会边际成本。当所谓外部性（externalities）存在，即某些经济活动导致外部其他人受益（外部效益，external economies）或受损（外部负效益，external diseconomies），而没有计入有关产品的价格或个体成本之中时，这一前提便受到了破坏。在个体边际成本同社会边际成本有所背离，从而价格制度不能反映外部效益或负效益的情况下，由于市场机制不能保证资源的有效配置，就需要政府进行干预，采取行政规制（administrative regulation）或经济奖惩的办法来加以处理。至于那些具有极强外部性而在享用上又不具有排他性的所谓"公共品"（public goods），如社会治安、国防等的"生产"，一般应由社会负责。

第四，市场竞争是经济繁荣的源泉，但竞争并不具有自我持续的特性。在规模经济意义显著的行业，市场有产生垄断的倾向，垄断又反过来抑制市场机制的有效运作、妨碍效率的提高。因此，反对垄断和非公正竞争是政府的重要职责。政府应当通过司法和行政的办法防止垄断产生和保持竞争秩序。各工业化的市场经济国家都有反垄断立法，以及相应的执法机构。发展中国家市场发育不足，改革中的社会主义经济体制会长期保留某些传统的行政垄断因素，这就更需要政府加强反对垄断、建立竞争秩序的努力。

第五，公正的收入分配，是社会主义的重要社会目标。然而，市场不可能自动实现这一社会目标，保证收入分配的相对平等。因此，需要政府采取行动，通过实施正确的税收政策和收入政策来维护分配的公正性。在我国现实生活中，收入分配的不公正有两种表现形态。其一，是由机会的不平等带来的分配上的不公正。这要靠反对特权和垄断，贯彻等价交换、按劳分配、同工同酬的原则，即通过健全市场关系来解决。其二，是在市场关系的范围内出现的收入分配高低悬殊。后一种不平等有两种可能的来源：一是由于财产初始分配的不平等。在改革过程中，对这个问题应加以严密的注意，防止有人利用过渡时期双重体制并存和经济关系剧烈变化的机会，大发不义之财。只要重视这个问题，并采取得力的措施，少数人聚敛巨额社会财富的不公正情况是能够防止的。二是在经济流转过程中出现的贫富差别。对于这种分化趋势，政府应当运用自己手中的财税手段加以抑制。经验证明，运用遗产税、累进收入所得税等办法防止财产占有和收入分配的两极化，是能够收到明显效果的。

第六，无论在国内市场上还是在国际市场上，自由贸易能够保证地区或国家的静态比较优势（static comparative advantages）的发挥，是显而易见的。但是，一个地区或国家的动态比较优势（dynamic comparative advantages）却不能在市场上自动地表现出来。所以，政府，特别是发展中国家的政府要通过自己的产业政策创设条件，使这种潜在的比较优势得以发挥。经济学家对日本和亚太地区新兴工业化经济（NIEs）产业政策的作用交口称誉，有时显得言过其实，实际上，促进动态优势的发挥，才是它们的产业政策运作中最具成效的部分。政府为发挥潜在比较优势创设条件所作的努力，有以下三个方面的指向：① 基础设施（infrastructure）的建设。作为工业发展的基础的各项基础设施，虽然投资巨大，回收期慢，外部效益却很大，如果走老工业国自发地发展的道路，投资的重点逐渐由轻工业转向重工业，再到基础设施，整个工业化的过程将拖得很长，而采用亚太地区新兴工业化经济的办法，用国家的力量推动基础设施建设，这个过程可以大大缩短。②"地区倾斜"。各国的实践证明，实现"地区倾斜"政策的最有效的方式，不是直接投资于落后地区的生产事业，而是帮助它们加强基础设施建设和大力改善投资环境。这样，只要投入相对少量的财力，就可吸引来大量区外、国外资本。③"部门倾斜"。对于那些具有动态比较优势的部门，国家应该在它们发展的最初阶段从税收、贷款等方面予以扶持。不过需要注意掌握"火候"，防止"过度保护"，助长这些地区和部门的依赖心理，抑制它们自身活力的成长。

此外，对于像中国这样的发展中国家和改革中的社会主义经济，政府对于促进市场发育和建立市场竞争秩序负有更加重大的责任。如果像最老的工业国那样，完全依靠市场的自发发育，国内统一市场（integrated market）的形成过程将变得旷日持久，也许真的要花费"几代人的时间"，实在是"一万年太久"，时不我待。事实上正像格申克隆（Alexander Gerschenkron）所指出的，后进国家完全可以利用自己的"后发优势"（advantages of backwardness），充分利用社会组织的力量来缩短赶超的过程。① 二战后一些新兴工业经济成功地培育市场的经验证明，在政府的帮助下，健全的市场体系和市场秩序是能够在相当短的时期内建立起来的。这里需要注意两点：第一，政府的职能是帮助市场发育，而不是越俎代庖，直接介入交易关系。应当认识到，拥有多种垄断权力的"官商"，绝不是培育市场关系的助产士，而只能是它的破坏者。第二，所谓市场秩序，说到底，就是平等竞争的秩序。因此，为了建立市场秩序，最主要一点是设定规则，保护平等竞争和限制各种妨碍竞争的行为。不应有这样的误解，以为处处加强行政管制是建立市场秩序的良策。实践证

---

① Gerschenkron, A. (1962). *Economic Backwardness in Historical Perspective: A Book of Essays*（《经济落后性的历史透视：论文集》）. Cambridge: Belknap Press of Harvard University Press.

明，解除对自由进入（free entry）的管制，强化竞争，才最有利于良好的市场秩序的建立。

总之，现代市场经济无一例外地是有宏观管理、政府干预或行政指导的市场经济，或称"混合经济"。就是说，这种经济以市场化的资源配置方式为基础，同时引入政府等公共机构通过计划和政策对经济活动进行的调节。显然，我国的社会主义有计划的商品经济具有与此相类似的运行机制。

在政府作用问题上一个值得高度重视的重大理论和政策问题，是必须在对"市场失灵"进行补救的同时，估计到"政府失灵"（government failure）的存在，注意在这二者之间进行权衡。在早一些时候，当人们认识到需要由政府采取行动对"市场失灵"进行补救时，往往倾向于将"失灵的市场"同"理想的政府"相匹配，即经常把政府设想为没有偏颇、没有自己的特殊利益的社会代表机关，它们既掌握了充分的信息，又有足够的权威和能力完成社会赋予的使命。事实上，政府并不是这样完美无缺的。在补救市场失灵时，也往往会由于自身的缺陷而有所不能，甚至发生失误。既然一定程度的政府干预在现代经济中是不可避免的，它又有种种失灵和失误的情形，就需要事先权衡经济问题的"市场解法"和"行政解法"两者各自的交易费用，选取成本最小、收效最大的解法；同时在实行政府干预时谨慎从事，并注意干预的方式，以便尽可能地存利祛弊，取得最佳的结果。目前各市场经济体在进行行政干预时，越来越多地注意把行政手段同市场手段结合起来，收到了比较好的效果。例如，在环境管理中采取了收取污染费的办法，在驾驶执照、进出口许可证管理上采取了证照拍卖的办法，等等。日本等国在对企业进行"行政指导"时，采取了一些既能让市场力量发挥作用，又能由政府灵活运用的经济形式。例如，建立了介乎市场融资和预算拨款之间的"政策融资"形式，由政府根据地区开发或产业开发的需要，依法建立服务于特定目的的基金（"公库""融资团"等），只要用很少一笔财政资金进行贴息，就能为这些需要提供大量低息贷款，因而收到了所谓"四两拨千斤"的功效。韩国政府在对企业实行倾斜政策时，首先通过国内外市场竞争"选拔优胜者"（pick winners），以保证社会资源流向高效企业。这些行之有效的方法，都值得我们在建设有计划商品经济，即有宏观管理的市场经济时注意汲取。

双重体制并存状况下的政府职能

国民经济是一个由许多互相作用、互相依赖的组成部分有机地结合起来并具有特定功能的大系统。同任何其他系统一样，要使它的各个组成部分协调运转以实现其总体功能，每个经济系统都要有自己的调控体系。只有这一体系能够正常地发挥调节作用时，经济系统才能顺畅地运行。各种不同的经济体系，调控机制也不相同。在传统的社会主义经济模式下，各级领导机关通过行政命令对整个国民经济实行宏观调节。在有计划的商品经济中则是运用经济的、立法的以及行政的手段，通过市场进行宏观调节。在经济改革过程中，为保证从旧模式到新体制的转变，如何实现宏观调节机制的平稳过渡，保证不致出现经济生活的紊乱，始终是各国经济改革方案设计者注意的中心问题之一。

在我国，由于经济体制改革采取逐步过渡的方式，实现对国民经济的宏观控制，就更加艰巨和复杂。我们知道，经济体制改革的实施，可以采取不同的方式。粗略地说，一种是经济系统的主要环节同时实现变革的"一揽子"方式；另一种是各个部门、各个地区，乃至各主要环节的改革有先有后地逐步改革方式。这两种方式的长短利弊，各国学者历来有不同的看法。如前所说，单纯从国民经济的运行着眼，最好是采取"一揽子"方式，这是因为经济系统的各个环节是互相联系、互相制约的，只有各个主要环节配合起来协调地变动，才能保证新系统平稳地、有效地运转。因此，多数经济学家认为，只有"一揽子"改革才能成功。但是，"一揽子"的全面改革往往震动比较大，因为它容易超越社会的承受能力而使改革遇到障碍；同时，从传统社会主义的计划体制中生长出市场因素本身就极其困难。为了避免这种困难，从政治、经济的全局着眼，往往采取逐步改革的方式，以求化大震为小震，使改革比较容易为人们所接受。我国的经济改革，大体上就是采取从"体制外"到"体制内"逐步推行的办法。

然而，后一种办法也有它的问题。这就是由于改革是逐步进行的，因而不能避免在相当长的时期中存在着"双重体制"和"双重交通规则"的问题。① 两种不同的体制的混杂，会在运行中发生摩

---

① 一位波兰学者写道：在进行局部改革的情况下，总是会存在双重的即二元的经济体制。在这种条件下，经济领域的一部分根据一种制度规定行事，经济领域的其他部分则根据另一种制度规定行事。这种做法的结果如何呢？尽管从短期看，经济的运行可以依托于不同的经济体制，但从长远看，终究是不行的。两种不同的体制存在于同一经济体系中，两者的长处都不能得到发挥；而在冲突的基础上，双方的缺点都会显露出来 [参见 Kleer, J. (1974). Economic Reforms in the Socialist Countries in the Sixties（《社会主义国家六十年代的经济改革》）. *Eastern European Economics*, 13(2), 3–30]。

擦，从而增加宏观控制的难度。在"双重体制"下，必然存在一物多价的"多重价格"（包括商品价格、外汇价格即"汇率"、资金价格即"利息率"等）。在多重价格体系下，如果缺乏有效的控制，套汇、套利、低进高出、投机倒卖等非法牟取暴利的活动就会猖獗起来。利用职权"批条子"，从差价中取利，也会成为以权谋私的新的不正之风的重要形式。

在这种复杂的情况下，单纯靠一种手段将难以完全防止宏观经济失控，因此，我们在加强宏观控制时，要充分运用多种有效手段。

第一，实行微观（企业和市场）尽量放开放活与宏观（总量）努力管住管好同步进行的原则。无论哪一方面的改革，都要在放活对微观经济活动的管理的同时，制定并实施在宏观上管得住的办法。就宏观（总量）管理来说，则要实行"先立后破"的原则，决不能容许出现宏观调节的真空状态。

第二，抓紧制定有关经济法规，完善各项规章制度。我们的各级管理部门都必须把明确政策界限、完善法规的工作抓起来，使各种经济活动有法可依，在制度上无空子可钻。

第三，维护政令的有效性和纪律的严肃性。从改革的整个过程看，行政指令的作用将逐步缩小，经济手段的作用将逐步扩大。然而，目前国民经济中还有相当部分是采取行政指令管理的。而且，即使在经济改革完成以后，也不能完全取消行政手段的运用。因此，我们还需要有区别地保持行政指令调节手段的有效性。目前截留税利、坐支现金等违反财经纪律的现象相当普遍，有法不依、有令不遵的情况时有发生。针对这种情况，必须在明确界限的基础上严肃法纪，做到言出法随、令行禁止。

第四，尽可能完善市场机制，使已建立的新经济体制能够正常运行。目前市场机制已经部分地建立起来，但是，特别是在国有部门，市场调控机制还很不配套，主要是：企业财务自理、自负盈亏的制度规定上还存在不少的漏洞；既能反映劳动耗费又能反映供求的价格体系还没有形成；禁止封锁、垄断和各种妨碍公平竞争行为的较为完善的市场还有待建立；金融体系等调节体系也还很不健全；如此等等。解决办法不是收回已经下放的微观决策权，重新回到用行政命令控制一切的老框框，而是把改革推向前进，努力填平补齐，使改革措施配套成龙，确保在既富有弹性又保持重大比例关系协调的宏观计划规定的范围内，微观经济活动龙腾虎跃、生动活泼地进行。

第五，加强参数调节，学会综合运用各种经济杠杆来控制经济活动。在有计划指导的市场经济中，宏观调节的主要手段，或者说，宏观经济决策同微观经济决策之间的联结枢纽，是税收、利息等诱导参数。目前我们的领导机关还不善于配套地运用这些经济杠杆，即通过税收政策、货币和信贷政策、收入分配政策等的综合作用来调节市场，从而经过这个有调节的市场把企业微观经济活动纳入宏观计划的轨道。这方面的工作亟待改善。看来，有必要建立国家的调节中心以及各个部门和地方领导机关的调节机构，组成社会的调节网络，加强经济杠杆的综合运用。

宏观经济调节系统是有计划指导的市场经济这个大系统的一个子系统，它是由许多元素有机地组成的。加之如同前面所说，在我国当前情况下，进行宏观调节要采取多种调节方式。因此，不论对哪方面经济活动的调节，都有赖于多种措施的复合作用。我们必须注意这些措施之间的配套性。就拿货币流通量的控制来说，要使宏观控制有效，需要做到：① 明确货币发行权限属于国家立法或行政机关，它们规定货币供应目标不得突破；② 严格划分财政和银行的职权范围，财政不能任意向银行透支；③ 赋予中央银行通过调节再贷款利率、存款准备金率、开展公开市场业务等手段，保持市场头寸松紧适度的职权和责任；④ 赋予银行根据信贷计划独立开展信贷业务，以及监督企业各项基金形成和使用的职权和责任。以上这些，加上生产部门、商业部门、外贸部门以及监察统计部门的积极配合，就可望把国民经济中的货币流通量控制在适度的规模上。

在从旧体制到新体制的过渡时期，政府的最重要的职能在于培育市场。在老的市场经济国家，市场是自然发育成长的，建立发达的市场体系往往需要经历几百年时间。二战后新兴工业化经济运用政府的力量培育市场，只用短短几十年就建立起先进国家用几百年才发育起来的市场体系，为高速赶超创造了前提。这也是所谓"亚太模式"值得汲取的一项重要内容。

以上这些，是一个从执行旧职能到执行新职能的政府职能转化的过程，这是一个实践过程，也是一个学习过程。一切政府工作人员都要尽快在市场经济这个大学校中学会掌握新机能。

各级政府职能和分层管理

中国是一个幅员辽阔，地区间自然环境和人文状况差异悬殊的大国，在过去行政权力占支配地位的条件下，对于经济发展和政治控制来说，采取中央高度集权的体制有利，还是采取地方高度分权的体制有利？几千年来这始终是一个聚讼纷纭的问题。现在已经明确，我国的经济体制改革的目标模式，是社会主义的市场经济。而市场经济却天然是一个分散决策系统。在这样的体制下，只能在政企职责分开的基础上采取中央和地方职责分明、分层次进行行政管理的体制。问题是：各级政府的职能如何划分，分层管理如何进行，仍然有很大的分歧。而且由于目前我们还处于双重体制并存的过渡时期，旧的"宏观微观大一统"的行政管理还会保持较长时期。这一部分职能在各级政府间如何划分，实际上是过去行政指令控制条件下集权与分权之争的延续。而且，它和社会主义市场经济中各级政府的职能划分和分层控制问题纠缠在一起，使问题更加复杂。

分层行政管理要建立在政企职责分开和正确界定各级政府职能的前提下。

在当前的讨论中，一种很有影响的观点，是主张在现有命令经济的体制框架下层层分解政府的管理职能，由各级政府执掌原来由中央政府执掌的各种事权，把原来由中央所管的一切分层管起来。他们认为，用地方分权去打破条条专政，是争取助力、减少阻力，最终实现放权于企业的最佳战略选择。但是，这条路是否走得通，看来还值得深入分析。

中国从公元前221年秦始皇消灭割据称雄的六国，建立统一的帝国，就成为了一个中央集权的封建专制主义国家。除了不时出现短时期的多国并立和混战外，基本上保持着中央政权对全国事务高度集中的控制。中央集权制保证了封建主义国家的统一和安定。这种体制在封建主义条件下的利弊，已为贾谊、晁错以来的众多文献所阐明。它的长期保持，是有一定的历史必然性的。但是，这种已经为创造我国灿烂的古代文明准备了条件的体制，越到后来越明显地显露出它具有抑制地区内经济的自由发展从而扼杀了经济发展生机的弊病，因而成为进步思想家攻击的对象。

我国的社会主义经济体制，是20世纪50年代初期按照斯大林的"命令经济"模式建立起来的。和其他不少社会主义国家一样，我国从 20 世纪 50 年代中期就开始认识到它具有根本性的缺陷，应当对它进行改革。但是，由于对造成这种缺陷的本质原因认识不够明确，也由于中国历史上长期行政权力占支配地位的传统使人们对于依靠行政命令的宏观管理方式视为当然，除少数先进人物外，多数人把传统体制的缺陷归结为"权力过分集中"的现象，以为只须实行"分权"便能药到病除。这种改革思路没有能够突破"命令经济"的基本框架，而是急于在"体制下放"上寻求出路。在这种思想背景下，我国在 1958 年实施了以"下放企业管辖权""下放计划管理权""下放基本建设项目审批权"，以及在财政金融上扩大地方权力，财政实行"收入分成"制、信贷实行"存贷下放、计划包干、差额管理"等为基本内容的改革。虽然在这次"改革"中形成的许多制度，作为"大跃进"的体制基础，随着"大跃进"的失败和国民经济的"调整"而被取消，但是，这种"行政性分权"的思路却一直对不少人有重大的影响，当时采取的一些具体做法，也一再在后来的管理体制的变革中以多少变化了的形式再现。党的十二届三中全会确定了以"商品经济"作为改革的目标模式，也就意味着彻底否定了在"条条专政"的高度集权和分散主义的"块块割据"之间来回摆动的"行政性分权"和"行政性集权"的道路。不过，这种旧思路仍然时时有所表现。最近一两年出现的一系列新情况表明，具有区域封锁倾向而缺乏自我约束机制的地方行政分权模式的诸多弊病，是我国目前经济波动和效益下降的重要原因。事实上，过去的条块分割局面以及条条专政与块块割据的循环往复，都是试图在直接行政控制框架下分解管理职能的产物。"块块"了解地区具体情况而难于掌握全局平衡和宏观结构，"条条"则正好相反，几乎没有两全其美的出路。如果中央放权实行间接控制而地方收权施加直接干预，就必然导致总量平衡和产业结构上出较大的乱子。中央为了纠正宏观失衡还须追加基础设施和能源、原材料的重点投资，这就构成中央和地方一起上投资的局面，必然导致总需求失控。而在直接行政管理的框架下，要加强宏观控制又只能强化中央集权，舍此别无他途。所以，尽管大多数人都反对走回头路，反对把已经放下去的权收回来，但在经济"过热"的情况下，除了主要使用行政手段强化宏观控制外，似乎也没有别的更好的办法。正因为这样，近年来我们一次又一次痛苦地经历了条、块的循环。

看来必须坚决按照市场经济的原则，首先明确中央和地方关系，以及各级政府的职能，然后在此基础上设计我们的行政管理制度。

政府的主要职能，除维持法律和秩序、提供公共品（public goods）服务外，一般不向单纯以营利为目的的企业投资。其中，中央政府同地方政府的职能又有所区别：中央政府根据专门法案的规定，为部门结构和地区结构的重大调整通过预算拨款和政策金融提供资金；省、市（县）地方政府着重于进行交通、通信及其他市政建设，改善投资环境和招揽商贾，吸引投资，发挥地方比较优势，以及提供居民福利设施。市（县）以下的政权组织具有自治团体的性质，着重于社会公益设施建设。

第十一章 其他方面的配套改革

在体制转换和市场经济运转过程中，难免有企业破产和工人失业，如何使因体制转换失业的社会、经济、政治影响最小，以保证改革的顺利进行，这是关系改革战略成败的重要方面。建立社会保障制度是改革的战略性措施。我国现有福利保障制度的特点是就业、福利、保障三位一体，都通过企业这个环节实现。在我国建立社会保障的基本途径是把现有的企业"小社会"中的福利保障社会化，改变企业办社会的现实。企业福利保障社会化的前提是企业福利保障项目的货币化。在这方面，新加坡的公积金制是可以借鉴的。20世纪50年代末60年代初开始建立起来的新加坡社会公积金，对新加坡实行"居者有其屋"计划，实行医疗保险、退休保障与失业扶持方面都起到了积极的作用。社会保障制度不仅要为失业工人提供收入上的扶持，还应该设立新技术的培训计划，以更快地缩短因体制转换失业的时间。

为求稳妥，起步时可先在城市工业部门开始，统筹建立全国失业保险基金，由税务部门代理征收，由劳动就业部门掌握使用。也可考虑将部分国有企业的股权划归失业保险基金会，以后股权收益成为部分资金来源。不论采取哪种方式，今后失业保险基金会应成为独立的机构。

改革目前的公费医疗制度，分行业或分地区建立医疗保险组织。医疗保险基金会是非政府的，投保时除用人单位承担部分费用外，个人也必须承担一定比例的医疗保险费用，改变低收入阶段已出现的高福利现象。

试行养老金基金制度。"老有所养"是应当给予保证的人民基本福利。但是这种福利并不一定要由政府完全包起来，可以采取由社会提供的基本养老金和商业形式的、合作形式的补充养老金相结合的方式。基本养老金由养老金基金发放。起步时政府有关部门可会同各养老金基金会、工会、企业家代表等，在科学测算的基础上，大致确定基本养老金和保险费水平、用人单位和个人分担比例等。根据我国目前的状况，基金来源除企业和个人以税收形式缴纳的保险费外，在进行企业股份制改革时，可划出部分产权交给养老金基金会，以股权收益补充资金来源，同时划出一部分职工作为该基金会的成员和服务对象。至于各种补充养老保险，则完全贯彻市场化原则。养老金基金制度的雏形一经确立，政府社会保险保障机构的工作重心就立即转移到政策、法规的制定和监督、调解方面来。

全国统一建立贫困救济金制度，由民政部门具体负责。要使贫困救济（今后包括失业救济）工作在目前的基础上有明显改善并形成一种制度，一个重要的前提是准确掌握全国低收入家庭的数量和分布状况，然后根据国力确定救济标准和形式。贫困救济制度的确立不仅对贯彻社会主义道德原则，而且对保持社会稳定、改革时期不出现动乱都是十分必要的。

农村的医疗健康保险、养老保险也应尽早起步。这项工作对计划生育具有极大的促进推动作用。事实上，与其对独生子女本身实行优惠政策，还不如使其父母老有所养。当然，由于各地经济发展差异很大，农村工业较发达的地区可率先进行。

目前已经建立而且业务已得到很大发展的人寿及财产保险公司应当分设成几家，独立经营、互相竞争。

住房由企业作为福利供给的制度，是我国企业泛福利化体制的核心部分，实物福利扩展，成了劳动成本超过生产率膨胀的重要根源。例如，在1978—1988年，劳动成本扩张的88.2%可以由非货币工资性的收入增加说明；而其中近40%是由于住房福利的扩展而增加的。推进住房制度改革既是价格改革的有机内容，也是企业体制改革的重要组成部分。我国城镇住房问题突出表现为结构性的过度消费和普遍性的供给不足，而从某种意义上说，供给不足正是由于过度消费促成的。产生这种现象的根子在于目前的企业福利住房供给体制。应当切断职工与工作单位在住房分配上的"脐带"，在一般情况下，要把房产的分配与维持方面的控制权转移给独立的股份制的财产管理实体——住房出租公司或出卖给居民私有。资产所有者将直接从住户那里收取房租。房租水平，在短时期内可以提到包含适度的住房维持成本的水平，在中期内可以包含投资的正常收益。政府、企业、公共部门均应逐步从住房市场中撤出，让未来的住房生产完全以新的住房出租公司和住户的需求为转移。

在社会保险制度改革的基础上，要同房租改革相配合，实现所有福利补贴"暗翻明"，进入工资和工资性费用，打入成本。具体来说，首先，将过去由企业统一负担的退休、医疗和工伤保险，一部分加入工资，另一部分继续由企业负担，分别由企业统一向选定的养老金基金会和保险公司缴纳。工人转换工作单位可转移账户。其次，对于失业保险和社会贫困救济，由职工和企业共同负担，一并上缴社会保险费，分别由劳动部门和民政部门管理使用，工人转换工作单位，权利不变。最后，工人收入有余，可自由加入银行的保险储蓄和各种保险机构的保险项目作为补充保险。

废除统一的工资、奖金制度，各企业工资、奖金的发放，应由用人单位根据劳动市场状况和与职工的合约决定。在起始阶段，政府可以参考测算的平均职工收入水平，颁布分行业的工资标准公式及适当的浮动率。在法定限制内，企业可自由调整内部的工资结构。原来的实物补贴必须货币化、工资化，不允许企业以任何名义发放实物。政府斟酌情况实施薪给税。随着价格合理化和劳动市场的形成，对工资的这种参数控制办法将逐步被取消。

在上述工资和社会保险制度改革推出之后，不同所有制下，不同工龄、不同用工形式的在职职工基本待遇会趋于接近，这样，劳动市场的进一步开放就具备了条件。但是，为了减少社会震荡，企业招聘和辞退职工的制度应逐步地建立。特别是对于不符合企业要求的员工，正式辞退之前应先给予警告性处分，视情况再决定辞退。接近退休年龄的不称职职工，尽量以提前退休代替解雇。

全面完成国有部门社会保险福利制度的改革后，在各种所有制形式的经济组织中就业的职工获得了基本相同的权利和义务。任何职工和聘用单位都必须向国家统一的失业救济基金和贫困救济基金缴纳保险费，任何职工和聘用单位必须按照法律规定的额度向自由选定的养老金基金会、医疗保险公司缴纳保险费；任何职工都有权参加其他附加保险。真正社会化了的统一的保险保障制度维护了职工的最基本利益，使得劳动力的自由流动具备了最主要的前提条件。

进一步提高全社会个人收入的货币化和透明度。重新调整国家的工资限额表，建立个人收入申报制度。在规定的最低工资和最高工资的范围内，企业有很大的选择余地，政府要合理地确定个人所得税的起征点，培养居民完成纳税义务的观念和习惯，在劳动力流动性不断提高的情况下，由于劳动市场的作用，同一行业同一技术水平的劳动者，即使是在不同的经济组织，收入水平也会越来越接近。

建立全国统一的劳动管理机构，建立地方劳动就业登记机构。它们的工作内容是：① 调查和预测就业情况；② 提供就业信息；③ 发放失业救济金；④ 保护劳动者利益；⑤ 协调用人单位和职工的矛盾与纠纷。

用人单位有权根据实际经营和发展的需要招聘和解聘职工，但是必须符合法律规定的公平原则。劳动者有权控诉用人单位的解聘决定，劳动仲裁委员会负责审理。在失业登记所注册属于非自愿失业的劳动者可享受累退的失业救济补助。有适当的就业机会但个人不愿从事这种工作的劳动者，被视为自愿失业者，不享受失业救济补助；拒绝参加劳动就业机构推荐的招工登记考试，被视同自愿失业。

开放劳动市场，保持一定数量的待业劳动力是提高经济效益、从根本上抑制工资膨胀的保证。我国经济在相当一个时期内都将存在巨大的增长潜力，劳动市场的开放会使这种潜力得到有效的发挥，而不至于形成太高失业率（如果不考虑农村的隐蔽失业）。在城市存在 3%—4% 的待业率是正常的，其中相当部分可能是自愿失业。考虑到社会稳定等因素，在就业安排上对城乡劳动者仍然应当保留一定程度区别对待。在同等情况下应优先照顾城市居民、本地居民。在目前情况下，对农业人口的非农化和城市化速度不能不有所控制，这种控制要随着整个经济的发展和劳动市场的供给状况逐步放开。

　　率先培育专业人员市场。应使高级管理人员和高级技术人员的工资水平大大超过平均工资水准，但是，为了抑制工资攀比和消费膨胀，应当通过个人所得税来加以调节。聘用单位可以支付高工资，但必须依照统一税则纳税，禁止提供其他非工资优惠，个人所得税起征点和累进税率应根据经济发展和市场竞争的需要进行调整。

第四篇　改革时期的国民经济和社会发展方针

　　谈到经济发展，首先需要明确的一个观点是，中国有必要在今后二三十年的长时期内保持较高的增长速度。这是由我国目前的经济状况和国际国内形势决定的。从国内来说，我国还没有完全改变贫困的面貌，人均国民生产总值居于世界的后列，属于低收入国家，我国的综合国力亟待增强，人民生活水平也需要有较快的提高。要在 2000 年达到小康水平，在 2050 年达到中等发达国家的经济发展水平，必须在长时期内保持一个比较高的，比如说 10% 甚至更高的平均增长速度。从国际上来说，世界已进行了多次科技革命，到 20 世纪末 21 世纪初很有可能还会出现一次新的科技革命，我们必须迎头赶上。不然，已经错过几次机会的中国如果再错过下一次机会，就会被经济发达国家更远地抛在后面，中华民族屹立于世界民族之林的期望就会落空。而且，亚洲是世界经济中增长最快的一部分，我国周边的一些国家和地区如几个新兴工业化国家和地区年平均增长平均每年都在 7% 以上。作为亚洲的一个大国，中国即使要保持在亚洲范围内的积极作用，也需要在一个相当长的时期内保持较它们为高的速度。

以上从所谓"目的论的"（teleological）角度，也可以说，从必要性方面，提出了对经济增长速度的要求。但从"发生学的"①（genetic）角度，即从可能性方面来观察，速度能够搞到多高，却决定于经济效率提高的程度。历史经验表明，要维持长期的高速度，前提必须是经济效率的不断提高。没有效率的不断提高，靠大量投入来取得产出，由此产生的高耗费经济增长是我国的物力、财力所难以长期支撑的。即使速度一时上去了，不久也会掉下来。同时，也不能为人民生活的提高奠定坚实的基础，不能使人民不断地得到更多的实惠。而就我国目前的情况而言，在制约经济效率提高的诸多因素中，体制因素又是最主要的。因此，欲求经济的长期高速发展，首先要改变缺乏生机与活力的旧体制，建立能够有效率地运转的新体制。否则，繁荣只能是短期的，难以持久。前几年我们就有过这方面的教训：在改革还没有迈出决定性的步子、没有取得明显的成效以前，急于把速度搞上去，结果是速度刚刚提高，通货膨胀接踵而至，迫使我们不得不停下来进行调整。

正是基于过去的教训，1985 年党的全国代表会议对如何正确处理改革与发展的关系作出了科学的总结。会议通过的《中共中央关于制定国民经济和社会发展第七个五年计划的建议》指出，"七五"期间经济和社会发展所要遵循的首要指导原则，是"坚持把改革放在首位，使改革和建设互相适应，互相促进"。《中共中央关于制定国民经济和社会发展第七个五年计划的建议》全面阐述了二者的关

---

① "目的论原则"和"发生学原则"是 20 世纪 20 年代苏联关于社会主义工业化速度问题论战时的用语。前者强调迅速实现工业化的必要性，后者则主张根据客观情况安排计划。

系："从根本上说，改革是为建设服务的。从当前来说，建设的安排要有利于改革的进行。""**为了改革的顺利进行，必须合理确定经济增长率，防止盲目攀比和追求产值产量的增长速度，避免经济生活的紧张和紊乱，为改革创造良好的经济环境。**"

"七五"期间的经济发展情况证明，上述论述是完全正确的。正是由于没有完全遵循上述原则，相反地出现了急增长、缓改革的倾向，才导致了1988年的高通货膨胀和经济波动。上述"七五"的指导方针，也应当适用于"八五"。它为新的高涨时期的改革与建设工作安排，提供了正确的方针。目前有一种苗头值得注意，就是一说要大上，就纷纷要项目、要投资、要贷款、要带钱的"政策"。如果各地区、各部门都这样做，就会分散本来可以用于支持改革开放迈大步的资源，引发经济"过热"和通货膨胀。应当向广大干部和群众说明，主要应当从推进改革要效率，从提高效率要财力。与其在体制改革未取得根本性突破前用高资源耗费、高通货膨胀取得一时的高速度，不如把国民经济的增长速度适当放慢，控制在较低的水平上，换得向社会主义商品经济的早日转轨，然后在效益不断提高的前提下全速前进。这样，算长期的总账，不是慢了，而是更快。所以说，**一切热心于经济发展、中华腾飞的人，首先应当热心于改革开放**。改革开放的速度应当加快。现在加快改革开放的条件很好，如果我们组织得好，在五年左右的时间里建立新经济体制的初步框架，为我国经济的长期高速发展奠定制度性的基础，是完全有可能做到的。当然，随着改革的前进和效率的增进，增长速度在近期就会依据效率改善的状况逐步有所提高。至于某些先进地区，由于新经济体制形成的进度较快，经济富有更大的活力，把速度搞得更高一些也是理所当然的。

第十二章　努力保持改革所需要的良好经济环境

为了保证经济改革能够平稳地进行，首先需要有一个**宏观经济关系比较协调，市场不太紧张，国家的财政、物资后备比较宽裕的良好经济环境。**

为什么需要这样的经济环境呢？从根本上说，这是因为经济改革的总方向在于改变过去那种排斥商品货币关系和价值规律作用的经济模式，建立有计划的商品经济体制，使市场机制发挥更大的作用；而市场机制发挥积极作用的必要前提，是存在一个总供给大于总需求的买方市场。

研究东欧社会主义国家经济体制改革的经济学家首先论述了这个问题。布鲁斯在系统阐述他所提出的"含有可调节的市场机制的计划经济"模式时指出，保证这种模式中"市场机制有效地发挥作用的基本条件"，是"造成一个有限的买方市场"。[1] 锡克（Ota Sik）在《民主的社会主义经济》一书中提出了市场机制发挥积极作用的七个条件，其中第一个条件就是：一个供给总量比有效需求总是有不太大的超前增长的"买方市场的存在"[2]。

---

[1]　W. 布鲁斯（1961）：《社会主义经济的运行问题》，周亮勋、荣敬本、林青松译，北京：中国社会科学出版社，1984年，第191、151—152页。

[2]　O. 锡克（1979）：《民主的社会主义经济》，见荣敬本等（转下页）

这种意见是有道理的。在商品经济中，市场机制从两方面对企业的经营决策起积极作用。一方面，促使生产者努力改进生产结构，以适应市场需要；另一方面，促使生产者努力降低成本，节约资源，以适应市场竞争的环境。这样，既能增加企业的收益，也符合消费者和整个社会的利益。然而，市场机制要能起这样的作用，必须以生产者（卖者）之间竞争为前提，因而需要有一个买方市场。如果存在着供不应求的卖方市场，生产者就不会感到竞争的压力，因而也就不会调动起自己的全部力量去改善经营管理和适应社会的需要。

我国经济学界是在 1979 年党中央制定的"调整、改革、整顿、提高"八字方针以后，在讨论调整与改革的关系问题时接触到这个问题的。当时，一些同志吸收了国外研究的成果，指出经济体制的全面改革要以国民经济的调整工作收到一定的成效为前提。这是因为，"在经济紧张的情况下，分权化的体制改革是不能实现的"。"使社会生产大于社会的直接需要，使商品的供给大于有支付能力的需求，从而建立一个消费者或买者的市场，是正常开展市场调节的一个前提条件。"[①]虽然"建立社会主义的买方市场"的提议引起了争论，但是到了后来，特别是在 1980 年年底确定对国民经济进行进一步调整以后，绝大多数人都同意，在执行"八字方针"的初期，应当采取以调整为重点，并在有利于调整的条件下进行局部改革的战

（接上页）编：《社会主义经济模式问题论著选辑》，北京：人民出版社，1983 年，第 244 页。

① 刘国光（1980）：《略论计划调节与市场调节的几个问题》，《经济研究》，1980 年第 10 期；吴敬琏（1980）：《经济体制改革和经济结构调整》，见《吴敬琏选集》，太原：山西人民出版社，1989 年，第 183—200 页。

略；待到比较宽松的经济环境开始出现，才有可能开展经济体制的全面改革。

1984 年夏季以后，有的经济学家从什么是适宜的货币供应量的角度对上述分析提出了另一种看法。他们同国外商品经济相比拟，认为货币供应的超前增长是经济发展本身的要求；在我国经济的目前发展阶段，货币超前发行所提供的旺盛购买力是促进生产发展的强大动力。换句话说，如果采取增发货币的办法，创造较现有商品供给量更大的有效需求，就能刺激生产的高速发展。①

用增加货币供应的办法创造有效需求，以防止发展的停滞、促进经济的繁荣，这种理论主张，是同第二次世界大战后西方经济学的主流派——凯恩斯主义的主张相类似的。凯恩斯的主张以及相应的政策，曾经为不少西方国家所采纳，成为占统治地位的意见。而且，货币供应量增加导致有效需求的扩大，的确也在一段时间里推迟了资本主义经济危机的爆发，或者促成了经济的较快复苏，从而有利于经济增长总趋势的保持。

但是，这种理论对我国是不适用的。

第一，对于西方有效需求不足的经济来说，货币的超经济发行可以起到增加有效需求的作用，因而往往可以作为反萧条的有效措施，阻滞危机出现或刺激经济回升。然而我国市场经常存在的是需求大于供给的状况。对于这种如匈牙利经济学家科尔奈所说的"短缺经济"，货币的过多供应只能加剧经济的紧张程度，并使长期存在的卖方市场难于向买方市场转化，不利于能够保证市场机制有效发

---

① 刘国光、赵人伟的《当前中国经济体制改革的回顾与展望》（1985）一文（见《宏观经济的管理和改革》，北京：经济日报出版社，1986 年，第 193—203 页）对于两种不同的观点作了扼要的介绍。

挥作用的经济环境的形成。

第二，即使在西方国家，货币过量供应带来的停滞膨胀和效率下降的弊病也已使许多人认识到，用通货膨胀维持繁荣是一种饮鸩止渴的办法。因此，越来越多的国家转而采取了控制货币供应量的政策。率先采用这种办法的是联邦德国。1948 年，在当时负责经济事务的艾哈德主持下进行的货币改革和有关政策的实施，使联邦德国只用了短短几年就从二战后的绝境中恢复过来，并在往后二十余年中实现了持续发展。这在西方被称为"经济奇迹"。按照另一位凯恩斯主义政策的批评者弗里德曼的说法：**"所谓艾哈德的经济奇迹，其实非常简单，就是取消了物价和工资的限制，允许市场自由活动，同时严格限制货币的总量。"**[①] 日本在 1955—1973 年经济高速发展的所谓"超飞时期"，也采取了通过控制货币供应量保持物价稳定的政策。整个"超飞时期"，日本批发物价的年平均上升率始终保持在1.5% 以内。时任日本中央银行金融研究所所长的铃木淑夫指出：市场物价总水平在起飞阶段的基本稳定，是实现经济高速度发展的重要条件，如果像有些国家那样实行通货膨胀政策，物价总水平上升，就会因为企业不能根据准确的价格信号作出最优的资源配置决策而导致国民经济整体效益降低，从而无法实现持续的增长。[②] 显然，我

---

① M. 弗里德曼（1976）：《论通货膨胀》，杨培新译，北京：中国社会科学出版社，1982 年，第 33 页；路·艾哈德（1957）：《来自竞争的繁荣》，祝世康译，北京：商务印书馆，1983 年。

② 参见铃木淑夫在北京讲学的提纲《日本经济起飞时期适量控制货币供应的经验和理论》（油印本，1985 年 3 月）。铃木在讲演中指出，在商品经济中，相对价格（比价）体系的变化是企业选择效益最佳的生产活动的路标。通过产品比价变动，市场向企业传递两种有决定意义的信息：第一，告诉企业供求变化的情况，企业（转下页）

们应当从中得到借鉴。

改革的初战阶段尤其需要相对宽松的经济环境

1984 年 10 月党的十二届三中全会作出《中共中央关于经济体制改革的决定》以后，以城市为重点的经济体制改革全面展开。在这种条件下，有的同志开始认为，既然发挥我国社会主义经济活力的主要障碍——封闭僵化的旧体制已被打破，充满生机和活力的新体制正在建立，我们就已经有实际的可能在全面展开经济改革的同时，大大加快工农业和其他各项事业的发展，大量增加固定资产投资，大幅度提高人民的消费水平。这种看法有一定的片面性。

毫无疑义，从长远来看，经济改革必将大大完善我国社会主义生产关系，使生产力得到大解放。但是，从开始改革到改革显著收效，有一个相当长的时间差。在改革的初始阶段，一方面，改革在提高经济效益、增加收入方面的效果还没有充分显现出来；另一

（接上页）抓住时机扩大紧俏商品的生产，收益就能提高；第二，告诉企业采用什么原材料和设备可以保持较低的成本水平，企业选用由于供应充裕或技术进步降低了成本因而价格较低的投入，就能迅速提高收益。但是，以上这些信息的取得，只有在价格总水平稳定的条件下才有可能。这是因为，个别企业只能从单项商品的价格的涨落观察价格的变化，而影响单项商品价格变动的，有两个因素：① 价格总水平的变动；② 比价关系的变动。在价格总水平稳定的条件下，单项商品价格的变动意味着该商品的比价变动。企业可以据此作出对于企业和社会都最为有利的决策。否则，物价总水平变动的"噪音"盖住了相对价格变动的"信号"，企业就会由于无法得到正确的价格信号的指导而作出错误决策。

方面，经济改革的实施却需要立即支付一定数量的成本，主要因为改革意味着大规模调整人们之间的利益关系，为了保证在这种调整中绝大多数人受益，国家不能不支出相当数量的资金。这两方面的因素加在一起，就容易在改革起步时出现有购买力的需求大幅度增加，大大超过商品供应的增加的情况。如果发生这种情况，就会使刚刚出现的有限的买方市场得而复失，对新经济机制的有效运行造成困难。面对这种局势，我们有两种可能的选择：或者是在改革之初就把经济发展的速度搞得很高，基本建设战线拉得很长，人民的消费水平提高得很猛；或者是在改革开始时采取适当紧缩的政策，保留比较多的财政和物资后备来支持改革。采取前一种做法会使改革遇到困难，采取后一种做法则使改革能够比较平稳地进行。这个道理，是社会主义各国经济体制改革的实践所反复证明了的。

有的国家从改革的准备阶段就注意了为改革创造和保持良好的经济环境。例如，匈牙利 1968 年的改革就是这样。1966 年 5 月匈牙利社会主义工人党中央委员会通过的《关于经济体制改革的指导原则》中，设有专章论述如何在改革的准备时期和改革初期为改革创造良好的经济条件，如何保证生产、流通经营条件的连续性和稳定性，如何保持国民经济的平衡，并作出了一系列具体的规定。该文件指出，新机制的积极影响只能逐渐地展现出来，因此，"为了渡过转变时期的大小难关，在 1966 年和 1967 年就要积累起开始的储备"。与此同时，"在改行新经济机制的阶段，应该努力使对提高投资的需求保持在与生产能力相适应的水平上。所以，1967 年就应该限制新投资项目的开工，应该帮助正在进行的投资项目尽快地竣工，并且要增加现代化的、技术更新的、资金回收快的投资"。"在新经济机制全面实行的时候，国家预算在投资支出方面，应该厉行节约，投资的银行贷款总额则需要更严格地保持在平衡所要求的限度内。"此外还指出，"在新经济机制全面推行的时期，最重要的问题是保证消费的市场的平衡，这主要是要避免形成通货膨胀式的物价—工资的螺旋式上升"。实践证明，以上这些规定，虽未贯彻始终，但对保证匈牙利 1968 年改革的健康进行和改革初期的经济稳定起了很好的作用。

波兰 1973—1975 年改革的经验，也很值得我们注意。波兰的这次改革是在 1971—1975 年的五年计划期间进行的。这次改革未能取得成功，而在那以后，波兰经济逐步陷入"深刻的危机状态"[①]。据波兰政府的一个正式报告分析，在经济政策方面造成危机的首要原因，是从该五年计划第一年（1971 年）就实行了所谓"高速发展战略"。"根据这一战略，当局设想通过更广泛地利用外国贷款来加紧投资的方法，克服 60 年代后期出现的停滞。"与此同时，"消费，尤其是实际工资显著增长。1971—1975 年实际工资的增长在战后的整个时期中是最高的。结果是多年来投资和居民收入同时以极快的速度增长，超过了创造出来的国民经济收入提供的可能"。在五年计划的头几年，由于连年风调雨顺促成的农业丰收，加上因国际上的有利条件，经济发展得相当顺利。但是，由于连年高速发展，在开始改革的当年（1973 年）已经出现某些比例失调和紧张的迹象。虽然专家已经对此提出过警告，而且当时失调和紧张程度还不太大，还有可能通过放慢投资、居民收入和外债的增长速度来保持平衡，而不必作绝

---

① 参见《波兰政府关于经济状况的报告（1981 年 6 月）》。以下有关事实，都引自这一报告。

对的削减，但当局却没有采取任何紧缩措施，"相反却在 1974 年作出了保持极高的投资速度的补充决定和提前实行原拟在下一个五年计划实行的提高工资计划"。"这样，两年之后，在 1975 年和 1976 年之交，一切病症都显露无遗。"在这种情况下，"改革了的体制实际上被废止，又重新回到高度集中的旧体制"，而这种具有严重弊端的旧体制反过来又成为"对经济形势恶化产生根本影响的因素"。这两种因素交互作用，恶性循环，结果使"物质生产减少，生产性资产使用率降低，劳动生产率、劳动纪律以及一般经营效益下降"，终至陷入危机。

有鉴于这些国家的经验，国外不少研究经济体制改革的经济学家主张在改革开始的几年要有意识地放慢生产增长速度，减少基本建设投资，避免立即大幅度地提高工资和奖金，以便腾出足够的资金来搞经济改革，保证改革有良好的经济环境。

我国的经济改革是在全国人民正在为争取财政经济情况的根本好转而奋斗的过程中进行的。经过七年改革，我国的经济情况已经有了很大的改善。但是，我国人口多、底子薄，目前国民经济的产业结构和产品结构还有不少问题，财政还有赤字，需要向银行透支。由于财政经济上存在问题的总根源在于经济效益太低，而经济效益低又是由过去僵化和封闭的经济体制造成的，因此，治本的办法是实现经济体制改革。然而，要使经济改革的步子迈得较大，国家需要拿出较多的资金。而在当前国家手头的财政、物资和外汇储备并不宽裕的情况下，如果各方面的支出增加过多、过猛，就会使财政经济情况不但不能继续好转，还有可能恶化。面对着这样一个似乎封闭的环，我们只能采取如下的策略来打开一条走向良性循环的通道，这就是：在一切其他方面尽可能地紧缩，全力保证经济改革的资金需要。国家的财政后备越宽裕，经济改革的步子越有可能迈得比较大，各方面的经济关系也就能够比较快地理顺，使财政经济情况加速好转，早日进入良性循环。这样，在开始时好像经济发展慢了一点，群众的消费水平提高得也不那么快，但是，由于保证了经济改革的顺利进行，到头来还是快了，从长期来看，人民也可以得到更多的实惠。

1988 年严重通货膨胀的成因是"价格闯关"，还是需求持续膨胀

如何分析 1988 年爆发的严重通货膨胀，曾经有一种流行的看法，即认为 1988 年物价暴涨和抢购风潮，是由当年 6 月中共中央政治局关于加快价格改革的决定引发的通货膨胀预期促成的。的确，从发生的时间看，二者前后相继，而且群众把五年理顺价格理解为物价即将全面上涨，也促使通货膨胀预期加速形成，从而引发了提款抢购和物价进一步暴涨的恶性循环。但是，这种解释毕竟过于表面，只能给人以似是而非的满足，而不能从本质上回答通货膨胀的预期又是怎样产生的问题。如果据此来制定稳定经济的政策措施，恐怕难以药到病除，弄得不好，还会引致进一步的失误。

1988 年 6 月部署价格改革的五年战略设想时，对于当时已很严峻的货币流通形势缺乏认识，未能及时地采取紧缩需求和疏导货币的措施；宣传上也有一些缺点，例如，未能说明什么是价格改革以及价格改革将如何有计划、有步骤地进行，而是笼统地号召"渡难关"，并且把 7 月提高名酒名烟价格与全面的价格改革混为一谈；加之在我国长期流传一种把价格改革等同于物价上涨的说法，因而相

当一部分居民在听说价格将要全面改革后担心价格将会全面猛涨，于是触发了全国性的提款抢购风潮。问题在于，人们的这种通货膨胀预期又是怎样萌发的，究竟是通货膨胀预期促成通货膨胀，还是反过来，持续的通货膨胀促成通货膨胀预期的形成呢？显然只能用物价的持续上涨来解释通货膨胀预期的形成，而不是相反。

1984 年以来，我国一直存在中度通货膨胀。1985 年的紧缩使通货膨胀的势头减弱。但在 1986 年第二季度采取松的（扩张性的）货币政策以后，又呈逐渐上升趋势。1988 年 1 月，零售物价指数上升率已达 9.5%，2 月越过了两位数大关，此后更以每个月增加一两个百分点的速度提高。到 6 月中央决定加快价格改革时，零售物价指数已达 16.5%。[①] 相应地，1988 年年初以来，城乡居民的储蓄率一直呈下降趋势。5 月城乡居民储蓄余额增长率较之 1987 年同期猛降 5 个百分点。同月出现了近年来第一次农村储蓄余额的负增长。同时，1987 年下半年抢购行为已有零星出现。到了 1988 年 3—4 月，抢购风更是此伏彼起，虽然那时抢购风不如 8 月底 9 月初那么集中地爆发，但势头正在加强，范围不断扩大，居民通货膨胀预期形成的势头已十分明显，全面抢购商品和挤提存款的风潮大有"一触即发"之势。[②]

---

① 这里使用零售物价指数来反映通货膨胀的程度，由于有取样等技术问题，且未包括隐蔽的通货膨胀在内，存在低估的问题。有的作者使用国民收入平减指数的指标来表示通货膨胀率，由于国民收入有"水分"等，也不能解决问题。据世界银行的统计，我国市场物价指数 1988 年已达 20%。关于近年来我国隐蔽的通货膨胀，杨仲伟、张曙光等的《我国通货膨胀的诊断》一文（见《经济研究》，1988 年第 4 期）作过有益的讨论。

② 1988 年年初群众通货膨胀预期形成的趋势已经非常明显。1988 年 5 月 12 日《人民日报》海外版发表了李运奇的一篇批评"通货膨胀有益论"的文章。文中明确指出，我国群众的"货币幻（转下页）

　　6 月初，中共中央提出五年过价格改革关的战略设想。笔者认为，这一战略设想是正确的。不过，在社会总需求连年膨胀、未实现的购买力巨额积淀的状况下，为了实现这一战略设想，应当立即采取有力的稳定经济的措施，抑制过热需求，疏导积存货币，使一二年后价格等方面的配套改革出台时，能有一个较好的经济环境。① 遗憾的是，当时存在着盲目乐观的情绪，"通货膨胀有益论"和"紧缩有害论"也甚嚣尘上，因而未能正视经济过热和通货膨胀的现实，未能匡正过热的发展方针和过松的宏观经济政策，以使紧张的市场形势有所缓和。同时，把价格改革（通过定价体制的自由化使产品的相对价格合理化）同通货膨胀（物价总水平上涨）混同的宣传也很流行，就更加强化了把价格改革等同于物价上涨的误解，缩短了群众心理预期形成的进程。但是，只要我们看一下物价上涨和抢购风形成与发展的全过程，就不能不承认，1988 年年初群众的

　　（接上页）觉"已经消失，通货膨胀预期正在形成，随时都会发生抢购商品和挤提存款的风潮［李运奇（1988）：《中国可以利用通货膨胀吗？》，《人民日报》，1988 年 5 月 12 日］。刘国光在 1988 年 5 月 27 日和 28 日中共中央总书记向财经领导人员通报中央常委关于价格改革的决定的会议上，曾力陈必须立即摒弃通货膨胀政策，减速降温，控制需求。当时他明确指出：由于连续几年的中度通货膨胀，居民的通货膨胀预期正在形成，不能指望利用从发行货币到通货膨胀的"时间差"来筹集资金，也不能在经济环境没有得到治理的情况下匆忙进行价格改革。

① 　这是笔者在近几年中反复申说过的意见。在 1988 年 5 月 27 日和 28 日的会议上，笔者也反复强调了通货膨胀的危险和"管住货币"对价格改革的必要性。另见发展研究中心几位研究人员的内部研究报告：《从 1988 年上半年经济状况看价格改革的环境（1988 年 7 月）》，见吴敬琏、胡季编（1988）：《中国经济的动态分析和对策研究》，北京：中国人民大学出版社，1988 年，第 209—216 页。

通货膨胀预期已在加速形成，后来工作中发生的缺点和错误，只是给了通货膨胀预期的普遍形成以最后一击。

总之，以上这些可以说明，1988 年 6—8 月工作中出现的某些缺点，只是 8—9 月爆发抢购风的诱因，而不是物价上涨和群众通货膨胀预期形成的根本原因。这不仅可以从抢购风爆发前的历史事实得到正面的说明，还可以从 9 月以后的情况得到反面的印证。当政府高级官员和中共中央在 9 月向全国人民明确宣布 1989 年和 1990 年不进行价格改革，而且要大力稳定物价以后，虽然居民抢购和挤提存款的行为暂时地平息下去了，可是物价涨势并未缓解。所以，如果认为物价上涨是由加快价格改革的决定所引起，停止价格改革可以解决通货膨胀问题，恐怕会重犯与 1986 年相似的错误。当时有的经济学家宣称，拟议中的生产资料价格改革会引起价格波动，放松信贷和货币超发则不会有严重后果。按照这种理论办，在 1986 年第二季度放松了银根，1987 年第二季度涨价效应就明显显现了。如今我们还在吃那时种下的苦果。

于是，问题回到了原处：为什么物价连年上涨，终至在 1988 年加速进行呢？看来，还得回到经济学的常识上来。经济学的常识告诉我们，由部分商品价格上升（价格冲击）引起的价格总水平上升是一次性的，而价格总水平的持续上升则总是以货币过量供应为基础。虽然在中国有人宣称把通货膨胀的原因归结为货币的过量供应，乃是一种“原始货币主义的幻觉”，但是我们还不知道世界上有哪一位郑重的经济学者否认 $MV=PT$ 这一纸币流通的基本规律。[①]

① 正是在这个意义上，我们认为 M. 弗里德曼关于通货膨胀（物价总水平持续上升）是一种货币现象的判断是正确的。他在《货币理论上的反革命》一文中指出：“通货膨胀，由于它是而且只（转下页）

如果将纸币流通的"剑桥方程式"$M=kPy$的对数微分，并以变化率表示，即得：

$$\Delta \ln M = \Delta \ln k + \Delta \ln P + \Delta \ln y，或$$

$$\Delta \ln P = \Delta \ln M - \Delta \ln y - \Delta \ln k$$

上述公式说明，如果货币的增加量（$\Delta \ln M$）超过了由于有效供给的增长需要增加的货币量（$\Delta \ln y$）和由于货币持有量合理增加需要增加的货币量（$\Delta \ln k$）之和，就会或迟或早引起通货膨胀（物价总水平持续上升）。由于 1981—1983 年急剧进行的国民经济货币化过程到 1984 年已经接近尾声，它引起的增发货币的需要（$\Delta \ln k$）为数不大，我们可以从 1984 年以来国民生产总值（GNP）增长与现金（M0）增长、现金＋各种存款（M2）增长的对比（表 12-1）大致看到近年来的货币超发、社会需求超过社会总供给的情况。

表 12-1　1984—1987 年我国 GNP 增长、M0 增长、M2 增长对比情况

年份	1984	1985	1986	1987
GNP 增长	14.5%	13.0%	8.3%	10.6%
（M0）增长	49.5%	24.7%	23.3%	19.4%
（M2）增长	39.2%	17.0%	29.3%	24.8%

资料来源：中国统计年鉴（历年）。

以上这些数字可以说明，从 1984 年以来各年的货币供应的增长超过了生产增长 10—30 个百分点。如果没有特殊的因素（如大量的外援）足以使之回笼，这些超发的货币经过一段时滞（在 20 世纪 80

（接上页）能是货币增长快于产量增长的结果，无论何时何地都是一种货币现象。"当然，除了货币供给与商品可供量的对比，还要考虑以下两个重要因素：① 潜在供给能力或闲置资源的数量；② 居民的通货膨胀预期。

年代中期大致为一年左右，近年来有所缩短），就会成为现实的购买力，并引起物价上涨。

由于 k 系数计算上的困难，人们便直接计算各项需求的规模，以它们的和（社会总需求）与社会总供给相对比。计算结果表明，近年来无论投资需求的增长还是消费需求的增长，都大大超过了供给的增长。近年来我国生产增长是很快的，1987 年国民收入比 1981 年增长 82.1%，但是，各项需求的增长更快。[①]

（1）全社会固定资产投资总额由 1981 年的 961 亿元增长到 1987 年的 3641 亿元，增长 278%。

（2）工商业流动资金贷款余额由 1981 年的 2370 亿元增加到 1987 年的 6043 亿元，增加 155%。

（3）城乡居民人均消费水平由 1981 年的 249 元提高到 1987 年的 506 元，增长 103%，而同期社会劳动者的劳动生产率只提高 50.1%。

（4）社会集团购买力成倍增加，1987 年的社会集团购买力比 1981 年的社会集团购买力增加了 170%。

对于近年来总需求超过总供给的状况，不少研究单位作过估算，其结果大致相同，兹举两例（表 12-2）。

---

① 这里没有计入由于国民经济货币化对 $\Delta\ln k$ 的合理需要。顺便说，不同作者对于我国国民经济货币化进程有不同的估计。前引杨仲伟等的论文认为，近几年随着经济改革的推进，我国经济的货币化进程呈现加速之势，在 1982—1986 年，每年平均提高 1 个百分点；而在 1957—1982 年，每年只有 0.4%。吴晓灵、易纲则认为，货币化进行得最快的是 20 世纪 80 年代初期，至 1984 年已大体接近尾声［参见吴晓灵：《迷人的货币——货币发行、经济增长与物价》，北京：中国青年出版社，1988 年，第 78—79 页；Yi, Gang. (1991). The monetization process in China during the economic reform. *China Economic Review*, vol. 2(1), 75–95.］。笔者认为后一论断是符合实际的。

表 12-2 总需求超过总供给的百分比

年份	1983	1984	1985	1986	1987	1988
计算 A	4.57%	16.56%	11.25%	13.45%	13.60%	16.20%
计算 B	12.92%	21.80%	25.20%	21.66%	21.66%	23.73%

资料来源:《通货膨胀问题》课题组:《我国通货膨胀的金融性因素及其对策》,《财经问题研究》,1989 年第 10 期;国家信息中心研究所通货膨胀研究课题组、中国社会科学院经济研究所通货膨胀研究课题组:《我国通货膨胀的综合治理问题》,《经济研究》,1989 年第 3 期。

应当说明,由于我国现在还存在一定范围的物价管制和配给制度,各年超发的货币不能为当年物价上涨所吸收而逐渐积累起来。到了 1988 年,由于上年和前些年超发货币的滞后效应和积累效应显现,加上当年超发的货币的冲击作用,国民经济面临通货膨胀加速的严重挑战。在这种情况下,一些部门、地方和企业乘机乱涨价,变相涨价,易地涨价;流通领域的各种"官倒""私倒"兴风作浪,大肆抬价抢购、转手加价倒卖;居民为保值也挤兑存款参加抢购。这样,就爆发了较为严重的物价涨风。

货币持续超发的原因:用通胀政策支撑低效率的高速增长

货币持续过量供应的状况表明,负有稳定货币责任的中央银行——中国人民银行未能有效地履行职能。其重要原因,是它缺乏为稳定金融和稳定货币所必要的职权和独立责任。银行缺乏独立性的两个主要表现是:① 中央银行总行按照政府的意图为固定资产投资和增补流动资金提供贷款,以及为弥补财政赤字而发行货币;② 中央银行按行政区域设立分行、支行,各级分支行往往要按照地方政府的要求为地方政府所属企业提供信贷。

问题在于，当前各级政府有强烈的扩张倾向，为了执行各级政府支持高速增长的要求，货币过量供应就成为近年来货币政策的主要倾向。

在我国这样一个发展中的社会主义大国，存在高速度赶超的强烈愿望本来是很自然的。我国是一个农业劳动为主的低收入国家，十一亿人口，八亿多在农村，人均占有资源数量大大低于世界平均水平，国民财富积累的"底子"很薄，可谓"一穷二白"。在一个飞速变化的世界中，长期停留在落后的境况下是十分危险的。因此，中国确有高速赶超先进国家的必要。问题是怎样才能实现高速赶超。理论和实践经验证明，实现高速度赶超的关键，特别是在像中国这样人均资源占有量很少的国家里，是效率的不断提高。中国共产党和中国政府的历次决议也强调了要把经济工作转移到提高效益的基础上。"六五""七五"计划，也都规定要在提高经济效益的基础上保持适度的增长速度。但在实际执行中，效率不断提高的前提常常被人们忽略，而只是强调了增长速度的提高。特别是 1984 年以后，追求和攀比速度之风愈演愈烈。在改革还未取得决定性胜利、效率不可能较大提高、经济增长仍以外延方式为主的情况下，高速、超高速只能靠多发货币来支撑。1984 年第四季度和 1985 年上半年工业超高速增长，引起需求剧烈膨胀。1985 年下半年以后开始紧缩，要求两年内实现"软着陆"。1986 年第一季度，工业速度"滑坡"，随即放松银根。这一年后三季度和 1987 年前三季度现金投放和信贷发放再度失控，经济重新迅速升温。1987 年第四季度一度采取财政和金融"双紧政策"，并且提出"过三年紧日子"的口号。可是只过了几个月，1988 年年初又在"通货膨胀有益论"的影响下，用超发货币来支持高增长；加之当时各地增加出口的积极性很高，特别是沿海地区和部分内地省区投资需求过旺，使经济过热状况更加严重。从多年的长过程看，用膨胀性的宏观经济政策支持高速增长的倾向总的来说占有支配地位，几次调整，都未能贯彻始终。而总量膨胀，又引起结构更加失衡，资源配置效益降低，企业微观效益也难以提高。

我国自 1984 年以来的高速增长的一个重要原因，是地方和乡村小企业的飞速发展。它对于促进城乡经济的活跃，无疑起了重要作用，但是，由于政企不分的格局依然存在，各级政府和部门力图用行政力量保护"自己的"企业，致使部分小企业并不是靠它们同大中企业的平等竞争中焕发出来的高效率，而是靠低息贷款、减税让利以及其他方面的"特殊政策"（如对非公正交易的放任）求得发展。这意味着作为国民经济骨干力量的大中企业和大城市在稀缺资源的分配中处于不利地位，致使国民经济整体效益下降。

通货膨胀的深层原因：现行经济体制和政策环境的严重缺陷 [①]

第二次世界大战以来各新兴工业国家和地区的经验说明，在效率不断提高的条件下，高速增长并不必然引起严重通货膨胀。问题在于，我国目前存在重要缺陷的经济体制，使包括资源配置效率和

---

① 吴季（吴敬琏、胡季）、张军扩、岳冰、李剑阁（1986）：《论经济增长的有效约束》，《经济研究》，1986 年第 6 期；吴敬琏、胡季、张军扩（1986）：《目前流动资金问题及对策》，《财贸经济》，1986年第 8 期；吴敬琏：《对小宫隆太郎〈中国 1984—1987 年的经济过热及其改善问题〉一文的评论》，《社会经济体制比较》，1988 年第4 期。

微观运作效率在内的整体经济效率难于得到提高。这构成了通货膨胀的深层原因。[①]改革十年来，行政协调的旧体制趋于瓦解，经济的活力得到提高；可是在旧体制已经不能有效运转的同时，新的以市场协调为基础的经济体系，又没能作为一个系统建立起来。这样，形成了摩擦很大、漏洞很多的双重体制对峙状态。在这样的体制下，资源的部门配置、地区配置和企业结构难于合理，稀缺资源误配置和浪费的情况相当严重；同时，竞争性市场的缺乏和企业难于真正独立，也使企业自主权难于在竞争纪律的"硬约束"下行使，因而"负盈不负亏"，高成本、低效益，以及所谓"工资（包括奖金）侵蚀利润"现象普遍发生，微观运作效率难以提高。

现有体制重大缺陷的表现之一，是**由行政性分权造成的等级制的行政协调体制**（也可以叫作**分权型的行政社会主义体制**）[②]。

第一，在这种体制下，在任何体制下都应由中央集中调节的财政收支、信贷收支和外汇收支等宏观总量调节权被层层切块下放给各级地方政府行使。"政出多门"使中央政府和中央银行的宏观调控能力严重削弱，很难有效保持国民经济的总量平衡和宏观经济的稳定。

第二，在政企依旧不分基础上实行的中央权力的过分下放，使各"大包干"单位（包括地方和部门），都成了政企合一的实体。

---

① 吴敬琏、周小川、楼继伟、郭树清、李剑阁等（1987）：《中国经济体制改革面临的局势与选择——整体协调改革的基本思路和几种实施构想》，载吴敬琏、周小川等编：《中国经济改革的整体设计》，北京：中国展望出版社，1988年，第3—24页。

② 参见楼继伟：《应避免继续走地方分权的道路》，载吴敬琏、周小川等编：《中国经济改革的整体设计》，北京：中国展望出版社，1988年，第204—216页。

1980 年实行财政"分灶吃饭"体制后，各地竞相铺摊子，建立自己的独立经济体系，而且利用行政权力，垄断定价过低的原材料，兴办自己的加工工业。这种与"扬长避短，发挥优势"的方针背道而驰的做法，使各单位经济"同构化"，恶化了地区经济结构。1980 年不少省、市、县以至乡镇开始了大办卷烟厂、小酒厂等"新五小工业"，与大工业争原料、争能源的热潮。以后，"小铝厂热""小炼油热""小棉纺热"直到"乳胶手套热"接连不断，各种争夺原材料和出口商品的"大战"，越打越大。在国内抬价收购，在国外低价倾销，使"肥水"大量外流。据有人估算，由于各地垄断烤烟原料，大办计划外小烟厂，每年国民收入的损失达 20 亿元以上。如果将其他方面资源误配置造成的损失加在一起计算，其总额将是极为惊人的。同时，这种体制促使或迫使各地区和各部门采取地区保护主义和部门保护主义政策，对别的地区和部门实行封锁，给予"自己的"企业特殊优惠，支持它们进行不公正竞争。这造成了严重的市场割据，也使资源的地区配置状况恶化，促使一些地方和部门在采取"以邻为壑"的涨价等措施上互相"攀比"，加剧了宏观经济的混乱。

现有体制重大缺陷的表现之二，是价格管理只是部分放开，部分仍然保持行政管制的体制。这种"双轨制"的价格体制造成了价格信号的严重扭曲。[①]

第一，大约占商品价值总额一半以上的产品继续保持计划价格（生产资料超过 60%，消费资料不足 50%）。在计划价格体系中存

①　参见周小川：《价格改革的必要性和可能的选择》，载吴敬琏、周小川等编：《中国经济改革的整体设计》，北京：中国展望出版社，1988 年，第 83—90 页。

在越是稀缺紧俏的产品相对价格越低的反常现象。这刺激了获利丰厚的加工工业盲目发展，彩电热、电冰箱热、易拉罐热、啤酒热、电磁炉热，一浪接着一浪，新增生产能力成倍地超过合理需求，浪费了大量资源；与此同时，农产品、原材料、能源、交通等的缺口越来越大，使大量生产能力因停工待料、停工待电、停工待运而不能发挥，拖了整个国民经济的后腿。而"双轨制"的投资体制和负利率使有限投资难于流向效率最高的部门和企业，引致投资效益下降。

第二，**"双轨制"下差距悬殊的多重价格**，为利用分配权力和各种差价（包括价差、利差、汇差）牟利的活动，提供了基础，扰乱了经济秩序。同时，它使经济核算无从正常进行。由于从取得低价原材料、低息贷款和官价外汇乃至倒卖票证、批文得利，较之从改善经营管理得利要容易得多，就使企业管理人员不得不用主要精力找门路、求特权，"跑步（部）前（钱）进"，而改革要求的"奖优罚劣""优胜劣汰"等却难于落实。以权谋利的活动盛行，不但大大加剧了分配不公，而且严重腐蚀了党和政府的肌体。前已指出，总额达年国民收入的 20%—25% 的"租金"中，有相当部分落入一小撮贪官污吏、"官倒""私倒"的腰包，而不创造任何财富。这是多么巨大的虚费！

现有体制重大缺陷之三，是**在缺乏竞争性市场的条件下向企业放权让利**，同时实行"工资同'效益'（产值或利税）挂钩"的分配体制。这一套体制既不能使企业经理人员真正获得自主权，又缺乏迫使企业努力改善经营管理和进行技术革新的竞争压力，结果出现了"负盈不负亏""工资（包括奖金）侵蚀利润"的现象。1987 年后普遍推广的企业承包制不仅加剧了这种倾向，并且固化了经济结构，使资本失去流动性，资源难于优化重组。[①]

综上所述，1988 年爆发严重的通货膨胀，"冰冻三尺，非一日之寒"，乃是 1984 年以来各种矛盾积累的结果。简而言之，一方面，现有体制存在的摩擦、漏洞和缺陷，造成了资源浪费、结构恶化、效率降低；另一方面，放权让利，使支出持续增加，国民收入的分配日益向个人收入倾斜，社会，特别是中央政府所占的份额越来越小。十年来我国国民收入分配的变化情况见表 12–3。

表 12–3　1978—1986 年我国国民收入分配的变化情况

年份	社会收入	企业收入	个人收入	其他收入
1978	33.7%	11.6%	53.3%	1.4%
1981	24.1%	11.8%	62.5%	1.6%
1986	22.6%	10.6%	65.0%	1.8%

资料来源：《中国统计年鉴》。

这样，财政收支的缺口越来越大，入不敷出。弥补财政赤字不外有两个办法：一是举债，二是发票子。借债是有限度的，在达到一定程度以后，只得依靠第二种办法——发票子了。正是几年来票子越发越多，使物价上涨接踵而至。

在经济效率很低、投入多产出少的情况下，国民经济的宏观指导便出现了两难困境：当需要维持一定的增长速度以取得必要的供给时，因投入过多而必然造成需求膨胀和物价上涨；当需要抑制需

---

① 参见周小川：《企业经营体制及其对应的整体经济模式》，载吴敬琏、周小川等编：《中国经济改革的整体设计》，北京：中国展望出版社，1988 年，第 261—277 页。

求以平抑物价时，又会因投入不足而造成产出滑坡。[1]经历几次膨胀—紧缩的循环，经济状况每况愈下。这种情况会随着1987—1988年全面推行"三包一挂"（企业承包、收汇大包干、财政大包干，工资与"效益"挂钩）而更加激化。

---

[1] 胡季、程秀生等：《加强和改善宏观控制的方针仍需坚持（1986年7月）》，见吴敬琏、胡季编《中国经济的动态分析和对策研究》，北京：中国人民大学出版社，1988年，第125—134页。

第十三章　改革是为了经济和社会的全面发展

　　经济改革需要政治、文化等其他改革的积极配合。社会主义政治改革的目标，是建立高度民主的政治体制。但是只有在人民群众具有较高的文化、政治素养和以各种专业人员为骨干的中等阶级成长起来以后，广泛的民主才能实现。因此，实现高度民主，是一个逐步渐进的过程。首先，要迅速改变严重妨碍企业自主权发挥和市场形成的政企不分、行政权力支配全部社会生活的旧体制，消除各级政府对企业微观事务和对社会生活的广泛干预；确保公民的各项自由平等权利，包括自然人和法人自由选择、平等竞争的权利。然后，才能逐步实现党政分离和扩大民主，吸引越来越多的人参加管理。政治改革中的目标无疑是要建立便于基层群众广泛参与治国活动的分散决策制度。但是这种政治分权，必须建立在全国统一市场的基础上，而不是分封割据。而且经验证明，在发展初期，为了充分动员和集中运用稀缺资源，需要由"硬政府"进行有效率的"行政指导"，而旧体制的废除、新体制的建立，也要靠国家，特别是中央政府的强有力措施来实施。因此，过早地削弱中央的集中权力，对于发展和改革都是不利的。在过渡时期中央政府还得保持较大的集中权力的情况下，为了防止权力集中必然产生的腐蚀作用，宜采取以下措施加以防范：① 努力提高政治透明度，加强人民群众对各级政府和干部的监督；② 实现决策科学化，充分发挥专家（technocrats）的作用；③ 在党和政府内部强化民主集中制。在文化方面，要大力破除崇尚行政权力、中庸守成等传统价值观念，倡导平等竞争、自主自立、信守合约、勇于进取创新等商品经济的行为准则，为改革开路。

肃贪反腐

近年来，官员的腐败行为蔓延，已经到了非痛下决心加以解决不可的时候。必须在全国范围内开展整肃政治道德的运动，并以法律手段严惩贪污渎职、行贿受贿等行为。根据中国的实际情况，应当恢复高级官员的配偶和子女不得经商的规定。官员利用职权为自己的亲朋好友牟利者，也应受到党纪国法的处分。党政机关、军队、警察经商牟利，"自求改善"是一种自毁长城的下策，应当废止。

在这本书前面的某些章节里，我们多次提到"寻租"的概念。由于改革的迟滞、各级政府对微观经济活动进行多方面的干预和保护主义的强化，在当前的中国经济中，**"寻求租金"**（rent-seeking，简称**"寻租"**）活动十分流行。这种活动使经济效率严重降低。

"租金"是一个重要的政治经济学范畴。在经济学的发展历史中，它的外延有一个逐步扩大的过程，因而人们在现代文献中读到"租金"一词时，往往误以为是指土地的租金——地租，因而感到难以理解。在早期的经济学家那里，"租金"一词的确是专指地租而言的。但是到了近代，例如，在马歇尔那里，租金已经泛指各种生产要素的租金了。在所有这些场合，租金都来源于该种要素的需要提高而供给因种种原因难于增加，从而产生的差价。在现代经济学的国际贸易理论，特别是所谓"公共选择理论"中，租金被进一步用来表示由于政策干预和行政管制，如进口配额、生产许可证发放、物价管制，乃至特定行业从业人员的人数限制等，抑制了竞争，扩大了供求差额，从而形成差价收入。既然政策干预和行政管制能够创造差价收入，即租金，自然就会有追求这种租金的活动，即寻租活动。寻租活动的特点，是利用合法或非法手段，如游说、疏通、走后门、找后台等，得到占有租金的特权。

有些经济学家把这类活动称作"寻求直接非生产性利润"[①]（DUP）。DUP活动的涵盖面较之"寻租"活动更为宽广。它不仅包括只创造利润而不创造财富的寻租活动，而且包括：① 旨在促成政治干预和行政管制从而产生租金的活动；② 旨在逃避现存的管制以取得租金的活动。所有这类活动，都是要耗费社会资源的。从它们只耗费资源而不创造财富的意义上说，是一种浪费。既然这种浪费源于行政管制，避免浪费的最有效的办法自然是解除管制（deregulation），实现市场自由化。但在现代经济中，行政管制往往是为维持社会经济的有效运转所不可能完全取消的。因此，许多经济学家认为应当把政府干预和行政管制限制在绝对必要的范围内，而不应被直接非生产性利润的寻求者影响，去保持和扩大行政管制的范围。这样做，只会增加寻租者取得租金的机会，招致加剧收入分配不公和社会资源浪费的后果。

寻租理论和DUP理论的建立是20世纪70年代以后西方政治经济学的一项重要进展。它的倡导者之一布坎南（James Buchanan）还

---

① 这里所说的非生产性，是指这类活动只创造利润，不创造任何财富。

因与此相关的贡献获得了 1986 年度的诺贝尔经济学奖。对于这样一种重要的理论观点，我们要认真加以研究的必要性是显而易见的。不仅如此，我们之所以需要重视这种理论，还因为它的某些论点和分析方法，对于科学地分析我们自己的经济中的某些消极现象并找出有效的救治办法，也会有所启发。

近年来，在我国经济中，不平等竞争，"官倒"活动，"以权经商"，靠价差、利差、汇差发财的活动有所发展，由此引起的分配不公和腐败现象已成为人们的"热门话题"。问题在于，在有关的议论中，就事论事的描述多，深入的科学分析少。议论中不乏义正词严的抨击，但是，对问题的实质和产生这些现象的根源很少有人能作出一针见血的说明，从而也很难提出有效的对策。例如，许多人认为，上述种种现象都是在引进商品货币关系和市场机制的情况下不可避免的。因此，虽然他们对这些现象的价值判断天差地别：有的由腐败之风蔓延认定市场化的改革方向是错误的；有的则争辩说，争夺差价、送"红包"、收回扣，就跟投机倒把、搞"公共关系"一样，乃是商品经济的通常做法，从而是市场化过程中不可避免的，不值得大惊小怪。但是，他们在把上述现象同市场取向的改革连在一起这一点上则是共同的。就是一些认为应当制止这种倾向的发展的人们也认为，向内外市场开放就会在激发生机和活力的同时放进带菌的蚊蝇，我们只能靠道德教育和惩治威慑对它们有所抑制，而不会别有正本清源的良策。

可是只要我们认真地对上述现象的来由进行一番分析，就不难发现上述种种判断的不确切性。市场的基本规则是平等竞争。我们目前所面临的这些消极现象，显然不是来自市场规律的影响，不是"看不见的手"拨弄的结果，而是来自市场发育严重不良、行政力量对市场的管制，正如一位寻租论者所说，是由于所谓"看不见的脚"

踩住了"看不见的手",导致国民经济各领域中巨额租金的形成,和上上下下各色人等对大大小小租金的角逐、利用价格等的"双轨制"赚取差价,从倒卖批件、额度、票证牟取暴利,等等,这正是典型的"寻租"行为。弄清楚了这一点,许多疑难问题也就迎刃而解了。例如,我们一方面听到不少企业的经理人员抱怨目前"婆婆"太多,管束太严,占用了他们的时间与精力应付"上面"的苛细要求;另一方面,又看到不少经理人员主动地进行"政治"活动,拉关系,找门路,立项目,开试点,争取给"特殊政策",跑"部""钱"进,以及那雨后春笋般建立的官商不分的公司,无非是些寻租的大亨。从寻租理论看,这种矛盾现象是易于得到解释的。因为在租金广泛存在、人们普遍寻租的情况下,谁不主动地为争夺租金而奋斗,就意味着自身的利益受到损害。又如,进行价格改革的一种重要阻力,竟然来自某些从放开价格中得到提价好处的供货部门,这曾经是一件人们困惑不解的问题。但当人们掌握了 DUP 的规律,也就顿时解开了谜底;保持行政管制,使部分人能够凭借特殊权力取得租金,对于有这种机缘的人们是最有利的,这较之通过剧烈的市场竞争增加利润要省力得多。如果这一切都已经清楚,根本的出路也就易于明确了。这就是解除对微观经济活动,包括厂商价格行为的行政管制,放开价格,健全市场,开展平等竞争——这正是我们深化改革的基本方向,同时也能够从根源上铲除滋生腐败的温床。

结成改革的政治联盟

为了适应经济改革的发展,应积极推动政治体制改革,反对和肃清封建主义宗法思想的影响。当前的重点可以放在确立"主权在民"的思想和落实宪法规定的公民自由平等权利上。这并不要求专业人员和企业家通通弃商从政，而是说，专业人员和企业家阶层都应自觉地成为一支支持改革、推动现代化建设的重要力量。在未来社会主义中国的政治社会格局中，一个由劳动人民的先进代表，包括坚持改革带头推进现代化的政治家、掌握现代科学文化的知识分子和以大中型企业的经营者为骨干的企业家阶层联合形成的社会中坚力量将发挥主导作用。热心改革的政治家、企业家和知识分子，应该在坚决依靠人民、为人民服务的前提下，共同努力，积极发展这种大趋势，大力促进我国现代化大业的实现。各阶层、各地区、各行业热心于改革的积极成分，都将经过改革的洗礼，在现代化的浪潮中不断成长壮大，真正成为掌握自己命运、主宰社会未来的重要力量。

索　引

A

阿甘别疆 78

B

巴罗尼（E. Barone）45

巴山轮会议 XIX

包产到户 110, 121

包干到户 110, 121

鲍莫尔（William Jack Baumol）184

贝利（Adolf Berle）184

倍倍尔（August Bebel）11

彼得斯（Tom Peters）24, 25

伯格森（Araham Bergson）77

布哈林 14, 15, 50, 51, 54

布坎南（James Buchanan）278

布鲁斯（Wlodzimierz Brus）VI, 5, 81,
　　132, 254

C

财产税 72

财政赤字 143, 145, 268, 274

层级制（hierarchy）64

产品经济 6, 28, 34, 35, 36, 38, 101, 165

产权社会化 12, 36

陈云 134

承包经济 81

D

大爆炸（Big Bang）110, 119

单一制 123

邓小平 VIII, XX, XXVIII, 84, 101, 102

第十三次全国代表大会 57

动态比较优势（dynamic comparative
　　advantages）234, 235

杜林 5, 7, 9, 13, 31, 44, 47, 48, 55, 69

E

恩格斯 XXIII, 2, 4, 5, 6, 7, 8, 9, 10,
　　12, 13, 17, 30, 31, 33, 35, 37, 40, 41,
　　43, 44, 46, 47, 48, 49, 55, 64, 69, 70,
　　71, 73, 75, 113, 132, 182, 184, 185,

188, 206

F

法人化（corporatization）177, 178, 192, 200, 201

反垄断 23, 74, 208, 233

放权让利 85, 104, 131, 137, 138, 140, 141, 143, 145, 158, 172, 273, 274

费希尔（Stanley Fischer）68, 194, 200

分灶吃饭 140, 272

G

戈尔巴乔夫 76, 82

格鲁齐（Allan Gruchy）132

格申克隆（Alexander Gerschenkron）235

个体边际成本 233

个体经济 120, 138, 139

公共部门（public sector）120, 129, 151, 161, 168, 247

公共品（public goods）74, 233, 244

公有制 XIX, 1, 2, 5, 6, 7, 8, 9, 10, 12, 14, 25, 26, 31, 34, 35, 36, 38, 43, 46, 47, 48, 49, 56, 57, 58, 62, 73, 93, 97, 101, 103, 116, 132, 151, 177, 178, 179, 180, 188, 191, 192, 193, 200, 201, 202, 203

古典经济学 VII, XXII, XXIII, 38, 44, 45, 50

股份有限公司（company limited by shares）72, 93, 162, 164, 174, 177, 193, 199, 200, 227

国家经济体制改革委员会 136

国家辛迪加 XXII, 11, 26, 30, 35, 171

H

后发性优势（advantage of backwardness）123, 124

后进国家 60, 123, 235

华特曼（R. H. Waterman）24

混合经济 60, 236

混合所有制 78

J

基础设施（infrastructure）124, 128, 138, 201, 222, 234, 235, 244

基尼系数 72

激进改革 120

集体经济 120, 138, 139, 201, 202

集体农庄 28, 32

计划经济 IV, VII, VIII, XVII, XVIII, XIX, XX, XXI, XXIII, XXIV, XXVII, 2, 12, 33, 36, 38, 39, 42, 45, 49, 51, 53, 54, 55, 56, 58, 60, 61, 62, 63, 66, 70, 78, 80, 81, 91, 101, 102, 103, 104, 109, 122, 130, 132, 141, 254

间接行政协调模式 XIX, 81, 95

渐进改革（Gradualism）110, 120

经济核算制 28, 61, 82, 162

经济机制 81, 106, 107, 111, 112, 113, 114, 115, 116, 117, 152, 153, 160, 259, 260

经济特区 124, 139

静态比较优势（static comparative advantages）234

K

卡特尔 70

考茨基（Karl Kautsky）10, 11, 21, 50

柯西金 78, 82

科层组织（bureaucratic organization）64

科尔奈（János Kornai）XIX, 81, 95, 151, 165, 188, 256

科斯（R. H. Coase）41, 170

科瓦列斯基 27

L

劳动社会化 16, 20

累进所得税 72, 95

李先念 139

厉以宁 149

联共（布）中央 28, 29, 30

两权分离 173, 179, 180, 181, 182, 183, 184, 185, 186, 187, 188, 189, 191, 192, 201, 203

列昂节夫 16

列宁 III, XXII, 11, 14, 16, 20, 21, 27, 33, 36, 47, 50, 51, 52, 53, 54, 71, 79, 86, 101, 171, 181

流动性（liquidity）164, 199, 249, 274

卢森堡（Rosa Luxemburg）11

M

马克思 II, III, VI, XVIII, XXI, XXII, XXIII, XXIV, 2, 3, 4, 5, 6, 7, 8, 9, 10, 12, 13, 17, 19, 21, 26, 33, 35, 37, 40, 41, 42, 43, 44, 46, 47, 48, 49, 50, 64, 65, 68, 70, 71, 72, 73, 75, 76, 99, 100, 101, 102, 109, 112, 113, 132, 171, 178, 180, 181, 182, 183, 184, 185, 186, 188, 206

马克思主义古典作家 XXII, XXIII, 46, 47, 49, 68, 74, 181

马歇尔（A. Marshall）44, 277

毛泽东 II, IV, 61, 133, 134, 137

米恩斯（Gardiner Means）184

命令经济 IV, XVII, XXIV, 33, 34, 36, 39, 42, 55, 56, 58, 60, 61, 63, 67, 94, 98, 101, 104, 106, 115, 118, 119, 123, 129, 132, 136, 138, 145, 152, 157, 242, 243

N

奈斯比特（John Naisbitt）22

P

帕累托（V. Pareto）VII, XXIII, 44, 45

泡沫经济 164

普列奥布拉任斯基 14, 54

Q

企业承包制 175, 186, 273

契约经济（contract economy）81, 189

铃木淑夫 257

钱德勒（A. D. Chandler）23, 69, 183

S

萨缪尔森（Paul Samuelson）59, 60

萨穆利（Laszlo Szamuely）27

三资企业 120, 125, 126, 127

商品经济 XVII, XIX, XX, XXI, 6, 12, 26, 27, 32, 33, 34, 35, 36, 37, 38, 45, 49, 50, 55, 56, 57, 58, 60, 62, 63, 72, 85, 87, 91, 95, 98, 101, 102, 103, 104, 105, 116, 122, 127, 141, 144, 145, 146, 153, 160, 189, 192, 193, 204, 208, 236, 237, 243, 253, 254, 255, 256, 257, 277, 279

社会救济 72

生产社会化 XXI, XXII, 4, 10, 11, 12, 13, 14, 15, 16, 17, 20, 21, 22, 25, 26, 32, 33, 34, 35, 36, 49, 68, 72, 193

十二届三中全会 VII, XVIII, 56, 57, 63, 89, 97, 100, 101, 104, 116, 117, 121, 231, 243, 258

十三大 XX, 84, 87, 99, 105, 222

十三届三中全会 154

十一届三中全会 V, XVIII, XXVII, 84, 98, 99, 100, 115, 116, 121, 124, 130, 137, 152

十月革命 11, 14, 52, 70

市场割据 143, 144, 157, 158, 272

市场经济（market economy）III, VII, VIII, IX, X, XIII, XV, XVII, XVIII, XIX, XX, XXI, XXII, XXIII, XXIV, XXV, XXVII, 3, 34, 36, 37, 38, 39, 41, 42, 49, 50, 51, 55, 57, 58, 59, 60, 61, 62, 63, 66, 67, 69, 70, 78, 82, 84, 87, 88, 91, 93, 94, 95, 98, 101, 102, 103, 104, 105, 106, 110, 113, 114, 115, 117, 118, 119, 123, 127, 128, 138, 145, 147, 152, 157, 161, 163, 164, 165, 166, 167, 171, 172, 177, 178, 187, 189, 192, 193, 199, 200, 203, 206, 207, 208, 210, 228, 231, 232, 233, 236, 237, 240, 241, 242, 244, 245

市场取向（market oriented）VII, XVIII, XXVIII, 3, 50, 60, 63, 67, 86, 90, 91, 93, 94, 95, 97, 103, 109, 121, 125, 134, 136, 160, 161, 165, 188, 192,

212, 279

市场失灵（market failure）59, 66, 74, 115, 117, 231, 236

舒马赫（E. F. Schumacher）20

双轨制（dual-track pricing system）IX, XX, 106, 144, 149, 153, 158, 207, 208, 213, 214, 217, 218, 219, 220, 272, 273, 280

私营经济 120, 139

私有制 6, 7, 10, 35, 49, 138, 178, 193, 200

斯大林 III, IV, 3, 29, 30, 31, 32, 54, 55, 61, 80, 82, 132, 243

斯密（Adam Smith）VII, XXIII, 42

斯威齐 3

孙冶方 XV, 60, 61, 180, 181, 182

T

唐布什（Rudiger Dornbusch）68, 194, 200

通货膨胀 XX, 89, 90, 109, 120, 126, 143, 145, 146, 149, 151, 152, 153, 154, 155, 157, 160, 161, 211, 212, 219, 221, 252, 253, 257, 260, 262, 263, 264, 265, 266, 268, 270, 271, 274

托夫勒（Alvin Toffler）XXII, 17, 18, 19

W

瓦尔拉（L. Walras）44

外部负效益（external diseconomies）233

外部效益（external economies）233, 234

外资企业 139, 218

威廉姆逊（O. E. Williamson）23

韦伯（Max Weber）64

维尼克（J. Winiecki）211

X

稀缺资源 XVII, XVIII, XIX, XXII, 38, 39, 40, 42, 43, 44, 45, 58, 63, 66, 132, 152, 155, 169, 210, 219, 232, 270, 271, 276

锡克（Ota Sik）VI, 254

辛迪加 XXII, 11, 12, 26, 30, 35, 171

新兴工业经济（NIEs）XVIII, 60, 88, 235

行政规制（administrative regulation）79, 233

行政性分权 81, 85, 91, 92, 104, 123, 135, 136, 138, 143, 150, 151, 152, 157, 207, 208, 243, 271

熊彼特（J. Schumpeter）44, 45, 74, 165, 170

休克治疗（shock therapy）96

薛暮桥 141

寻租（rent-seeking activities）X, 95, 219, 220, 277, 278, 279, 280

Y

亚太模式 60, 70, 241

要素市场 74, 81, 144, 160, 162, 166, 222, 224

遗产税 72, 95, 234

有限责任公司（limited liabilities company）199

Z

赠予税 72

战时共产主义 27, 50, 51, 52, 53, 61

政府失灵（government failure）236

资源配置 VII, XV, XIX, XXI, XXIII, XXIV, 37, 38, 39, 40, 41, 42, 43, 44, 45, 46, 47, 48, 50, 54, 55, 57, 58, 60, 63, 64, 65, 66, 67, 69, 74, 82, 90, 91, 92, 94, 95, 98, 101, 104, 122, 123, 129, 131, 144, 163, 166, 167, 177, 210, 211, 212, 222, 231, 236, 257, 270, 271

自由放任主义（laissez faire）59

综合生产率（TFP）78